中華文化促進會主持編纂

國家"十一五"~"十四五"重點圖書出版規劃項目

中國社會科學院哲學社會科學創新工程學術出版資助項目

出品人 王石 段先念

今注本二十四史

後漢書

一四

傳【一〇】

南朝宋 范曄 撰 唐 李賢等 注

卜憲群 周天游 主持校注

中國社会科學出版社

後漢書　卷五五

列傳第四十五

千乘貞王伉　平春悼王全　清河孝王慶　濟北惠王壽
河間孝王開　城陽懷王淑　廣宗殤王萬歲
平原懷王勝[1]

[1]【李賢注】和帝子。

孝章皇帝八子：[1]宋貴人生清河孝王慶，梁貴人生和帝，[2]申貴人生濟北惠王壽、河間孝王開，[3]四王不載母氏。[4]

[1]【今注】孝章皇帝：東漢章帝劉炟，公元75年至88年在位。紀見本書卷三。

[2]【今注】清河：封國名。治甘陵縣（今山東臨清市東）。　和帝：東漢和帝劉肇，公元88年至105年在位。紀見本書卷四。

[3]【今注】濟北：封國名。治盧縣（今山東濟南市長清區東南）。　河間：封國名。治樂成縣（今河北獻縣東南）。

[4]【今注】不載：没有被記載下來。

千乘貞王伉，[1]建初四年封。[2]和帝即位，以伉長兄，甚見尊禮。立十五年薨。

［1］【今注】千乘：封國名。治臨濟縣（今山東高青縣高城鎮）。

［2］【今注】建初：東漢章帝劉炟年號（76—84）。

子寵嗣，一名伏胡。永元七年，[1]改國名樂安。[2]立二十八年薨，是爲夷王。[3]父子薨于京師，皆葬洛陽。[4]

［1］【今注】永元：東漢和帝劉肇年號（89—105）。

［2］【今注】樂安：封國名。和帝永元七年（95），改千乘國名爲樂安。

［3］【今注】案，王，大德本作“土”。

［4］【今注】洛陽：縣名。治所在今河南洛陽市東北。

子鴻嗣。安帝崩，[1]始就國。鴻生質帝，質帝立，[2]梁太后下詔，[3]以樂安國土卑溼，租委鮮薄，改鴻封勃海王。[4]立二十六年薨，是爲孝王。

［1］【今注】安帝：東漢安帝劉祜，公元106年至125年在位。紀見本書卷五。

［2］【今注】質帝：東漢質帝劉纘，公元145年至146年在位。紀見本書卷六。

［3］【今注】梁太后：東漢順帝皇后梁妠。紀見本書卷一〇下。

［4］【李賢注】委謂委輸也。【今注】租委：此指賦税征收。

案，宋文民《後漢書考釋》指出，“租委”謂委積、蓄積，二字同義，皆謂聚也。“租委鮮薄”相對爲文，皆以二字一義爲之（上海古籍出版社 1995 年版，第 228 頁）。　勃海：封國名。治南皮縣（今河北南皮縣東北）。

無子，太后立桓帝弟蠡吾侯悝爲勃海王，奉鴻嗣。[1]延熹八年，[2]悝謀爲不道，[3]有司請廢之。[4]帝不忍，乃貶爲癭陶王，食一縣。

［1］【李賢注】悝，蠡吾侯翼子，河閒王開孫也。【今注】桓帝：東漢桓帝劉志，公元 146 年至 167 年在位。紀見本書卷七。案，嗣，大德本、殿本作“祀”。

［2］【今注】延熹：東漢桓帝劉志年號（158—167）。

［3］【今注】不道：漢代罪名。背叛爲臣或爲人之道的反國家、反社會及違反家族倫理的犯罪行爲，如誣罔（欺騙天子）、附下罔上（結附臣下共同欺騙天子）、誹謗與妖言（對皇帝及執政大臣的非難和攻擊）等，皆可視爲“不道”。漢律中對“不道”的罪行内容和刑罰没有明確的規定，即所謂“不道無正法”。“不道”比“不敬”更重，犯“不道”之罪者往往處以棄市之刑，重者腰斬。（參見任仲爀《漢代的“不道”罪》，載杜常順、楊振紅編《漢晉時期國家與社會論文集》，廣西師範大學出版社 2016 年版）

［4］【今注】有司：主管事務的官吏。

悝後因中常侍王甫求復國，[1]許謝錢五千萬。帝臨崩，遺詔復爲勃海王。悝知非甫功，不肯還謝錢。甫怒，陰求其過。初，迎立靈帝，[2]道路流言悝恨不得立，欲鈔徵書。而中常侍鄭颯、[3]中黄門董騰並任俠通剽輕，數與悝交通。[4]王甫司察，[5]以爲有姦，密告司隸校尉段熲。[6]熹平元年，[7]遂收颯送北寺獄。[8]使尚書令廉忠誣奏颯等謀迎立悝，[9]大逆不道。遂詔冀州刺史收悝考實，[10]又遣大鴻臚持節與宗正、廷尉之勃海，[11]迫責悝。悝自殺。妃妾十一人，子女七十人，伎女二十四人，皆死獄中。傅、相以下，以輔導王不忠，[12]悉伏誅。悝立二十五年國除。衆庶莫不憐之。

［1］【今注】中常侍：官名。秦置中常侍官，參用士人，皆銀璫左貂，給事殿省。西漢沿置，出入宫廷，侍從皇帝，爲列侯至郎中的加官。東漢時，中常侍成爲有具體職掌的官職，本無員數，明帝永平中定爲四人，明帝以後，員數稍增，改以金璫右貂，兼領卿署之職。自和熹太后以女主稱制，不接公卿，乃以閹人爲常侍、小黄門，通命兩宫，自此以來，悉用閹人。東漢後期，中常侍把持朝政，權勢極盛。

［2］【今注】靈帝：東漢靈帝劉宏，公元168年至189年在位。紀見本書卷八。

［3］【李賢注】音立。

［4］【李賢注】剽，疾也。【今注】中黄門：西漢置，掌皇宫黄門以内諸伺應雜務，持兵器宿衛宫殿，爲宦官中地位較低者。名義上隸屬於少府，無員額。東漢沿置，位小黄門下。初秩比百石，後增爲比三百石。　任俠：用作名詞時指代特定人物，如豪傑任俠；用作動詞時可釋爲行俠；用作形容詞時可釋爲有俠氣、有俠風，如好氣任俠。關於“任俠”與“俠”“游俠”的區别，以及任俠風尚之於秦漢社會的影響，參見汪涌豪《古代游俠任俠行義活動之考究》（《殷都學刊》1993年第3期）、增淵龍夫《漢代民間秩序的構成與任俠習俗》（載劉俊文主編《日本學者研究中國史論著選

譯》第三卷《上古秦漢》，中華書局 1993 年版，第 526—563 頁）、王巧昱《“任俠”風尚對秦漢社會的影響》（碩士學位論文，首都師範大學，2007 年）。

［5］【今注】司察：偵察、探察。司，殿本作“伺”。

［6］【今注】司隸校尉：官名。西漢武帝征和四年（前 89）始置，秩二千石。成帝元延四年（前 9）省，哀帝即位後復置，改名司隸，隸大司空，位比司直。東漢仍名司隸校尉，秩比二千石，威權尤重。凡宫廷内外，皇親貴戚，京都百官，無所不糾，兼領兵，有檢劾、捕殺罪犯之權，並爲司隸州行政長官，治所在今河南洛陽市。光武帝特詔朝會時與御史中丞、尚書令並專席而坐，時號“三獨坐”。 段熲：字紀明，武威姑臧（今甘肅武威市）人。傳見本書卷六五。

［7］【今注】熹平：東漢靈帝劉宏年號（172—178）。

［8］【李賢注】北寺，獄名，屬黄門署。《前書音義》曰即若盧獄也。【今注】北寺獄：東漢監獄名。屬黄門署。職掌監禁、審訊將相大臣，亦稱黄門北寺獄。

［9］【今注】尚書：官名。戰國秦、齊等國始置。西漢初因之。自武帝至成帝初，置四員分曹治事，領諸郎，掌管機要，職權漸重，爲中朝重要宫官。成帝建始四年（前 29）增尚書爲五員，以保管文書檔案、傳達記録詔命章奏爲主，拆閲、裁決章奏之權歸領尚書事、尚書令、僕射。東漢尚書臺分六曹，各置尚書，秩六百石，位在令、僕射下，丞、郎上。身兼宫官、朝官雙重身份，既掌納奏擬詔出令，又可向公卿等行政機構直接下達政令，秩位雖輕，職權頗重。

［10］【今注】冀州：西漢武帝時所置十三刺史部之一。領有安平郡、常山郡、中山郡、魏郡等九郡，約百餘侯國（縣）。 刺史：西漢武帝元封五年（前 106），置刺史部十三州，初無治所，掌奉詔六條察州，所察對象主要爲二千石官吏、强宗豪右及諸侯王

等。成帝綏和元年（前8）更爲牧，秩二千石。哀帝建平二年（前5）罷州牧，復刺史。元壽二年（前1）復爲牧。東漢建武十一年（35）省。建武十八年復爲刺史，有常治所，奏事遣計吏代行，不復自往。靈帝中平五年（188），劉焉謂四方兵寇，由刺史權輕，宜改置牧，選重臣爲之。自此，刺史權力增大，除監察權外，還有選舉、劾奏之權，干預地方行政及領兵之權，原作爲監察區劃的"州"逐漸轉化爲"郡"之上的地方行政機構，州、郡、縣三級制隨之形成。

[11]【今注】大鴻臚：官名。秦置典客，掌諸歸義蠻夷，有丞。西漢景帝中元六年（前144）更名大行令，武帝太初元年（前104）更名大鴻臚。成帝河平元年（前28）罷典屬國併大鴻臚。王莽時改稱典樂。東漢復稱大鴻臚。　持節：官員或使臣外出時持皇帝所授節杖，以示威權。本書卷一上《光武帝紀上》："持節北渡河。"李賢注："節，所以爲信也，以竹爲之，柄長八尺，以旄牛尾爲其眊三重。"　宗正：官名。漢九卿之一。管理皇族和外戚名籍、犯罪等事。秩中二千石。　廷尉：官名。秦置，位列九卿，主掌司法審判，秩中二千石。有正、左右監，秩皆千石。西漢景帝中元六年更名大理，武帝建元四年（前137）復爲廷尉。宣帝地節三年（前67）初置左右平，秩皆六百石。哀帝元壽二年復爲大理。王莽改曰作士。東漢以後，或稱廷尉，或稱大理，或稱廷尉卿。省右平、右監。重大案件由御史中丞、司隸校尉、廷尉會審。

[12]【今注】輔導：輔助勸導。

平春悼王全，[1]以建初四年封。其年薨，葬於京師。無子，國除。

[1]【李賢注】《續漢志》平春，縣，屬江夏郡也。

清河孝王慶，母宋貴人。貴人，宋昌八世孫，扶風平陵人也。[1]父楊，以恭孝稱於鄉閭，[2]不應州郡之命。楊姑即明德馬后之外祖母也。[3]馬后聞楊二女皆有才色，迎而訓之。永平末，[4]選入太子宫，甚有寵。肅宗即位，[5]並爲貴人。建初三年，大貴人生慶，[6]明年立爲皇太子，徵楊爲議郎，[7]褒賜甚渥。貴人長於人事，供奉長樂宫，[8]身執饋饌，[9]太后憐之。太后崩後，竇皇后寵盛，[10]以貴人姊妹並幸，慶爲大子，[11]心内惡之。與母比陽主謀陷宋氏。[12]外令兄弟求其纖過，[13]内使御者偵伺得失。[14]後於掖庭門邀遮得貴人書，[15]云"病思生菟，令家求之"，因誣言欲作蠱道祝詛，[16]以菟爲厭勝之術，[17]日夜毁譖，貴人母子遂漸見疏。

[1]【李賢注】昌，文帝時爲中尉，以代邸功封壯武侯。【今注】宋昌：西漢文帝心腹之臣。初以家吏身份從劉邦起事，以都尉之職從守滎陽，至此爲代國中尉。以勸代王入京，封壯武侯，任衛將軍。景帝中元四年（前 146），侯爵被奪。 扶風：政區名。爲漢代三輔之一。西漢時將京兆尹、左馮翊、右扶風稱三輔，即把京師近地劃分三個政區管理。轄境約當今陝西秦嶺以北，西安市鄠邑區、咸陽市以西之地。職掌相當於郡太守，因地屬畿輔，故不稱郡。 平陵：西漢昭帝陵。因置平陵縣，在今陝西咸陽市西北。

[2]【今注】鄉閭：泛指鄉里。案，惠棟《後漢書補注》謂袁宏《後漢紀》曰："揚恬於榮勢，不願仕宦，專以事親色養。"

[3]【今注】明德馬后：伏波將軍馬援的小女。紀見本書卷一〇上。

[4]【今注】永平：東漢明帝劉莊年號（58—75）。

[5]【今注】肅宗：東漢章帝劉炟的廟號。

[6]【今注】案，惠棟《後漢書補注》謂《續漢書》作“小貴人”。

[7]【今注】議郎：郎官的一種，職掌顧問應對，參與議政，不入直宿衛。隸光禄勳，秩比六百石。

[8]【今注】長樂宫：漢代宫殿建築群。遺址在今陝西西安市西北郊漢長安故城東南隅。本秦興樂宫。漢高祖五年（前202）遷都長安後改建，至七年竣工。

[9]【今注】饋饌：謂飲食之事。

[10]【今注】竇皇后：即章德竇皇后。紀見本書卷一〇上。

[11]【今注】案，大，紹興本、大德本、殿本作“太”。

[12]【李賢注】比陽主，東海王彊女。

[13]【今注】纖過：極小的過錯。

[14]【李賢注】偵，候也，音丑政反。《廣雅》曰：“偵，問也。”【今注】御者：指在皇帝身邊做事的人。

[15]【今注】掖庭：亦作“掖廷”。西漢武帝時改稱“掖廷”。宫中旁舍。宫女所居之地。由掖庭令管理。

[16]【今注】蠱道：蠱，本指讓人食用毒蟲而致病，後發展成一種以加害人爲目標的方術，稱爲蠱道。

[17]【今注】厭勝：指用法術詛咒以達到壓制人、物或魔怪的目的。

慶出居承禄觀，數月，竇后諷掖庭令誣奏前事，[1]請加驗實。七年，帝遂廢太子慶而立皇太子肇。肇，梁貴人子也。乃下詔曰：“皇太子有失惑無常之性，爰自孩乳，至今益章，恐襲其母凶惡之風，不可以奉宗廟，爲天下主。大義滅親，況降退乎！[2]今廢慶爲清河王。皇子肇保育皇后，承訓懷衽，導達善性，將成其器。蓋庶子慈母，尚有終身之恩，[3]豈若嫡后事正義明哉！今以肇爲皇太子。”遂出貴人姊妹置丙舍，[4]使小黄門蔡倫考實之，[5]皆承諷旨傅致其事，[6]乃載送暴室。二貴人同時飲藥自殺。[7]帝猶傷之，勑掖庭令葬於樊濯聚。[8]於是免楊歸本郡。郡縣因事復捕繫之，楊友人前懷令山陽張峻、左馮翊沛國劉均等奔走解釋，[9]得以免罪。楊失志憔悴，卒于家。慶時雖幼，而知避嫌畏禍，言不敢及宋氏，帝更憐之，勑皇后令衣服與太子齊等。太子特親愛慶，入則共室，出則同輿。及太子即位，是爲和帝，待慶尤渥，諸王莫得爲比，常共議私事。

［1］【今注】諷：用含蓄的語言暗示或指使。

［2］【李賢注】《左傳》，衛石碏殺其子厚，君子曰："石碏純臣也，惡州吁而厚預焉。大義滅親，其是之謂乎！"

［3］【李賢注】《儀禮·喪服》曰："慈母如母。"謂妾子之無母，父命妾養之。故曰慈母，如母者，貴父之命也。

［4］【今注】丙舍：東漢宫中正室兩邊的房屋，以甲、乙、丙爲次，第三等舍稱丙舍。

［5］【今注】小黄門：東漢始置，皆由宦官充任。明帝時期員額十人，和帝後增至二十人。和熹太后稱制後，不接公卿，乃以閹人爲常侍，小黄門通命兩宫。桓帝時期，初以小黄門爲守宫令。靈帝時期小黄門蹇碩任上軍校尉，典禁軍，用事於中，權任漸重。蔡倫：字敬仲，桂陽郡（今湖南郴州市北湖區）人。傳見本書卷七八。

［6］【李賢注】傅讀曰附。【今注】案，諷，大德本作"風"。

［7］【李賢注】《續漢志》曰"暴室，署名，主中婦人疾病"

也。【今注】暴室：官署名。漢設暴室，掌織作染練，屬掖庭令。亦掌診宫中婦女病。皇后、貴人有罪，也就此室，故又稱“暴室獄”。

［8］【李賢注】在洛陽城北也。

［9］【今注】懷：縣名。治所在今河南武陟縣西南。　山陽：郡名。治昌邑縣（今山東巨野縣東南）　左馮翊：漢三輔之一。西漢武帝太初元年（前104）改左内史置。治長安城（今陝西西安市西北）。相當於郡太守。因地屬畿輔，故不稱郡。　沛國：封國名。治相縣（今安徽濉溪縣西北）。

後慶以長，别居丙舍。永元四年，帝移幸北宫章德殿，講於白虎觀，[1]慶得入省宿止。[2]帝將誅竇氏，欲得《外戚傳》，[3]懼左右不敢使，乃令慶私從千乘王求，夜獨内之；又令慶傳語中常侍鄭衆求索故事。[4]及大將軍竇憲誅，[5]慶出居邸，賜奴婢三百人，輿馬、錢帛、帷帳、珍寶、玩好充仞其弟，[6]又賜中傅以下至左右錢帛各有差。[7]

［1］【今注】白虎觀：漢宫觀名。又稱白虎殿。

［2］【今注】宿止：住宿。

［3］【李賢注】《前書·外戚傳》也。

［4］【李賢注】謂文帝誅薄昭，武帝誅竇嬰故事。【今注】鄭衆：字季産，南陽犨（今河南魯山縣東南）人。宦官。東漢宦官專權自鄭衆始。傳見本書卷七八。

［5］【今注】大將軍：西漢武帝起領尚書事，爲中朝官領袖，地位因人而異，與三公相上下。　竇憲：字伯度，扶風平陵（今陝西咸陽市西北）人。傳見本書卷二三。

［6］【今注】案，仞，大德本作“牣”。弟，殿本作“第”。

［7］【李賢注】《前書音義》曰："中傅，宦者也。"【今注】案，又，大德本作"文"。

慶多被病，或時不安，帝朝夕問訊，進膳藥，所以垂意甚備。慶小心恭孝，自以廢黜，尤畏事慎法。每朝謁陵廟，[1]常夜分嚴裝，衣冠待明；[2]約勑官屬，不得與諸王車騎競驅。常以貴人葬禮有闕，[3]每竊感恨，至四節伏臘，[4]輒祭於私室。竇氏誅後，始使乳母於城北遥祠。[5]及竇太后崩，慶求上冢致哀，帝許之，詔太官四時給祭具。[6]慶垂涕曰："生雖不獲供養，終得奉祭祀，私願足矣。"欲求作祠堂，恐有自同恭懷梁后之嫌，遂不敢言。[7]常泣向左右，以爲没齒之恨。[8]後上言外祖母王年老，遭憂病，下土無毉藥，[9]願乞詣洛陽療疾。於是詔宋氏悉歸京師，除慶舅衍、俊、蓋、暹等皆爲郎。

［1］【今注】案，每，大德本作"無"。

［2］【李賢注】分，半也。

［3］【今注】有闕：有過失、不周到。

［4］【今注】四節：春、夏、秋、冬四時的節候。　伏臘：夏天的伏日、冬天的臘日合稱爲伏臘，這兩個節日都要舉行祭祀活動。

［5］【今注】案，宋貴人葬於城北，此處以"城北"代指宋貴人墓。

［6］【今注】太官：官名。少府屬官。主管皇帝膳食，秩千石。

［7］【李賢注】恭懷梁后，和帝母梁貴人。

[8]【李賢注】没，終；齒，年也。

[9]【今注】下土：謂鄉下。

十五年，有司以日食陰盛，[1]奏遣諸王侯就國。詔曰："甲子之異，[2]責由一人。諸王幼稚，早離顧復，弱冠相育，[3]常有《蓼莪》《凱風》之哀。[4]選懦之恩，知非國典，且復須留。"[5]至冬，從祠章陵，詔假諸王羽林騎各四十人。[6]後中傅衛訢私爲臧盜千餘萬，詔使案理之，并責慶不舉之狀，慶曰："訢以師傅之尊，選自聖朝，臣愚唯知言從事聽，不甚有所糺察。"[7]帝嘉其對，悉以訢臧財賜慶。及帝崩，慶號泣前殿，嘔血數升，因以發病。

[1]【今注】日食陰盛：古時認爲月亮遮住太陽發生日食是由於陰氣上升，將會導致災異。

[2]【今注】甲子：此指甲子日。惠棟《後漢書補注》謂是日爲夏四月甲子。

[3]【李賢注】《詩·小雅》曰："父兮生我，母兮鞠我，顧我復我，出入腹我。"

[4]【李賢注】《詩·小雅》曰："蓼蓼者莪，匪莪伊蒿。哀哀父母，生我劬勞。"《詩·國風》曰："凱風自南，吹彼棘心。棘心夭夭，母氏劬勞。"【今注】蓼莪：《詩·小雅》中的一篇。凱風：《詩·國風》中的一篇。

[5]【李賢注】選懦，仁弱慈戀不決之意也。懦音仁兖反。《東觀記》"須留"作"宿留"。【今注】國典：國家的典章制度。

[6]【今注】羽林騎：漢代皇帝的武裝侍從官。西漢武帝太初元年（前104）置，爲建章宮禁衛，初名"建章營騎"，後改稱羽

林騎。設令及丞。羽林言其如羽之疾，如林之多；一説取爲王者羽翼之意。宣帝以中郎將、騎都尉監羽林騎。東漢專以羽林中郎將爲主官，秩比二千石。中郎將領郎百人，羽林郎秩比三百石，常從漢陽、隴西、安定、北地、上郡、西河六郡良家子中選補。又置羽林左監、右監，秩各六百石，分主羽林左、右騎。後世常稱皇帝的禁衛軍爲羽林軍。

[7]【今注】糾察：舉發檢察。

明年，諸王就國，鄧太后特聽清河王置中尉、内史，[1]賜什物皆取乘輿上御，以宋衍等並爲清河中大夫。[2]慶到國，下令："寡人生於深宫，長於朝廷，[3]仰恃明主，垂拱受成。[4]既以薄祐，早離顧復，屬遭大憂，[5]悲懷感傷。蒙恩大國，職惟藩輔，新去京師，憂心煢煢，夙夜屏營，未知所立。[6]蓋聞智不獨理，必須明賢。今官屬並居爵任，[7]失得是均，庶望上遵策戒，[8]下免悔咎。其糺督非枉，明察典禁，[9]無令孤獲怠慢之罪焉。"

[1]【今注】中尉：此指諸侯國中尉。職掌維持王國治安，督察軍吏，典領軍隊，與傅、相共同輔王。秩二千石。　内史：諸侯國内史。漢初置，因其爲王國自署，治國如郡太守、都尉職事。秩二千石。

[2]【李賢注】《續漢書》曰："中大夫，秩六百石，無員，掌奉王使至京師。"【今注】中大夫：此爲王國職官名。掌議論。

[3]【李賢注】魯哀公與孔子言曰："寡人生於深宫之中，長於婦人之手。"事見《孫卿子》也。

[4]【李賢注】垂拱言無爲也。《尚書》曰："垂拱仰成。"

［5］【李賢注】屬，近（大德本、殿本“近”後有“也”字）。

［6］【李賢注】煢煢，孤特也。屏營，仿偟也（仿偟，大德本作“彷徨”）。

［7］【今注】官屬：屬吏。

［8］【今注】案，上，大德本作“二”。

［9］【今注】典禁：典章禁令。

鄧太后以殤帝襁抱，遠慮不虞，[1]留慶長子祐與嫡母耿姬居清河邸。至秋，帝崩，立祐爲嗣，是爲安帝。太后使中黄門送耿姬歸國。

［1］【李賢注】襁以繒帛爲之（繒，大德本、殿本作“繪”），即今之小兒綳也。綳音必衡反。【今注】鄧太后：即和熹鄧皇后。紀見本書卷一〇上。　殤帝：東漢殤帝劉隆，公元105年至106年在位。紀見本書卷四。　遠慮不虞：從長遠角度考慮，做好意外情況發生的打算。

帝所生母左姬，字小娥，小娥姊字大娥，犍爲人也。[1]初，伯父聖坐妖言伏誅，[2]家屬没官，二娥數歲入掖庭，及長，並有才色。小娥善《史書》，喜辭賦。和帝賜諸王宫人，因入清河弟。[3]慶初聞其美，賞傅母以求之。及後幸愛極盛，姬妾莫比。姊妹皆卒，葬於京師。

［1］【今注】犍爲：郡名。西漢武帝建元六年（前135）置，郡治屢遷，先後移治鄨縣（今貴州遵義市西）、廣南縣（今四川筠連縣）、僰道縣（今四川宜賓市西南）、武陽縣（今四川彭山縣

東)。　案，殿本“人”後無“也”字。

［2］【今注】妖言：罪名。指以怪誕不經之説詆毀他人的行爲。非議皇帝或危害統治的言論，即“妖言”罪的主要內容。秦漢時有妖言令，西漢高后元年（前187）、文帝前元元年（前179）曾一再下詔廢止，但終漢之世未能盡除。

［3］【今注】案，弟，殿本作“第”。

慶立凡二十五年，乃歸國。其年病篤，謂宋衍等曰：“清河埤薄，[1]欲乞骸骨於貴人冢傍下棺而已。朝廷大恩，猶當應有祠室，庶母子并食，魂靈有所依庇，死復何恨？”乃上書太后曰：“臣國土下溼，願乞骸骨，下從貴人於樊濯，雖歿且不朽矣。及今口目尚能言視，冒昧干請。[2]命在呼吸，願蒙哀憐。”遂薨，年二十九。遣司空持節與宗正奉弔祭；[3]又使長樂謁者僕射、中謁者二人副護喪事；[4]賜龍旂九旒，虎賁百人，儀比東海恭王。[5]太后使掖廷丞送左姬喪，[6]與王合葬廣丘。

［1］【李賢注】埤音婢。【今注】埤薄：地方低濕而貧瘠。

［2］【今注】干請：指有所求而請託於人。

［3］【今注】司空：官名。西周置，金文作“司工”。秦漢有各種稱作“司空”的官職，秩級不同。除“掌水土事”外，還包括對刑徒等勞動人員的分配、管理。

［4］【今注】長樂謁者：官名。漢置，掌傳達上章報問，爲長樂宮太后官屬。　僕射：秦、漢置爲侍中、謁者、博士、郎等諸官之長。因古時重武臣，以善射者掌事，故名。依其職事爲稱。　中謁者：官名。漢九卿之一少府屬官，掌賓贊受事。秩六百石。　副護喪事：惠棟《後漢書補注》謂時車騎將軍鄧騭護喪事，故云

副也。

[5]【李賢注】旂有九旒，天子制也。恭王殭葬，贈以殊禮，升龍、旄頭、鸞輅、龍旂，虎賁百人。【今注】龍旂：畫有兩龍蟠結的旗幟。《周禮·考工記·輈人》："龍旂九斿，以象大火也。"鄭玄注："交龍爲旂，諸侯之所建也。"　旒：旌旗下邊或邊緣上懸垂的裝飾品。

[6]【今注】案，廷，殿本作"庭"。

子愍王虎威嗣。永初元年，太后封宋衍爲盛鄉侯，分清河爲二國，封慶少子常保爲廣川王，[1]子女十一人皆爲鄉公主，食邑奉。明年，常保薨，無子，國除。

[1]【今注】廣川：縣名。治所在今河北棗强縣東。

虎威立三年薨，亦無子。鄧太后復立樂安王寵子延平爲清河王，是爲恭王。[1]

[1]【李賢注】寵即千乘王伉之子。

太后崩，有司上言："清河孝王至德淳懿，載育明聖，[1]承天奉祚，爲郊廟主。[2]漢興，高皇帝尊父爲太上皇，[3]宣帝號父爲皇考，[4]序昭穆，[5]置園邑。太宗之義，舊章不忘。[6]宜上尊號曰孝德皇，皇妣左氏曰孝德后，孝德皇母宋貴人追謚曰敬隱后。"乃告祠高廟，[7]使司徒持節與大鴻臚奉策書璽綬清河，[8]追上尊號；又遣中常侍奉太牢祠典，[9]護禮儀侍中劉珍等及宗室列侯皆往會事。[10]尊陵曰甘陵，[11]廟曰昭廟，置令、丞，設兵車周衛，比章陵。[12]復以廣川益清河國。尊耿姬爲甘陵大貴人。又封女弟侍男爲涅陽長公主，別得爲舞陰長公主，久長爲濮陽長公主，直得爲平氏長公主。[13]餘七主並早卒，故不及進爵。追贈敬隱后女弟小貴人印綬，追封謚宋楊爲當陽穆侯。[14]楊四子皆爲列侯，食邑各五千户。宋氏爲卿、校、侍中、大夫、謁者、郎吏十餘人。孝德后異母弟次及達生二人，諸子九人，皆爲清河國郎中。耿貴人者，牟平侯舒之孫也。貴人兄寶，襲封牟平侯。[15]帝以寶嫡舅，寵遇甚渥，位至大將軍，事以見《耿舒傳》。[16]

［1］【今注】載育：培養。　明聖：此指漢安帝。

［2］【今注】案，主，大德本作“王”。

［3］【今注】高皇帝：西漢高祖劉邦，公元前 206 年至前 195 年在位。紀見《史記》卷八、《漢書》卷一。　太上皇：漢高帝劉邦之父。

［4］【李賢注】宣帝父諱進，武帝時號史皇孫，坐戾太子事遇害。帝即位，追尊皇考，立廟。【今注】宣帝：西漢宣帝劉詢，公元前 74 年至前 49 年在位。紀見《漢書》卷八。　皇考：即劉進，衛太子與史良娣之子，宣帝之父。武帝時稱“史皇孫”，“巫蠱之禍”中遇害。宣帝即位後，追尊追謚爲悼皇考。

［5］【今注】昭穆：宗廟或宗廟中神主的排列次序，始祖居中，以下父子（祖、父）遞爲昭穆，左爲昭，右爲穆。

［6］【李賢注】太宗謂繼嗣也。《左傳》季桓子曰“舊章不可忘”也。

［7］【今注】高廟：即高祖廟，又稱“太祖廟”，是祭祀西漢

開國皇帝劉邦的宗廟。惠帝時始設，地方諸郡國皆立。西漢新帝即位，須拜謁高祖廟，以宣示自己的合法性和正統性。霍光廢昌邑王時，即曾以“未見命高廟”爲由。據《三輔黃圖》，京師高廟在長安城安門街東（參見劉慶柱、李毓芳《關於西漢帝陵形制諸問題探討》，《考古與文物》1985年第5期）。

［8］【今注】司徒：官名。西周置，掌治理民事、户口、官司籍田、徵發徒役、收納財賦。秦罷司徒置丞相。西漢哀帝元壽二年（前1）改丞相爲大司徒。東漢去“大”。獻帝建安十三年（208）罷司徒，置丞相。　策書：文書名。漢代爲皇帝下達的一種文書，多用於封土賜爵、任免三公。　璽綬：璽即印信，綬即繫印的絲組。

［9］【今注】太牢：祭祀社稷時，牛、羊、豕三牲全備稱爲“太牢”。

［10］【今注】會事：指集會慶祝之事。

［11］【今注】甘陵：惠棟《後漢書補注》引應劭曰：“安帝以孝德皇后葬於厝，改曰甘陵。”

［12］【李賢注】皇考南頓君陵。

［13］【今注】案，惠棟《後漢書補注》指出，涅陽長公主適細陽侯岑熙，彭玄孫也；舞陰長公主適高密侯鄧褒，禹玄孫也；濮陽長公主，適好時侯耿良，弇曾孫也；平氏長公主適虎賁中郎將來定，歙兄孫也。

［14］【李賢注】當陽，今荆州也。【今注】案，惠棟《後漢書補注》引《東觀漢記·宋揚傳》曰：“永寧元年，遣大鴻臚持節至墓所，追封當陽侯。”

［15］【今注】案，貴人兄寶，即耿寶。襲封牟平侯。其妹爲安帝生母。安帝立，寶以元舅監羽林左車騎，爲大將軍。阿附宦官，參與譖廢皇太子劉保爲濟陰王，排陷太尉楊震。安帝死，被閻太后貶爲亭侯，公元125年自殺。

［16］【今注】案，以，大德本、殿本作“已”，是。

立三十五年薨，子蒜嗣。沖帝崩，[1]徵蒜詣京師，將議爲嗣。會大將軍梁冀與梁太后立質帝，[2]罷歸國。

［1］【今注】沖帝：東漢沖帝劉炳，公元144年至145年在位。紀見本書卷六。

［2］【今注】梁冀：字伯卓，安定烏氏（今寧夏固原市東南）人。傳見本書卷三四。

蒜爲人嚴重，動止有度，朝臣太尉李固等莫不歸心焉。[1]初，中常侍曹騰謁蒜，[2]蒜不爲禮，宦者由此惡之。及帝崩，公卿皆正議立蒜，[3]而曹騰説梁冀不聽，遂立桓帝。語在《李固傳》。蒜由此得罪。

［1］【今注】案，王先謙《後漢書集解》據袁宏《後漢紀》指出，時清河王蒜年二十餘，最有名德，大臣歸心。　太尉：官名。秦置，金印紫綬，西漢武帝元狩四年（前119）改名大司馬，東漢光武帝建武二十七年（51）復稱太尉，與司徒、司空合稱三公。　李固：字子堅，漢中南鄭（今陝西漢中市）人。傳見本書卷六三。

［2］【今注】曹騰：字季興，沛國譙（今安徽亳州市）人。傳見本書卷七八。

［3］【今注】正議：正言建議。

建和元年，[1]甘陵人劉文與南郡妖賊劉鮪交通，[2]訛言清河王當統天下，欲共立蒜。事發覺，文等遂劫清河相謝暠，將至王宫司馬門，[3]曰：“當立王爲天子，暠爲公。”暠不聽，罵之，文因刺殺暠。於是捕文、鮪誅之。有司因劾奏蒜，坐貶爵爲尉氏侯，徙桂陽，[4]自殺。立三年，國絶。

[1]【今注】建和：東漢桓帝劉志年號（147—149）。

[2]【今注】南郡：治江陵縣（今湖北荆州市荆州城西北）。

[3]【李賢注】帝紀“謝”作“射”，蓋紀傳不同。【今注】司馬門：皇帝宫、王宫、軍營、帝陵均有司馬門，先秦時已有。臣子入宫不得走司馬門，衹能走掖門。過司馬門須下車。〔參見楊鴻年《漢魏司馬門雜考》（一、二），《中華文史論叢》1981年第3、4輯〕

[4]【今注】桂陽：縣名。治所在今廣東連州市。案，惠棟《後漢書補注》謂《天文志》載徙爲犍爲都鄉侯，薨，國絶。

梁冀惡清河名，明年，乃改爲甘陵。梁太后立安平孝王子經侯理爲甘陵王，[1]奉孝德皇祀，是爲威王。

[1]【李賢注】安平王德（王德，大德本作“德王”），河閒王開子。

理立二十五年薨，子貞王定嗣。

定立四年薨，子獻王忠嗣。黄巾賊起，[1]忠爲國人所執，既而釋之。靈帝以親親故，[2]詔復忠國。忠立十三年薨，嗣子爲黄巾所害，建安十一年，[3]以無後，國除。

[1]【今注】黄巾：東漢末年張角領導的農民起義。起義軍以

黄巾裹頭，故名。

［2］【今注】親親：指愛自己的親屬，是儒家禮教的核心觀點之一。《禮記·中庸》有云“仁者人也，親親爲大”。

［3］【今注】建安：東漢獻帝劉協年號（196—220）。 案，惠棟《後漢書補注》據《獻帝起居注》認爲十一年國除之事時間有誤，當作“二十一年”。

濟北惠王壽，母申貴人，潁川人也，[1]世吏二千石。貴人年十三，入掖庭。壽以永元二年封，分太山郡爲國。[2]和帝遵肅宗故事，兄弟皆留京師，恩寵篤密。有司請遣諸王歸藩，不忍許之，及帝崩，乃就國。永初元年，鄧太后封壽舅申轉爲新亭侯。壽立三十一年薨。自永初已後，戎狄叛亂，國用不足，始封王薨，減賻錢爲千萬，布萬匹；嗣王薨，五百萬，布五千匹。時唯壽最尊親，特賻錢三千萬，[3]布三萬匹。

［1］【今注】潁川：郡名。治陽翟縣（今河南禹州市）。案，潁，大德本作“穎”。

［2］【今注】太山郡：治博縣（今山東泰安市東南）。

［3］【今注】賻錢：爲助辦喪事而贈送給喪主的錢財。

子節王登嗣。永寧元年，[1]封登弟五人爲鄉侯，皆別食太山邑。

［1］【今注】永寧：東漢安帝劉祜年號（120—121）。

登立十五年薨，子哀王多嗣。

多立三年薨，無子。永和四年，[1]立戰鄉侯安國爲濟北王，是爲釐王。[2]

［1］【今注】永和：東漢順帝劉保年號（136—141）。

［2］【李賢注】釐音僖也。

安國立十年薨，子孝王次嗣。本初元年，[1]封次弟猛爲亭侯。[2]次九歲喪父，至孝。建和元年，梁太后下詔曰："濟北王次以幼年守藩，[3]躬履孝道，父没哀慟，焦毁過禮，草廬土席，衰杖在身，[4]頭不枇沐，[5]體生瘡腫。諒闇已來二十八月，[6]自諸國有憂，未之聞也，朝廷甚嘉焉。《書》不云乎：'用德章厥善。'[7]《詩》云：'孝子不匱，永錫爾類。'[8]今增次封五千户，[9]廣其土宇，以慰孝子惻隱之勞。"

［1］【今注】本初：東漢質帝劉纘年號（146）。

［2］【今注】亭侯：爵名。漢制，列侯大者食縣，小者食鄉、亭。亭侯即指列侯食邑爲亭者。封爵不世襲，位視中二千石。

［3］【今注】守藩：此指把守王國封地。

［4］【今注】衰杖：居喪用的麻絰與哭喪棒。

［5］【今注】枇沐：謂梳洗。

［6］【今注】諒闇：謂天子、諸侯居喪。

［7］【李賢注】《尚書·盤庚》之辭也。言以道德明之，使競爲善也。

［8］【李賢注】《詩·大雅》也。匱，竭也。類，善也。永，長也。言孝子之行（大德本、殿本無"言"字），無有匱竭，長賜與汝之族類，教道天下。

［9］【今注】案，今，大德本作“令”。

次立七年薨，子鸞嗣。鸞薨，子政嗣。政薨，無子，建安十一年，國除。

河間孝王開，[1]以永元二年封，分樂成、勃海、涿郡爲國。[2]延平元年就國。[3]開奉遵法度，吏人敬之。[4]永寧元年，鄧太后封開子翼爲平原王，[5]奉懷王勝祀；[6]子德爲安平王，奉樂成王黨祀。[7]

［1］【今注】案，宋文民《後漢書考釋》謂本傳濟南王開，即孝王七世孫，不得與遠祖同名。當依《任城孝王傳》作“恭”。（上海古籍出版社 1995 年版，第 229 頁）

［2］【今注】樂成：封國名。治信都縣（今河北衡水市冀州區）。　涿郡：治涿縣（今河北涿州市）。

［3］【今注】延平：東漢殤帝劉隆年號（106）。

［4］【今注】案，惠棟《後漢書補注》引《續漢書》曰：“開忠貞敬恭，聰敏畏慎，上以開小弟，特親友愛。”又，大德本、殿本無“開”字。

［5］【今注】平原：郡國名。治平原縣（今山東平原縣南）。東漢殤帝延平元年，封皇兄劉勝爲平原王，平原郡爲平原國。傳國至平原王劉翼，安帝建光元年（121），廢爲都鄉侯。平原國除爲平原郡。建和二年（148），桓帝封己弟都鄉侯劉碩爲平原王，平原郡復爲王國。建安十一年（206），國除爲郡。

［6］【李賢注】勝，和帝子。

［7］【李賢注】黨，明帝子也。

開立四十二年薨，子惠王政嗣。政慠佷，[1]不奉法憲。順帝以侍御史吴郡沈景有彊能稱，[2]故擢爲河間相。景到國謁王，王不正服，[3]箕踞殿上。侍郎贊拜，景峙不爲禮。[4]問王所在，虎賁曰："是非王邪？"景曰："王不服，[5]常人何別！今相謁王，豈謁無禮者邪！"王慙而更服，景然後拜。出住宫門外，請王傅責之曰："前發京師，陛下見受詔，以王不恭，使相檢督。諸君空受爵禄，而無訓導之義。"因奏治罪。詔書讓政而詰責傅。景因捕諸姦人上案其罪，[6]殺戮尤惡者數十人，出冤獄百餘人。政遂爲改節，悔過自脩。陽嘉元年，[7]封政弟十三人皆爲亭侯。

[1]【今注】慠佷：倨傲凶狠。佷，大德本、殿本作"狠"。

[2]【今注】順帝：東漢順帝劉保，公元125年至144年在位。紀見本書卷六。　侍御史：御史大夫屬官，由御史中丞統領，入侍禁中蘭臺，給事殿中，故名。掌受公卿奏事，舉劾按章，監察文武官員，或供臨時差遣，出監郡國，持節典護大臣喪事，收捕、審訊有罪官吏等。員十五人，秩六百石。　吴郡：東漢順帝永建四年（129）分會稽郡置，治吴縣（今江蘇蘇州市）。

[3]【今注】不正服：衣冠不整。

[4]【李賢注】峙，立也。

[5]【今注】案，王先謙《後漢書集解》引劉攽謂"王不服"當作"王不王服"。

[6]【李賢注】上，奏上也，音市丈反。

[7]【今注】陽嘉：東漢順帝劉保年號（132—135）。

政立十年薨，子貞王建嗣。[1]建立十年薨，子安王利嗣。利立二十八年薨，子陔嗣。陔立四十一年，魏受禪，[2]以爲崇德侯。

[1]【今注】案，貞，大德本作“真”。

[2]【今注】魏受禪：此指公元220年曹丕接受漢獻帝禪讓，稱帝建立魏王朝。

蠡吾侯翼，元初六年鄧太后徵濟北、河間王諸子詣京師，[1]奇翼美儀容，故以爲平原懷王後焉。[2]留在京師。歲餘，太后崩。安帝乳母王聖與中常侍江京等譖鄧騭兄弟及翼，[3]云與中大夫趙王謀圖不軌，闚覦神器，懷大逆心。[4]貶爲都鄉侯，遣歸河間。翼於是謝賓客，閉門自處。永建五年，[5]父開上書，願分蠡吾縣以封翼，順帝從之。

[1]【今注】元初：東漢安帝劉祜年號（114—120）。

[2]【李賢注】平原王得無子，故立之也。

[3]【今注】鄧騭：字昭伯，南陽新野（今河南新野縣）人。傳見本書卷一六。

[4]【李賢注】神器喻帝位也。老子曰：“天下神器，不可爲也。”【今注】案，闚，紹興本、大德本、殿本作“闚”。

[5]【今注】永建：東漢順帝劉保年號（126—132）。

翼卒，子志嗣，爲大將軍梁冀所立，[1]是爲桓帝。梁太后詔追尊河間孝王爲孝穆皇，夫人趙氏曰孝穆后，[2]廟曰清廟，陵曰樂成陵；蠡吾先侯曰孝崇皇，廟曰烈廟，陵曰博陵。皆置令、丞，使司徒持節奉策書、璽綬，祠以太牢。[3]建和二年，更封帝兄都鄉侯碩爲平原王，留博陵，奉翼後。尊翼夫人馬氏爲孝崇博園貴人，以涿郡之良鄉、故安，[4]河間之蠡吾三縣爲湯沐邑。[5]碩嗜酒，多過失，帝令馬貴人領王家事。[6]建安十一年，國除。

［1］【今注】案，大，殿本作"太"。

［2］【今注】夫人：列侯的妻子。

［3］【今注】案，太，大德本作"大"。

［4］【今注】良鄉：縣名。治所在今北京市房山區竇店古城遺址。　故安：縣名。治所在今河北易縣東南。

［5］【今注】湯沐邑：本指周天子在王畿内賜給來朝諸侯住宿和齋戒沐浴用的封邑。漢時沿用此名，指皇帝、皇后、公主以及諸侯王列侯收取賦税以供私人奉養的封邑，多數是爲公主及皇帝的其他女性近親設置，皇室男性亦有享受湯沐邑者。（參見薛瑞澤《漢代湯沐邑研究》，《江蘇師範大學學報》2013 年第 5 期）

［6］【今注】領：兼管、兼任。

解瀆亭侯淑，以河間孝王子封。淑卒，子長嗣。[1]長卒，子宏嗣，爲大將軍竇武所立，[2]是爲靈帝。建寧元年，[3]竇太后詔追尊皇祖淑爲孝元皇，夫人夏氏曰孝元后，陵曰敦陵，廟曰靖廟；皇考長爲孝仁皇，夫人董氏爲慎園貴人，陵曰慎陵，廟曰奐廟。皆置令、丞，使司徒持節之河間奉策書、璽綬，祠以太牢，常以歲時遣中常侍持節之河間奉祠。

［1］【今注】案，王先謙《後漢書集解》引劉攽謂“長”當作“萇”。

［2］【今注】竇武：字游平，扶風平陵（今陝西咸陽市西北）人。傳見本書卷六九。

［3］【今注】建寧：東漢靈帝劉宏年號（168—172）。

熹平三年，使使拜河間安王利子康爲濟南王，[1]奉孝仁皇祀。

［1］【今注】濟南：封國名。治東平陵縣（今山東濟南市章丘區西北）。

康薨，子贇嗣，建安十二年，爲黄巾賊所害。子開嗣，立十三年，魏受禪，以爲崇德侯。

城陽懷王淑，以永元二年分濟陰爲國。[1]立五年薨，葬於京師。[2]無子，國除，還并濟陰。

［1］【今注】濟陰：郡名。治定陶縣（今山東菏澤市定陶區西北）。

［2］【今注】案，惠棟《後漢書補注》引《東觀漢記》曰：“鄧太后悲傷，命史官述其行迹，爲作傳誄，藏於王府。”

廣宗殤王萬歲，以永元五年封，分鉅鹿爲國。[1]其年薨，葬於京師。無子，國除，還并鉅鹿。

［1］【今注】鉅鹿：縣名。治所在今河北平鄉縣西南。

平原懷王勝，和帝長子也。不載母氏。少有痼疾，[1]延平元年封。立八年薨，葬於京師。無子，鄧太后立樂安夷王寵子得爲平原王，奉勝後，是爲哀王。得立六年薨，無子。永寧元年，太后又立河間王開子都鄉侯翼爲平原王嗣。安帝廢之，國除。

[1]【今注】痼疾：經久難愈的疾病。

論曰：傳稱吴子夷昧，甚德而度，有吴國者，必其子孫。[1]章帝長者，事從敦厚，繼祀漢室，咸其苗裔，古人之言信哉！

[1]【李賢注】夷昧，吴君之名。《左傳》屈狐庸謂趙文子曰："若天所啓，其在今嗣君乎？甚德而度，德不失人，度不失事，有吴國者，必此君之子孫也。"杜預注云："嗣君謂夷昧也。"

贊曰：章祚不已，本枝流祉。質惟伉孫，安亦慶子。河間多福，桓、靈丞祀。[1]濟北無驕，皇恩寵饒。平原抱痼，三王薨朝。[2]振振子孫，或秀或苗。[3]

[1]【今注】案，丞，紹興本、大德本、殿本作"承"。

[2]【李賢注】平春王全、廣宗王萬歲、城陽王淑並薨於京師也。

[3]【李賢注】振振，仁厚貌也，音之人反。《詩·國風》曰："宜爾子孫振振兮。"《論語》曰："苗而不秀者有矣夫，秀而不實者有矣夫！"苗謂早夭，秀謂成長也。

後漢書　卷五六

列傳第四十六

張皓 子綱　王龔 子暢　种暠 子岱 拂 拂子劭　陳球

張皓字叔明，[1]犍爲武陽人也。[2]六世祖良，[3]高帝時爲太子少傅，[4]封留侯。[5]皓少游學京師，[6]初，[7]永元中，[8]歸仕州郡，辟大將軍鄧騭府，[9]五遷尚書僕射，[10]職事八年，出爲彭城相。[11]

［1］【今注】案，皓，惠棟《後漢書補注》謂《蜀志》作“浩”。

［2］【今注】犍爲：郡名。西漢武帝建元六年（前135）置，郡治屢遷，先後移治鄨縣（今貴州遵義市西）、廣南縣（今四川筠連縣）、僰道縣（今四川宜賓市西南）、武陽縣（今四川眉山市彭山區東）。　武陽：縣名。治所在今四川眉山市彭山區東。

［3］【今注】六世祖良：惠棟《後漢書補注》總結前人相關説法，指出張皓本是張良九世孫，傳誤爲六世。

［4］【今注】高帝：漢高祖劉邦，公元前206年至前195年在位。紀見《史記》卷八、《漢書》卷一。　太子少傅：官名。與太

子太傅並稱太子二傅。西漢協助太子太傅監護、輔翼、教導太子，秩二千石。

［5］【今注】留侯：即張良，字子房。祖與父相繼爲韓相。秦滅韓，良圖復韓，募力士於博浪沙狙擊始皇未中，遂更姓名。秦二世元年（前209），聚衆回應陳勝。後從劉邦，爲主要謀士，得到劉邦重用。高祖六年（前201），封留侯。晚好黄老，學辟穀之術。卒謚文成。世家見《史記》卷五五，傳見《漢書》卷四〇。

［6］【今注】案，惠棟《後漢書補注》引《益部耆舊傳》："皓治律《春秋》，遊學京師，與廣漢譚粲、漢中李郁、蜀郡張霸共結爲友。"

［7］【今注】案，王先謙《後漢書集解》引劉攽，以爲"初"爲衍字。

［8］【今注】永元：東漢和帝劉肇年號（89—105）。

［9］【今注】大將軍：武官名。西漢武帝起領尚書事，爲中朝官領袖，地位因人而異，與三公相上下。　鄧騭：字昭伯，南陽新野（今河南新野縣）人。傳見本書卷一六。

［10］【今注】尚書僕射：官名。秦、西漢爲尚書令副貳，秩六百石。東漢爲尚書臺次官，職權益重，增秩至二千石。職掌拆閱封緘章奏文書，參議政事，諫諍駁議，監察百官。令不在，則代理其職。

［11］【李賢注】明帝子彭城王恭之相也。【今注】彭城：封國名。治彭城縣（今江蘇徐州市雲龍區）。

永寧元年，[1]徵拜廷尉。[2]皓雖非法家，[3]而留心刑斷，數與尚書辯正疑獄，多以詳當見從。[4]時安帝廢皇太子爲濟陰王，[5]皓與太常桓焉、太僕來歷廷争之，[6]不能得。事已具《來歷傳》。退而上疏曰："昔賊臣江充，造構讒逆，至令戾園興兵，終及禍難。[7]後壺關三老一言，上乃覺悟，雖追前失，悔之何逮！[8]今皇太子春秋方始十歲，未見保傅九德之義，[9]宜簡賢輔，就成聖質。”書奏不省。

［1］【今注】永寧：東漢安帝劉祜年號（120—121）。

［2］【今注】廷尉：官名。秦置，位列九卿，主掌司法審判，秩中二千石。有正、左右監，秩皆千石。西漢景帝中元六年（前144）更名大理，武帝建元四年（前137）復爲廷尉。宣帝地節三年（前67）初置左右平，秩皆六百石。哀帝元壽二年（前1）復爲大理。王莽改曰作士。東漢以後，或稱廷尉，或稱大理，或稱廷尉卿。省右平、右監。重大案件由御史中丞、司隸校尉、廷尉會審。

［3］【今注】法家：此指主張以法制治理社會者。

［4］【李賢注】詳審而平當也。

［5］【今注】安帝：東漢安帝劉祜，公元106年至125年在位。紀見本書卷五。　濟陰：封國名。治定陶縣（今山東菏澤市定陶區西北）。

［6］【今注】太常：官名。漢初名奉常，景帝時改名太常，掌宗廟禮儀。位列九卿之首，秩中二千石。　太僕：官名。周置，秦、漢沿置。掌皇帝專用車馬，兼管官府畜牧業。列位九卿，秩中二千石。　來歷：字伯珍，南陽新野（今河南新野縣）人。傳見本書卷一五。　廷爭：在朝廷上對皇帝直言進諫。

［7］【李賢注】趙人江充，字次倩。武帝時，爲直指繡衣，劾太子家吏行馳道中，恐爲太子所誅，見上年老，意多所惡，因言左右皆爲巫蠱。上乃使充捕案巫蠱。既知上意太子，乃言宫中有蠱氣，遂掘蠱太子宫，得桐木人。時上疾在甘泉宫，太子懼，不能自明，收充斬之，發兵與丞相劉屈氂戰，敗，亡走湖，自殺。後太子孫宣帝即位，追謚太子曰戾，於湖置園邑奉祠，故曰戾園。

［8］【李賢注】逮，及也。太子死後，壺關三老令狐茂上書

訟太子冤，武帝感寤（寤，大德本、殿本作“悟”），憐太子無辜，乃族滅江充，作思子宫，爲歸來望思之臺於湖，天下聞而悲之。事見《前書》。【今注】壺關：關名。在今山西長治市東南，山勢形如壺口，故得名。　三老：漢代鄉、縣、郡中年老且有德行的人，參與地方政事，掌教化。一般年齡在五十歲以上。（參見黄今言《漢代三老、父老的地位與作用》，《江西師範大學學報》2007 年第 5 期）

［9］【李賢注】《尚書·皋繇》陳九德（繇，大德本、殿本作“陶”），曰“寬而慄（慄，紹興本作‘栗’），柔而立，愿而恭，亂而敬，擾而毅，直而温，簡而廉，剛而塞，彊而誼”也。【今注】保傅：輔導或教誨天子和諸侯子弟的官員。

及順帝即位，[1]拜皓司空，[2]在事多所薦達，[3]天下稱其推士。時清河趙騰上言災變，[4]譏刺朝政，章下有司，收騰繫考，所引黨輩八十餘人，皆以誹謗當伏重法。[5]皓上疏諫曰：“臣聞堯舜立敢諫之鼓，三王樹誹謗之木，[6]《春秋》採善書惡，聖主不罪芻蕘。[7]騰等雖干上犯法，所言本欲盡忠正諫。如當誅戮，天下杜口，塞諫争之源，非所以昭德示後也。”帝乃悟，減騰死罪一等，餘皆司寇。[8]四年，以陰陽不和策免。

［1］【今注】順帝：東漢順帝劉保，公元 125 年至 144 年在位。紀見本書卷六。

［2］【今注】司空：官名。西周置，西漢成帝更名御史大夫爲大司空。東漢光武建武二十七年（51），去“大”字，稱“司空”。掌水土事。與太尉、司徒合稱三公。本書《百官志一》：“司空，公一人。本注曰：掌水土事。凡營城起邑、浚溝洫、修墳防之事，則

議其利，建其功。凡四方水土功課，歲盡則奏其殿最而行賞罰。凡郊祀之事，掌掃除樂器，大喪則掌將校復土。凡國有大造大疑，諫争，與太尉同。”

［3］【今注】薦達：薦舉而得到任用。

［4］【今注】清河：封國名。治甘陵縣（今山東臨清市東）。案，王先謙《後漢書集解》引王鳴盛曰：“（案楊震）上書乃安帝時事，此乃以爲順帝；又彼言河間，此云清河；彼言騰伏尸都市，此言皓諫帝悟，減騰死罪一等，亦不合。”又引錢大昕曰：“《楊震傳》河間男子趙騰詣闕上書，指陳得失，帝怒，收考詔獄。震上疏救之，帝不省，騰竟伏尸都市，此安帝延光三年事也。皓爲司空在順帝永建元年，冬又有趙騰以言事獲咎，皓上疏諫得減死一等。相距僅三載，姓名又相同，疑一事而傳聞異詞也。”錢説是。

［5］【今注】誹謗：亦作詆欺、誹謗詆欺。指捏造、歪曲事實以詆毁他人的行爲。秦漢時，常將指責、批評皇帝的言論定爲“誹謗”罪，並處以嚴刑。

［6］【今注】三王：夏、商、周三朝的第一位帝王大禹、商湯、周武的合稱。　誹謗之木：相傳堯舜時於交通要道置誹謗木，讓人在上面寫諫言。

［7］【李賢注】《左氏傳》曰：“《春秋》之稱，微而顯，志而晦，懲惡而勸善，非聖人誰能修之。”【今注】芻蕘：淺陋見解；或指草野之人。王先謙《漢書補注》卷八五引《資治通鑑》胡三省注曰：“刈草曰芻。采薪曰蕘。文王詢于芻蕘。”

［8］【李賢注】《前書音義》曰：“司寇，二歲刑也。”輸作司寇，因以名焉。【今注】司寇：徒刑名。將犯人罰至邊地，一面服役，一面禦寇。睡虎地秦簡所見秦律中亦將刑徒稱爲司寇（參見高恒《秦律中的刑徒及其刑期問題》，《法學研究》1983年第6期）。

陽嘉元年，復爲廷尉。[1]其年卒官，時年八十三。[2]遣使者弔祭，賜葬地於河南縣。子綱。

[1]【今注】陽嘉：東漢順帝劉保年號（132—135）。

[2]【今注】卒官：病逝於任上。　案，王先謙《後漢書集解》引周壽昌説，謂後漢年老不致仕者頗多，然如皓以八十歲罷，八十三而復起尤少見。

綱字文紀。少明經學。雖爲公子，而厲布衣之節。[1]舉孝廉不就，[2]司徒辟高弟爲御史。[3]時順帝委縱宦官，[4]有識危心。綱常感激，[5]慨然歎曰："穢惡滿朝，不能奮身出命埽國家之難，雖生吾不願也。"退而上書曰："《詩》曰：'不愆不忘，率由舊章。'[6]尋大漢初隆，及中興之世，文、明二帝德化尤盛。[7]觀其理爲，[8]易循易見，但恭儉守節，約身尚德而已。中官常侍不過兩人，近倖賞賜裁滿數金，[9]惜費重人，故家給人足。夷狄聞中國優富，任信道德，所以姦謀自消而和氣感應。而頃者以來，不遵舊典，無功小人皆有官爵，富之驕之而復害之，非愛人重器，承天順道者也。[10]伏願陛下少留聖思，割損左右，以奉天心。"[11]書奏不省。

[1]【今注】厲：激勵、勸勉。　節：節操。

[2]【今注】舉孝廉：漢朝選拔舉薦人才的科目之一。孝指孝悌，廉指廉潔。漢制規定，每年郡國從所屬吏民中推舉孝、廉各一人。

[3]【今注】司徒：官名。西周置，掌治理民事、户口、官司

籍田、徵發徒役、收納財賦。秦罷司徒置丞相。西漢哀帝元壽二年（前1）改丞相爲大司徒。東漢去“大”。獻帝建安十三年（208）罷司徒，置丞相。　案，弟，大德本、殿本作“第”。　御史：中華本據《群書治要》、《太平御覽》卷七七八補“侍”字。侍御史，御史大夫屬官，由御史中丞統領，入侍禁中蘭臺，給事殿中，故名。掌受公卿奏事，舉劾按章，監察文武官員，或供臨時差遣，出監郡國，持節典護大臣喪事，收捕、審訊有罪官吏等。員十五人，秩六百石。

［4］【今注】委縱：任用放縱。

［5］【今注】感激：感慨。

［6］【李賢注】《詩·大雅》也。愆，過也。率，循也。言成王令德，不過循用舊典之文。

［7］【今注】文明二帝：西漢文帝劉恒，公元前180年至前157年在位。廟號太宗，謚號孝文。紀見《史記》卷一〇、《漢書》卷四。東漢明帝劉莊，公元57年至75年在位。紀見本書卷二。

［8］【今注】理爲：治理教化。

［9］【今注】裁：通“才”。

［10］【李賢注】器謂車服也。言無功小人不可妄授也。《左傳》曰“唯器與名不可以假人”也。

［11］【今注】以奉天心：以尊奉天帝之心。

漢安元年，[1]選遣八使徇行風俗，皆耆儒知名，多歷顯位，[2]唯綱年少，官次最微。餘人受命之部，[3]而綱獨埋其車輪於洛陽都亭，曰：“豺狼當路，安問狐狸！”[4]遂奏曰：“大將軍冀，[5]河南尹不疑，[6]蒙外戚之援，荷國厚恩，以芻蕘之資，居阿衡之任，[7]不能敷揚五教，[8]翼讚日月，[9]而專爲封豕長蛇，肆其貪叨，[10]甘心好貨，縱恣無底，多樹諂諛，以害忠良。誠天威所不赦，大辟所宜加也。[11]謹條其無君之心十五事，斯皆臣子所切齒者也。”[12]書御，京師震竦。[13]時冀妹爲皇后，内寵方盛，諸梁姻族滿朝，帝雖知綱言直，終不忍用。

[1]【今注】漢安：東漢順帝劉保年號（142—144）。

[2]【李賢注】《周舉傳》曰：“詔遣八使巡行風俗，同時俱拜，天下號曰‘八俊’。刺史、二千石有臧罪者，驛馬上之，墨綬已下便收；其有清勤忠惠宜表異者，狀聞。”八使名見《順帝紀》。【今注】八使：杜喬、周舉、郭遵、馮羡、欒巴、張綱、周栩、劉班。　徇行風俗：巡視以宣揚政治教化，揚善懲惡。

[3]【今注】之部：前往官署。

[4]【李賢注】《前書》京兆督郵侯文之辭。

[5]【今注】冀：梁冀。字伯卓，安定烏氏（今寧夏固原市東南）人。傳見本書卷三四。

[6]【今注】河南尹：官名。東漢光武帝建武十五年（39）置，爲京都洛陽所在河南郡長官，設一員，二千石；有丞一員，爲其副貳。主掌京都事務。　不疑：梁冀之弟。初爲侍中，東漢順帝永和六年（141），爲河南尹。桓帝建和元年（147）封潁陽侯。好經書，喜結交士人。爲冀所嫉，轉爲光禄勳。後辭官居家自守。冀陰使人監視，禁與賓客交通。先冀而死。

[7]【今注】阿衡：此指國家宰輔。

[8]【今注】敷揚：傳布、宣揚。　五教：五種倫理道德品行，即父義、母慈、兄友、弟恭、子孝。

[9]【今注】翼讚：輔佐、輔助。

[10]【李賢注】《左傳》申包胥曰“吴爲封豕長蛇，荐食上國”也。【今注】封豕長蛇：大猪與長蛇，此處比喻貪婪暴虐之

元凶。

[11]【今注】大辟：中國古代五刑之一，隋朝以前死刑之通稱。

[12]【李賢注】《左傳》曰“有無君之心，而後動於惡”也。《前書》鄒陽謂蓋侯王長君曰（長，大德本、殿本誤作“信”）：“太后怫鬱泣血，切齒側目於貴臣矣。”

[13]【李賢注】御，進也。

時廣陵賊張嬰等衆數萬人，[1]殺刺史、二千石，[2]寇亂楊徐閒，[3]積十餘年，[4]朝廷不能討。冀乃諷尚書，以綱爲廣陵大守，[5]因欲以事中之。[6]前遣郡守，率多求兵馬，綱獨請單車之職。[7]既到，乃將吏卒十餘人，徑造嬰壘，以慰安之，求得與長老相見，申示國恩。嬰初大驚，既見綱誠信，乃出拜謁。綱延置上坐，問所疾苦。乃譬之曰：“前後二千石多肆貪暴，[8]故致公等懷憤相聚。二千石信有罪矣，然爲之者又非義也。今主上仁聖，欲以文德服叛，故遣太守，思以爵禄相榮，不願以刑罰相加，今誠轉禍爲福之時也。若聞義不服，天子赫然震怒，荆、揚、兖、豫大兵雲合，[9]豈不危乎？若不料彊弱，[10]非明也；弃善取惡，非智也；去順效逆，非忠也；身絶血嗣，非孝也；[11]背正從邪，非直也；見義不爲，非勇也：六者成敗之幾，利害所從，公其深計之。”嬰聞，泣下，曰：“荒裔愚人，[12]不能自通朝廷，不堪侵枉，[13]遂復相聚偷生，若魚遊釜中，喘息須臾閒耳。[14]今聞明府之言，[15]乃嬰等更生之晨也。[16]既陷不義，實恐投兵之日，不免孥戮。”[17]綱約之以天地，誓之以日月，嬰深感悟，乃辭還營。[18]明日，將所部萬餘人與妻子面縛歸降。綱乃單車入嬰壘，大會，置酒爲樂，散遣部衆，任從所之；[19]親爲卜居宅，相田疇；[20]子弟欲爲吏者，皆引召之。人情悦服，南州晏然。朝廷論功當封，梁冀遏絶，乃止。天子嘉美，[21]徵欲擢用綱，而嬰等上書乞留，乃許之。

[1]【今注】廣陵：郡名。治廣陵縣（今江蘇揚州市西北）。

[2]【今注】刺史：西漢武帝元封五年（前106），置刺史部十三州，初無治所，掌奉詔六條察州，所察對象主要爲二千石官吏、强宗豪右及諸侯王等。成帝綏和元年（前8）更爲牧，秩二千石。哀帝建平二年（前5）罷州牧，復刺史。元壽二年（前1）復爲牧。東漢光武帝建武十一年（35）省。建武十八年復爲刺史，有常治所，奏事遣計吏代行，不復自往。靈帝中平五年（188），劉焉謂四方兵寇，由刺史權輕，宜改置牧，選重臣爲之。自此，刺史權力增大，除監察權外，還有選舉、劾奏之權，干預地方行政及領兵之權，原作爲監察區劃的“州”逐漸轉化爲“郡”之上的地方行政機構，州、郡、縣三級制隨之形成。　二千石：漢代自九卿、郎將，外至郡守、尉，皆爲二千石，又分中二千石、真二千石、二千石、比二千石。

[3]【今注】楊：揚州。西漢武帝時所置十三刺史部之一，轄境約當今江蘇、安徽江淮以南湖北、河南部分地區及江西、浙江、福建三省。楊，紹興本作“揚”。　徐：西漢武帝時所置十三刺史部之一。轄境約當今山東東南部和江蘇長江以北地區。

[4]【今注】案，《資治通鑑》卷五二《漢紀》孝順皇帝漢安元年《考異》曰：“《帝紀》：‘九月，張嬰寇郡縣。’又云：‘是歲，嬰詣綱降。’按《張綱傳》云‘寇亂十餘年’，則非今年九月始寇

郡縣也。袁《紀》置嬰降事於八月下、十月上。今從之。”

［5］【今注】案，大，大德本、殿本作“太”。

［6］【今注】中：中傷。

［7］【今注】案，惠棟《後漢書補注》引《續漢書》曰：“綱受拜，詔問當得兵幾何，綱對曰：‘無用兵馬。’”

［8］【李賢注】二千石謂太守也。【今注】譬：曉諭、開導。

［9］【今注】荆：西漢武帝時所置十三刺史部之一，轄境約當今湖北、湖南二省及河南、貴州、廣西、廣東等省部分地區。兖：西漢武帝時所置十三刺史部之一，轄境約當今山東西南部及河南東部地區。豫：西漢武帝時所置十三刺史部之一，轄境約當今淮河以北伏牛山以東豫東、皖北地區。

［10］【今注】案，大德本無“彊弱”二字。

［11］【李賢注】凡祭皆用牲，故曰血嗣。【今注】案，惠棟《後漢書補注》謂此則“嗣”當作“祀”。又，大德本無“嗣”“非”二字。

［12］【今注】荒裔：邊遠地區。

［13］【今注】侵枉：欺凌、冤枉。

［14］【今注】案，王先謙《後漢書集解》引《通鑑》胡三省注曰：“人以氣一出入之頃爲一息，喘者息之。”

［15］【今注】明府：漢魏以來，對太守、牧尹等地方行政長官稱府君或明府君，省稱爲明府。

［16］【今注】更生：再生、重生。

［17］【今注】孥戮：誅殺連及妻子兒女。

［18］【今注】案，惠棟《後漢書補注》引《續漢書》曰：“綱謂嬰曰：‘方當相顯以爵位，何禍之有？’嬰曰：‘苟赦其罪，得全首領以親隴畝，則抱載没齒。爵禄非所望也。’嬰雖大賊，起於狂暴，自以爲必死，及得綱言，曠然開明，乃辭還營。”

［19］【今注】案，惠棟《後漢書補注》引《續漢書》曰：“綱

悉解縛慰納，謂嬰曰：‘卿諸人一旦辭散，方垂盪然，當條名上之，必受封賞。’嬰曰：‘乞歸故業，不願以穢名污明時也。’綱以其至誠，乃各從其意。”

［20］【李賢注】相，視也。田竝畔曰疇。

［21］【今注】嘉美：贊許。

綱在郡一年，年四十六卒。[1]百姓老幼相攜，詣府赴哀者不可勝數。[2]綱自被疾，吏人咸爲祠祀祈福，皆言“千秋萬歲，何時復見此君”。張嬰等五百餘人制服行喪，[3]送到犍爲，負土成墳。詔曰：“故廣陵太守張綱，大臣之苗，剖符統務，[4]正身導下，班宣德信，降集劇賊張嬰萬人，息干戈之役，濟蒸庶之困，[5]未升顯爵，不幸早卒。嬰等縗杖，[6]若喪考妣，朕甚愍焉！”[7]拜綱子續爲郎中，賜錢百萬。

［1］【今注】案，四，大德本、殿本作“三”。

［2］【今注】赴哀：前去吊唁。

［3］【今注】制服：謂喪服。

［4］【今注】剖符：剖竹。古代帝王分封諸侯、功臣時，以竹符爲信證，剖分爲二，君臣各執其一。

［5］【今注】蒸庶：百姓、民衆。

［6］【今注】縗杖：居喪用的麻絰與哭喪棒。

［7］【今注】案，王先謙《後漢書集解》謂《帝紀》永嘉元年（145），廣陵賊張嬰等復反，攻殺堂邑、江都長，則嬰終非善良而後人撫輯之者，亦未盡得其宜也。

王龔字伯宗，山陽高平人也。[1]世爲豪族。初舉孝廉，稍遷青州刺史，[2]劾奏貪濁二千石數人，安帝嘉之，徵拜尚書。建光元年，[3]擢爲司隸校尉，[4]明年遷汝南太守。[5]政崇溫和，好才愛士，引進郡人黄憲、陳蕃等。[6]憲雖不屈，蕃遂就吏。蕃性氣高明，初到，龔不即召見之，乃留記謝病去。龔怒，使除其録。[7]功曹袁閬請見，言曰："聞之傳曰'人臣不見察於君，不敢立於朝'。蕃既以賢見引，不宜退以非禮。"龔改容謝曰："是吾過也。"乃復厚遇待之。由是後進知名之士莫不歸心焉。閬字奉高。數辭公府之命，不修異操，[8]而致名當時。

［1］【今注】山陽：郡名。治昌邑縣（今山東巨野縣東南）。高平：縣名。治所在今山東鄒城市西南。

［2］【今注】青州：西漢武帝時所置十三刺史部之一，轄境約當今山東德州市、平原縣、高唐縣以東，河北吴橋縣及山東馬頰河以南，濟南、安邑、高密、萊陽、棲霞、乳山等市縣以北地。

［3］【今注】建光：東漢安帝劉祜年號（121—122）。

［4］【今注】司隸校尉：官名。西漢武帝征和四年（前89）始置，秩二千石。成帝元延四年（前9）省，哀帝即位後復置，改名司隸，隸大司空，位比司直。東漢仍名司隸校尉，秩比二千石，威權尤重。凡宫廷内外，皇親貴戚，京都百官，無所不糾，兼領兵，有檢勑、捕殺罪犯之權，並爲司隸州行政長官，治所在今河南洛陽市。光武帝特詔朝會時與御史中丞、尚書令並專席而坐，時號"三獨坐"。案，惠棟《後漢書補注》謂袁宏《後漢紀》曰："龔爲司隸，京邑肅然，有高名於天下。"

［5］【今注】汝南：郡名。治平輿縣（今河南平輿縣北）。

［6］【今注】黄憲：字叔度，汝南慎陽（今河南正陽縣北）

人。傳見本書卷五三。　陳蕃：字仲舉，汝南平輿（今河南平輿縣北）人。傳見本書卷六六。

[7]【今注】録：記載人物姓名、行爲、言論等的册籍。

[8]【今注】異操：奇特的品行。

永建元年，[1]徵龔爲太僕，轉太常。四年，遷司空，以地震策免。

[1]【今注】永建：東漢順帝劉保年號（126—132）。

永和元年，[1]拜太尉。[2]在位恭慎，自非公事，不通州郡書記。其所辟命，皆海内長者。龔深疾宦官專權，志在匡正，乃上書極言其狀，請加放斥。[3]諸黄門恐懼，[4]各使賓客誣奏龔罪，順帝命亟自實。[5]前掾李固時爲大將軍梁商從事中郎，[6]乃奏記於商曰："今旦聞下太尉王公勑令自實，未審其事深淺何如。王公束脩厲節，[7]敦樂蓺文，不求苟得，不爲苟行，[8]但以堅貞之操，違俗失衆，横爲讒佞所搆毁，衆人聞知，莫不歎慄。夫三公尊重，承天象極，未有詣理訴冤之義。[9]纖微感槩，輒引分決，[10]是以舊典不有大罪，不至重問。[11]王公沈静内明，不可加以非理。卒有它變，則朝廷獲害賢之名，群臣無救護之節矣。昔絳侯得罪，袁盎解其過，[12]魏尚獲戾，馮唐訴其冤，[13]時君善之，列在書傳。今將軍内倚至尊，外典國柄，言重信著，指撝無違，[14]宜加表救，濟王公之艱難。語曰：'善人在患，飢不及餐。'斯其時也。"商即言之於帝，事乃得釋。

[1]【今注】永和：東漢順帝劉保年號（136—141）。

[2]【今注】太尉：官名。秦置，金印紫綬，西漢武帝元狩四年（前119）改名大司馬，東漢光武帝建武二十七年（51）復稱太尉，與司徒、司空合稱三公。

[3]【今注】放斥：放逐、斥退。　案，惠棟《後漢書補注》引《續漢書》曰："龔以中常侍張昉等弄國權，欲奉誅之。時龔宗親有以楊震行事諫止之。"與此異。

[4]【今注】黄門：官署名。隸屬於少府，掌宫中乘輿狗馬倡優鼓吹等事。長官爲黄門令，任職親近天子，多由宦者充任。

[5]【李賢注】亟，急也，音紀力反。

[6]【今注】李固：字子堅，漢中南鄭（今陝西漢中市）人。傳見本書卷六三。　梁商：字伯夏，安定烏氏（今寧夏固原市東南）人。東漢外戚、大臣，女爲順帝皇后。傳見本書卷三四。　從事中郎：官名。郎官的一種。即省中之郎，爲帝王近侍。秩比六百石。

[7]【今注】束脩：自我約束。

[8]【李賢注】《前書》曰，楊子雲曰（楊，大德本、殿本作"揚"）："蜀嚴湛冥不作苟見，不爲苟得。"

[9]【李賢注】三公承助天子，位象三台，故曰承天象極。哀帝時，丞相王嘉有罪，召詣廷尉詔獄。主簿曰"將相不對理陳冤，相踵以爲故事，君侯宜引決"也。

[10]【今注】引分：引決、自裁。惠棟《後漢書補注》謂如薄昭殺使者，文帝欲令引分是也。

[11]【李賢注】大臣獄重，故曰重問。成帝時（成，大德本誤作"武"），丞相薛宣、御史大夫翟方進有罪，上使五二千石雜問。《音義》云："大獄重，故以二千石五人同問之。"

［12］【李賢注】文帝時，丞相絳侯周勃免就國，人告以爲反，諸公莫敢爲言，唯郎中袁盎明絳侯無罪。絳侯得釋，盎有力也。【今注】絳侯：即周勃，泗水沛（今江蘇沛縣）人。以中涓從劉邦起於沛，屢破秦軍。從擊項羽，定天下，封絳侯。西漢惠帝時，任太尉。吕后死，諸吕欲危劉氏，勃與陳平定計誅諸吕。文帝立，拜右丞相。卒謚武。世家見《史記》卷五七，傳見《漢書》卷四〇。　袁盎：字絲，西漢文帝時多進諫，後曾爲吴王相。景帝時，譏殺鼂錯。後因勸諫竇太后立梁孝王繼景帝皇位，被梁國刺客殺害。傳見《史記》卷一〇一、《漢書》卷四九。

［13］【李賢注】馮唐，安陵人，文帝時爲郎署長。上與論將帥，唐曰："臣聞魏尚爲雲中守，坐上功首虜差六級，陛下下之吏，削其爵，罰作之。臣愚以爲陛下法大明（大，紹興本作'太'，是），罰太重。"文帝悦，捨尚復官也。【今注】魏尚：西漢文帝時任雲中郡守，所得軍市租盡以養士卒，並出私養錢殺牛犒士，兵士勇於戰鬬，匈奴寇邊，他率車騎迎擊，所殺甚衆，匈奴由是遠避，不近雲中之塞。後因報殲敵人數不符，被革職。經馮唐在文帝前辯解，得恢復官職。　馮唐：扶風安陵（今陝西咸陽市東北）人。西漢文帝時爲郎中署長。敢直諫。言漢法賞輕罰重，將士莫爲盡力。並言雲中守魏尚削爵受罰之冤。文帝悦，使持節赦魏尚任爲車騎都尉。景帝時，任楚相。武帝時，求賢良，舉唐，已年九十餘，不能爲官，乃以子遂爲郎。傳見《史記》卷一〇二、《漢書》卷五〇。

［14］【今注】指撝：同"指揮"。

龔在位五年，以老病乞骸骨，[1]卒於家。子暢。

［1］【今注】乞骸骨：向皇帝乞求骸骨歸葬故鄉。古代官員申請退休或引咎辭職的習慣用語。

論曰：張皓、王龔，稱爲推士，[1]若其好通汲善，[2]明發升薦，[3]仁人之情也。夫士進則世收其器，賢用即人獻其能。[4]能獻既已厚其功，器收亦理兼天下。[5]其利甚博，而人莫之先，豈同折枝於長者，以不爲爲難乎？[6]昔柳下惠見抑於臧文，[7]淳于長受稱于方進。[8]然則立德者以幽陋好遺，顯登者以貴塗易引。故晨門有抱關之夫，[9]柱下無朱文之軫也。[10]

[1]【今注】案，推，紹興本作“雅”。

[2]【今注】好通：愛好通報、傳達。　汲善：引人向善。

[3]【今注】明發：公平選拔。　升薦：推舉提升。

[4]【今注】案，即，殿本作“則”。

[5]【李賢注】言賢人見用，則人競獻其所能。但有能即獻，動必有功，功多賞厚，故言已厚其功。有才器必被收用，用則海内蒙福，故曰理兼天下。

[6]【李賢注】以不爲爲難，言不之難也。謂進賢達士，同折枝之易，而不爲之。孟子謂齊宣王曰：“今恩足以及禽獸，而不能加於百姓者何？非力不能，是不爲也。”王曰：“不能不爲，二者謂何也？”孟子曰：“夫挾太山以超北海，王能乎？”王曰：“不能。”“爲長者折枝，王能乎？”曰：“不能也。”孟子曰：“夫挾太山以超海（大德本、殿本‘海’前有‘北’字，是），是實不能，不可彊也。爲長者折枝甚易，而王不爲，非不能也。老吾老，以及人之老，幼吾幼，以及人之幼，天下可運諸掌，何爲不能加於百姓乎？”劉熙注《孟子》曰：“折枝，若今之案摩也。”

[7]【李賢注】柳下惠姓展，名禽，字獲，食邑於柳下，謚曰惠。臧文仲，魯大夫，姓臧孫，名辰。《左傳》仲尼曰：“臧文仲不仁者三，下展禽，廢六關，妾織蒲。”言文仲知柳下惠之賢而

使在下位，故曰抑之。【今注】柳下惠：展氏，名獲，字禽。春秋時魯國人。食邑柳下，謚惠，故稱。爲士師，掌刑獄，三次被黜，人勸其離去。禽以爲直道而事人，何往而不被黜；枉道而事人，何必去父母之邦。　臧文：臧孫氏，名辰，字文仲。魯國大夫。歷仕魯莊公、閔公、僖公、文公四世。有學識。曾出使晉、宋、楚等國，應對得宜，不辱國體。魯旱，力持旱災與巫尪無關，認爲抗災要務在於修城郭、省費用、勸稼穡。曾"廢六關"、禁游説之士，爲孔子所反對。

[8]【李賢注】成帝時，定陵侯淳于長以太后姊子爲九卿。翟方進爲丞相，獨與長交，稱薦之。【今注】淳于長：元后姊君俠之子。因戲侮成帝廢后許氏，許諾助其復立爲左皇后而獲罪，死於獄中。傳見《漢書》卷九三。　方進：翟方進，字子威，西漢汝南上蔡（今河南上蔡縣西南）人。幼孤家貧，西至長安學《春秋》。成帝時，歷任議郎、博士、朔方刺史、丞相司直、京兆尹、御史大夫，後爲丞相，封高陵侯。兼通文法吏事，又緣飭以儒術，善求帝意以固位。任相十年，因官僚内部傾軋，成帝以災害並至盜賊衆多罪，迫令自殺。傳見《漢書》卷八四。

[9]【李賢注】《論語》："子路宿於石門。晨門曰：'奚自？'"注云："石門，魯城外門也。晨，主守門，晨夜開閉也。"《史記》，侯嬴，夷門抱關者。守門必抱關，故兼言之。【今注】抱關之夫：指小吏的職務，亦借指職位卑微。

[10]【李賢注】《神仙傳》曰："老子，周宣王時爲柱下史。"朱文，畫車爲文也。軫，車後横木也。言貧賤之人，多被淪弃，所以晨門之下必有抱關之賢，柱下之微永無朱文之轍也。【今注】柱下：柱下史。一説即御史。常立殿柱之下，故名。周始置。秦沿置。

暢字叔茂。少以清實爲稱，無所交黨。初舉孝廉，辭病不就。大將軍梁商特辟舉茂才，[1]四遷尚書令，[2]出爲齊相。[3]徵拜司隸校尉，轉漁陽太守。[4]所在以嚴明爲稱。坐事免官。是時政事多歸尚書，桓帝特詔三公，[5]令高選庸能。[6]太尉陳蕃薦暢清方公正，有不可犯之色，[7]由是復爲尚書。

[1]【今注】茂才：漢代察舉科目。原稱秀才，避光武帝劉秀之諱改爲“茂才”。茂才科主要是選拔奇才異能之士，故常稱茂材異等。

[2]【今注】尚書令：官名。秦、西漢爲尚書署長官，掌收發文書，隸少府。初秩六百石，武帝以後，職權稍重，爲宫廷機要官員，掌傳達記録詔命章奏，並有權審閲宣讀裁決章奏，升秩千石。東漢爲尚書臺長官，兼具宫官、朝官職能，掌決策出令、綜理政務，秩位雖低，實際上總領朝政，無所不統。如以公任其職，增秩至二千石。名義上仍隸少府。朝會時，與御史中丞、司隸校尉皆專席坐，時號“三獨坐”。

[3]【李賢注】齊王喜之相。

[4]【今注】漁陽：郡名。治漁陽縣（今北京市懷柔區北房鎮梨園莊東）。

[5]【今注】桓帝：東漢桓帝劉志，公元146年至167年在位。紀見本書卷七。

[6]【李賢注】庸，功也。【今注】高選：大量選拔。

[7]【李賢注】《禮記》曰：“介胄之士，則有不可犯之色。”

尋拜南陽太守。[1]前後二千石逼懼帝鄉貴戚，[2]多不稱職。暢深疾之，下車奮厲威猛，[3]其豪黨有釁穢者，[4]莫不糾發。會赦，事得散。暢追恨之，[5]更爲設法，諸受臧二千萬以上不自首實者，[6]盡入財物；若其隱伏，使吏發屋伐樹，堙井夷竈，[7]豪右大震。功曹張敞奏記諫曰："五教在寬，著之經典。湯去三面，八方歸仁。[8]武王入殷，先去炮格之刑。[9]高祖鑒秦，唯定三章之法。[10]孝文皇帝感一緹縈，蠲除肉刑。[11]卓茂、文翁、召父之徒，皆疾惡嚴刻，務崇温厚。[12]仁賢之政，流聞後世。夫明哲之君，網漏吞舟之魚，[13]然後三光明於上，[14]人物悦於下。言之若迂，其效甚近。[15]發屋伐樹，將爲嚴烈，雖欲懲惡，難以聞遠。以明府上智之才，日月之曜，[16]敷仁惠之政，則海内改觀，實有折枝之易，而無挾山之難。[17]郡爲舊都侯甸之國，園廟出於章陵，[18]三后生自新野，[19]士女沾教化，黔首仰風流，自中興以來，功臣將相，繼世而隆。愚以爲懇懇用刑，不如行恩；孳孳求姦，[20]未若禮賢。舜舉皋陶，不仁者遠。[21]隨會爲政，晉盜奔秦。[22]虞、芮入境，讓心自生。[23]化人在德，不在用刑。"暢深納敞諫，更崇寬政，慎刑簡罰，教化遂行。

[1]【今注】南陽：郡名。治宛縣（今河南南陽市卧龍區）。

[2]【今注】逼懼：畏懼。

[3]【今注】下車：到任。

[4]【今注】豪黨：拉幫結派、把持地方勢力的豪强大族。釁穢：罪惡、淫亂。

[5]【今注】追恨：回憶而深感遺憾。

[6]【今注】受臧：收受賄賂。

[7]【今注】堙：堵塞、填塞。　夷：剷平、消除。

［8］【李賢注】《史記》曰，湯爲夏方伯，得專征伐。出見野張四面網，祝曰："自天下四方，皆入吾網。"湯曰："嘻，盡之矣！去其三面！"祝曰："欲左左，欲右右，不用命，乃入吾網。"諸侯聞曰："湯德至禽獸！"於是諸侯畢服。嘻音僖。【今注】湯：商朝的開國君主。

［9］【李賢注】《列女傳》："紂爲銅柱，以膏塗之，加于炭之上，使有罪緣焉，足滑跌墯，紂與妲己笑以爲樂，名曰炮格之刑。"臣賢案：《史記》及《帝王代紀》皆言文王爲西伯，獻洛西之地，請除炮格之刑。今云武王，與此不同。【今注】武王：周王朝建立者，姓姬，名發。聯合諸侯，經牧野之戰，滅商，興周，都於鎬。

［10］【今注】三章之法：指漢高祖劉邦入關滅秦後所定"殺人者死，傷人及盜抵罪"之法。

［11］【李賢注】文帝時，太倉令淳于公有罪當刑（大德本、殿本"當"前有"罪"字）。淳于公無男，有五女，罵其女曰："生女不生男，緩急非有益也。"其少女緹縈自傷悲泣，隨父至長安，上書請沒官爲婢以贖父。文帝悲憐其意，爲除肉刑。【今注】蠲除肉刑：《漢書·刑法志》載漢文帝《除肉刑詔》，其文曰："制詔御史：蓋聞有虞氏之時，畫衣冠異章服以爲戮，而民弗犯，何治之至也！今法有肉刑三，而姦不止，其咎安在？非乃朕德之薄，而教不明與！吾甚自愧。故夫訓道不純而愚民陷焉。《詩》曰：'愷弟君子，民之父母。'今人有過，教未施而刑已加焉，或欲改行爲善，而道亡繇至，朕甚憐之。夫刑至斷支體，刻肌膚，終身不息，何其刑之痛而不德也！豈爲民父母之意哉？其除肉刑，有以易之；及令罪人各以輕重，不亡逃，有年而免。具爲令。"

［12］【李賢注】景帝時，文翁爲蜀郡守，仁愛教化。宣帝時，召信臣爲南陽太守，視人如子，其化大行。【今注】卓茂：字子康，南陽宛（今河南南陽市卧龍區）人。西漢元帝時，游學長

安，號爲通儒。後以儒術舉爲侍郎。更始時爲侍中祭酒，旋以年老辭歸。劉秀稱帝後，聞名求之，任爲太傅，封褒德侯。傳見本書卷二五。　文翁：廬江舒（今安徽廬江縣西南）人。西漢景帝末，爲蜀郡守。崇尚教化，以變風俗。派小吏至長安，就學於博士。又在成都興辦學校，成績優良者爲郡縣吏。由是蜀地大化。漢代郡國立學校官，自文翁始。卒後蜀人祀之。傳見《漢書》卷八九。　召父：指西漢南陽太守召信臣，爲民興利，甚得人心。東漢初南陽太守杜詩亦多善政，百姓合而歌頌："前有召父，後有杜母。"傳見《漢書》卷八九。

［13］【李賢注】《韓詩外傳》曰："夫吞舟之魚，不居潛澤。"《前書》曰"高祖約法三章，號爲網漏吞舟之魚"也。

［14］【今注】三光：日、月、星。

［15］【李賢注】迂，遠也。

［16］【李賢注】《莊子》曰"飾智以驚愚，修身以明汙，昭昭乎若揭日月而行"也。

［17］【今注】挾山之難：挾泰山以跨越北海的困難。語出《孟子·梁惠王上》："挾太山以超北海，語人曰：'我不能'，是誠不能也。"

［18］【李賢注】五百里甸服，千里侯服。南陽去洛千里，故曰侯甸。南頓君以上四廟在焉。

［19］【李賢注】光烈皇后，和帝陰后、鄧后，竝新野人。【今注】新野：縣名。治所在今河南新野縣。

［20］【今注】孳孳：不懈怠的樣子。案，王先謙《後漢書集解》引《通鑑》胡三省注曰："孳孳猶汲汲也。"

［21］【李賢注】《論語》子夏之辭也。【今注】臯陶：舜時爲掌刑法之官。

［22］【李賢注】《左傳》，晉命隨會將中軍，且爲太傅（太，大德本、殿本作"大"），晉國之盜奔秦也。【今注】隨會：晉國

大夫。名士會，又稱隨武子。

［23］【李賢注】《史記》曰，文王爲西伯，陰行善化，諸侯皆來決平。於是虞、芮之人有獄不決，乃如周。入界，見耕者讓畔，少者讓長。虞、芮二人不見西伯，慙而相謂曰："吾所争，周人所恥，曷爲取辱？"遂俱讓而還也。

郡中豪族多以奢靡相尚，暢常布衣皮褥，車馬羸敗，[1]以矯其敝。同郡劉表時年十七，[2]從暢受學。進諫曰："夫奢不僭上，儉不逼下，[3]循道行禮，貴處可否之間。蘧伯玉恥獨爲君子。[4]府君不希孔聖之明訓，而慕夷齊之末操，[5]無乃皎然自貴於世乎？"暢曰："昔公儀休在魯，拔園葵，去織婦；[6]孫叔敖相楚，其子被裘刈薪。[7]夫以約失之鮮矣。[8]聞伯夷之風者，貪夫廉，懦夫有立志。[9]雖以不德，敢慕遺烈。"[10]

［1］【今注】羸敗：破舊。

［2］【今注】劉表：字景升，山陽高平（今山東鄒城市西南）人。傳見本書卷七四下。

［3］【李賢注】《禮記》曰"君子上不僭上，下不逼下"也。【今注】案，宋文民《後漢書考釋》謂傳文所言進諫云云，《魏志・劉表傳》裴注亦援引，據裴注可知，實際出於謝承《後漢書》（上海古籍出版社 1995 年版，第 232 頁）。

［4］【今注】蘧伯玉：姬姓，蘧氏，名瑗，字伯玉，春秋時期衛國大臣，大夫蘧無咎之子，孔子之友。 案，惠棟《後漢書補注》謂"蘧伯玉恥獨爲君子"未見所出。王先謙《後漢書集解》意漢時有此常語，故毛欽亦以此語李篤，見《張儉傳》。

［5］【李賢注】《論語》孔子曰："奢則不遜，儉則固。"言仲

尼得奢儉之中，而夷齊飢死，是末操也。【今注】夷齊：伯夷和叔齊的並稱。二人是商末孤竹國君的兒子。在周滅商後，不食周粟，一同餓死於首陽山。

［6］【李賢注】《史記》曰，魯相公儀休之其家，見織帛，怒而出其婦，食於舍而茹葵，愠而拔其葵，曰："吾已食禄，又奪園夫女子利乎?"【今注】公儀休：春秋時魯國人。任博士，後爲魯相。爲人清廉，奉法循理，無所變更。命令官吏不得與民争利。嗜魚，有人送魚，他不受。見自己家中織布很好，爲了不與民争利，燔其機，出其婦。

［7］【李賢注】《史記》曰，孫叔敖爲楚相，且死，屬其子曰（屬，大德本、殿本作"囑"）："我死，汝貧困，往見優孟，言孫叔敖子也。"居數年，其子貧，負薪逢優孟。優孟言之於王，封之寢丘四百户也。【今注】孫叔敖：楚國令尹。楚相虞丘薦於楚莊王。相傳曾三任相而不喜，三辭相而不悔。

［8］【李賢注】《論語》孔子之辭也。言儉則無失。

［9］【李賢注】《孟子》之辭。

［10］【今注】遺烈：前人遺留下的功業。

後徵爲長樂衛尉。[1]建寧元年，遷司空，數月，以水災策免。明年，卒於家。

［1］【今注】長樂衛尉：官名。掌管長樂宫警衛。

子謙，爲大將軍何進長史。[1]謙子粲，以文才知名。[2]

［1］【今注】長史：官名。其執掌事務不一。多爲幕僚性質的

官員。長史最早見於秦代。丞相和將軍幕府皆設有長史官，相當於幕僚長。將軍下的長史亦可領軍作戰，稱作將兵長史。

[2]【李賢注】粲字仲宣。蔡邕見而奇之。時邕才學顯著，貴重朝廷，車騎填門，賓客盈坐。聞粲在門，倒屣迎之。既至，年幼，容狀短小，一座盡驚。邕曰："王公之孫，有異才，吾不如也。"太祖辟粲爲丞相掾（太，大德本作"大"），後爲侍中。博物多識，問無不對。嘗與人行，讀道邊碑，人問"卿能闇記乎"？因使背而誦之，一文不失（文，大德本、殿本作"字"）。觀人圍棊，粲爲覆之，棊者不信，以帊蓋之，更以它局爲之，不誤一道。年四十卒。《魏志》有傳。【今注】粲：即王粲。東漢獻帝初知名京師，尤受蔡邕器重。初事劉表，後勸劉琮歸降曹操。曾參與魏初禮儀制度的制定。博聞强記，善於算術，工於文筆，所著詩、賦、論、議數十篇，是建安時期著名文學家，"建安七子"之一。傳見《三國志》卷二一。

种暠字景伯，河南洛陽人，[1]仲山甫之後也。[2]父爲定陶令，[3]有財三千萬。父卒，暠悉以賑卹宗族及邑里之貧者。[4]其有進趣名利，皆不與交通。始爲縣門下史。時河南尹田歆外甥王諶，名知人。[5]歆謂之曰："今當舉六孝廉，多得貴戚書命，[6]不宜相違，欲自用一名士以報國家，[7]爾助我求之。"明日，諶送客於大陽郭，遥見暠，異之。還白歆曰："爲尹得孝廉矣，近洛陽門下史也。"歆笑曰："當得山澤隱滯，[8]近洛陽吏邪？"諶曰："山澤不必有異士，異士不必在山澤。"歆即召暠於庭，辯詰職事。暠辭對有序，歆甚知之，召署主簿，[9]遂舉孝廉，辟太尉府，舉高第。

［1］【今注】洛陽：縣名。治所在今河南洛陽市東北。

［2］【今注】仲山甫：周宣王屬臣，曾受命料民於太原。

［3］【今注】定陶：縣名。治所在今山東菏澤市定陶區西北。

［4］【今注】振邺：救濟。

［5］【李賢注】有知人之名也。

［6］【今注】案，大德本無“得”字。　書命：書面命令。

［7］【今注】案，惠棟《後漢書補注》引袁宏《後漢紀》曰：“歆謂諶曰：‘欲以五副之自舉一清名堪成就者，上以報國，下以託子孫。’”

［8］【今注】隱滯：隱居、滯留。

［9］【今注】主簿：官名。漢各級衙署多置，其職責爲主管文書，辦理事務。

順帝末，爲侍御史。時所遣八使光禄大夫杜喬、周舉等，多所糾奏，而大將軍梁冀及諸宦官互爲請救，事皆被寢遏。[1]翯自以職主刺舉，志案姦違，乃復劾諸爲八使所舉蜀郡大守劉宣等罪惡章露，[2]宜伏歐刀。[3]又奏請勑四府條舉近臣父兄及知親爲刺史、二千石尤殘穢不勝任者，[4]免遣案罪。帝乃從之。擢翯監太子於承光宫。[5]中常侍高梵從中單駕出迎太子，[6]時太傅杜喬等疑不欲從，[7]惶惑不知所爲。翯乃手劍當車，[8]曰：“太子國之儲副，[9]人命所係。今常侍來無詔信，何以知非姦邪？[10]今日有死而已。”梵辭屈，不敢對，馳命奏之。詔報，太子乃得去。喬退而歎息，愧翯臨事不惑。帝亦嘉其持重，稱善者良久。

［1］【今注】寢遏：惠棟《後漢書補注》引《資治通鑑》胡三

省注曰：“寢者，已御其奏，寢而不行。遏者，其奏未達，遏而不上。”

[2]【今注】蜀郡：治成都縣（今四川成都市武侯區）。　案，大，紹興本、大德本、殿本作“太”。　章露：奏章。

[3]【今注】歐刀：刑刀。

[4]【今注】四府：西漢以丞相、御史大夫、車騎將軍、前將軍府爲四府。東漢以太傅、太尉、司徒、司空府爲四府，或稱太尉、司徒、司空、大將軍府爲四府。

[5]【今注】案，惠棟《後漢書補注》謂《續漢書》云：“監護太子。”

[6]【今注】中常侍：官名。秦置中常侍官，參用士人，皆銀璫左貂，給事殿省。西漢沿置，出入宫廷，侍從皇帝，爲列侯至郎中的加官。東漢時，中常侍成爲有具體職掌的官職，本無員數，明帝永平中定爲四人，明帝以後，員數稍增，改以金璫右貂，兼領卿署之職。自和熹太后以女主稱制，不接公卿，乃以閹人爲常侍、小黄門，通命兩宫，自此以來，悉用閹人。東漢後期，中常侍把持朝政，權勢極盛。

[7]【今注】太傅：即太子太傅。官名。職在輔翼、教諭太子，與太子少傅合稱“二傅”，共主太子官屬，地位尊於少傅。位次太常，秩二千石。　杜喬：字叔榮，河内林慮（今河南林州市）人。傳見本書卷六三。

[8]【今注】手劍：手持利劍。

[9]【今注】儲副：被確認的君位繼承者。

[10]【今注】案，惠棟《後漢書補注》引《續漢書》曰：“梵受敕迎太子，不齎詔書，以衣車載太子欲出。太子太傅杜喬不知所以，力不能止。開門臨去，喬至，横劍當車，曰：‘御史受詔，監護太子。太子，國之儲貳。常侍來，無一尺詔書，安知非挾姦邪？’”

出爲益州刺史。[1]翯素慷慨，好立功立事。在職三年，宣恩遠夷，開曉殊俗，岷山雜落皆懷服漢德。[2]其白狼、槃木、唐菆、邛、僰諸國，[3]自前刺史朱輔卒後遂絶；翯至，乃復舉種向化。時永昌太守冶鑄黄金爲文蛇，[4]以獻梁冀，翯糾發逮捕，馳傳上言，而二府畏懦，[5]不敢案之，冀由是銜怒於翯。[6]會巴郡人服直聚黨數百人，自稱“天王”，[7]翯與太守應承討捕，不克，吏人多被傷害。冀因此陷之，傳逮翯、承。[8]太尉李固上疏救曰：“臣伏聞討捕所傷，本非翯、承之意，實由縣吏懼法畏罪，迫逐深苦，致此不詳。[9]比盜賊群起，處處未絶。翯、承以首舉大姦，而相隨受罪，臣恐沮傷州縣糾發之意，[10]更共飾匿，莫復盡心。”[11]梁太后省奏，乃赦翯、承罪，免官而已。

［1］【今注】益州：西漢武帝時所置十三刺史部之一。武帝元封五年（前106）改梁州置，掌監察武都、漢中、廣漢、犍爲、牂柯等郡國吏治及豪强。

［2］【今注】岷山：亦作“嶓山”。又名汶山、瀆山、汶阜山、汶焦山。在今四川西北部，綿延川、甘兩省邊境。

［3］【李賢注】菆音側留反。【今注】白狼槃木唐菆邛僰：皆東漢時西南部族名稱。

［4］【今注】永昌：郡名。治不韋縣（今雲南保山市東北）。

［5］【今注】二府：本指丞相和御史大夫的官署，也代指丞相和御史大夫。

［6］【今注】銜怒：懷恨。

［7］【李賢注】“直”或作“宜”。【今注】巴郡：治江州縣（今重慶市北）。　案，數百，大德本、殿本作“百餘”。

[8]【今注】案，惠棟《後漢書補注》引《資治通鑑》胡三省注曰："逮暠、承傳詣京師也。"

[9]【今注】不詳：惠棟《後漢書補注》引《通鑑》胡三省注曰："詳，審也。言不能審知賊勢，驅民赴賊，以致死傷也。"

[10]【今注】沮傷：傷害而使冷落。

[11]【李賢注】言各飾僞辭，隱匿真狀也。

後涼州羌動，[1]以暠爲涼州刺史，甚得百姓歡心。被徵當還，吏人詣闕請留之，太后歎曰："未聞刺史得人心若是。"乃許之。暠復留一年，遷漢陽太守，[2]戎夷男女送至漢陽界，暠與相揖謝，千里不得乘車。及到郡，化行羌胡，禁止侵掠。遷使匈奴中郎將。[3]時遼東烏桓反叛，[4]復轉遼東太守，[5]烏桓望風率服，迎拜於界上。坐事免歸。

[1]【今注】涼州：西漢武帝時所置十三刺史部之一，轄境約當今甘肅、寧夏、青海三省區湟水流域，陝西和内蒙古部分地區。案，涼，大德本、殿本作"梁"，以下皆同，不復出注。

[2]【今注】漢陽：郡名。治冀縣（今甘肅甘谷縣東）。

[3]【今注】使匈奴中郎將：官名。西漢時常遣中郎將使匈奴，稱匈奴中郎將。元帝以後雖遣使頻繁，身份仍爲使節，事迄即罷。東漢光武帝建武二十六年（50）遣中郎將段郴等使南匈奴，授南單于璽綬，令入居雲中，始置使匈奴中郎將以監護之，因設官府、從事、掾史。後徙至西河，遂爲常制。本書《百官志三》："使匈奴中郎將一人，比二千石。本注曰：主護南單于。置從事二人，有事隨事增之，掾隨事爲員。"除監護南匈奴諸部落外，也常將南匈奴騎兵征伐烏桓、西羌等。

［4］【今注】烏桓：北方少數民族名。原是東胡族的一支，西漢初被匈奴擊敗，遷至烏桓山，因以爲名。以游牧射獵爲生。武帝時，遷至上谷、漁陽、右北平、遼西、遼東五郡塞外，在今内蒙古錫林郭勒盟、赤峰市、通遼市南部長城以北地。東漢初入居塞内，置護烏桓校尉管理，駐寧城（今河北張家口市萬全區）。

［5］【今注】遼東：郡名。治襄平縣（今遼寧遼陽市）。

後司隸校尉舉翯賢良方正，不應。徵拜議郎，[1]遷南郡太守，入爲尚書。會匈奴寇并涼二州，[2]桓帝擢翯爲度遼將軍。[3]翯到營所，先宣恩信，誘降諸胡，其有不服，然後加討。羌虜先時有生見獲質於郡縣者，[4]悉遣還之。誠心懷撫，信賞分明，由是羌胡、龜兹、莎車、烏孫等皆來順服。[5]翯乃去烽燧，除候望，[6]邊方晏然無警。

［1］【今注】議郎：西漢置。高級郎官，職掌顧問應對，參與議政，不入直宿衛。隸光禄勳，秩比六百石。

［2］【今注】并：西漢武帝時所置十三刺史部之一，監察太原、上黨、雲中、定襄、雁門、代郡，轄境約當今山西大部和河北、内蒙古的一部分。

［3］【今注】度遼將軍：官名。因度遼水而得名。本書卷五《安帝紀》李賢注引《漢官儀》曰："度遼將軍屯五原曼柏縣。"

［4］【今注】有生見獲質：有人被抓獲作爲人質。

［5］【今注】羌胡：中國西北古族名。主要分布在今青藏高原邊緣的青海、甘肅及四川等地，以游牧爲主業，兼務農作。部族衆多，不相統屬。　龜兹：西域國名。王治延城（今新疆庫車縣東皮朗舊城）。　莎車：西域國名。一般認爲其王治莎車城在今新疆莎

車縣附近。 烏孫：游牧部族。西漢中期以後主要活動在今哈薩克斯坦東南部、吉爾吉斯斯坦東部和中國新疆的伊犁地區。

［6］【李賢注】晝舉烽，夜燔燧。解見《光武紀》。

入爲大司農。[1] 延熹四年，[2] 遷司徒。推達名臣橋玄、皇甫規等，[3] 爲稱職相。在位三年，年六十一薨。并、涼邊人咸爲發哀。匈奴聞曇卒，舉國傷惜。單于每入朝賀，望見墳墓，輒哭泣祭祀。二子：岱，拂。

［1］【今注】大司農：官名。原爲秦及西漢前期治粟内史。掌租税錢穀鹽鐵和經濟財政。秩中二千石。

［2］【今注】延熹：東漢桓帝劉志年號（158—167）。

［3］【今注】橋玄：字公祖，梁國睢陽（今河南商丘市南）人。傳見本書卷五一。 皇甫規：字威明，安定朝那（今寧夏彭陽縣東）人。傳見本書卷六五。

岱字公祖。好學養志。舉孝廉、茂才，辟公府，皆不就。公車特徵，[1] 病卒。

［1］【今注】公車：漢代官署名。爲衛尉的下屬機構，設公車令，掌管宫殿司馬門的警衛。天下上事及徵召等事宜，經由此處受理。後以指此類官署。《史記》卷一二六《滑稽列傳》：“朔初入長安，至公車上書，凡用三千奏牘。”本書卷三七《丁鴻傳》：“賜御衣及綬，稟食公車，與博士同禮。”李賢注：“公車，署名。公車所在，因以名。諸待詔者，皆居以待命，故令給食焉。”

初，岱與李固子燮同徵議郎，燮聞岱卒，痛惜甚，乃上書求加禮於岱。曰："臣聞仁義興則道德昌，道德昌則政化明，政化明而萬姓寧。[1]伏見故處士种岱，淳和達理，耽悦《詩》《書》，[2]富貴不能回其慮，萬物不能擾其心。稟命不永，奄然殂殞。[3]若不槃桓難進，等輩皆已公卿矣。[4]昔先賢既没，有加贈之典，[5]《周禮》盛德，有銘誄之文，[6]而岱生無印綬之榮，[7]卒無官謚之號。[8]雖未建忠效用，而爲聖恩所拔，遐邇具瞻，宜有異賞。"朝廷竟不能從。

[1]【今注】案，大德本、殿本無"政化明"三字。

[2]【今注】耽悦：尤其喜愛。

[3]【今注】奄然：忽然。

[4]【李賢注】《易·屯卦》曰："槃桓，利居貞。"

[5]【李賢注】《春秋》隱公五年，臧僖伯卒，隱公葬之加一等。杜預曰："加命服之一等。"

[6]【李賢注】《周禮·司勳》曰："凡有功者，銘書於王之太常。"又曰"卿大夫之喪，賜謚誄"也。

[7]【今注】印綬之榮：爲官的榮耀。

[8]【今注】官謚：朝廷給有地位或名望的人死後的稱號。

拂字穎伯。初爲司隸從事，拜宛令。[1]時南陽郡吏好因休沐，[2]游戲市里，爲百姓所患。拂出逢之，必下車公謁，以愧其心，自是莫敢出者。政有能名，累遷光禄大夫。[3]初平元年，[4]代荀爽爲司空。明年，以地震策免，復爲太常。

[1]【今注】宛：縣名。治所在今河南南陽市卧龍區。

[2]【今注】休沐：休假。漢代中央官吏府舍分離，平時居住於官舍，每五日得一休沐，以與家屬團聚。

[3]【今注】光禄大夫：官名。西漢武帝時改中大夫置，掌論議，常奉詔出使。屬光禄勳，秩比二千石。

[4]【今注】初平：東漢獻帝劉協年號（190—193）。

李傕、郭汜之亂，[1]長安城潰，[2]百官多避兵衝。拂揮劍而出曰："爲國大臣，不能止戈除暴，致使凶賊兵刃向宫，[3]去欲何之！"遂戰而死。子劭。

[1]【今注】李傕：東漢獻帝時爲董卓部將，及董卓被誅，與郭汜、樊稠、張濟等陷長安，自爲將軍，殺司隸校尉黄琬、司徒王允等，專擅朝綱。　郭汜：董卓部將。董卓被誅，他與李傕率部攻陷長安，挾制獻帝，專擅朝政。後與李傕之間或攻殺或聯合，最後爲部將所殺。傳見《三國志》卷六。

[2]【今注】長安：在今陝西西安市西北。

[3]【今注】向宫：面對朝廷。

劭字申甫。少知名。中平末，爲諫議大夫。[1]

[1]【今注】諫議大夫：惠棟《後漢書補注》引《齊職儀》曰："秦置諫大夫，屬郎中令，無常員，多至數十人，掌論議，漢初不置，至武帝始因秦置之，無常員，皆名儒宿德爲之。光武增'議'字爲諫議大夫，置三十人。"

大將軍何進將誅宦官，[1]召并州牧董卓，[2]至澠池，[3]而進意更狐疑，遣劭宣詔止之。卓不受，遂前至河南。劭迎勞之，因譬令還軍。[4]卓疑有變，使其軍士以兵脅劭。劭怒，稱詔大呼叱之，軍士皆披，[5]遂前質責卓。卓辭屈，乃還軍夕陽亭。[6]

［1］【今注】何進：字遂高，南陽宛（今河南南陽市卧龍區）人。傳見本書卷六九。

［2］【今注】董卓：字仲穎，隴西臨洮（今甘肅岷縣）人。傳見本書卷七二。

［3］【今注】澠池：縣名。治所在今河南澠池縣西。

［4］【今注】譬令：曉諭、命令。

［5］【李賢注】披音芳靡反。【今注】披：分散退下。

［6］【李賢注】夕陽亭在河南城西。

及進敗，獻帝即位，[1]拜劭爲侍中。卓既擅權，而惡劭彊力，遂左轉議郎，出爲益、涼二州刺史。會父拂戰死，竟不之職。服終，徵爲少府、大鴻臚，[2]皆辭不受。曰："昔我先父以身徇國，吾爲臣子，不能除殘復怨，何面目朝覲明主哉！"[3]遂與馬騰、韓遂及左中郎劉範、諫議大夫馬宇共攻李傕、郭汜，[4]以報其仇。與汜戰於長平觀下，[5]軍敗，劭等皆死。騰遂還涼州。

［1］【今注】獻帝：東漢獻帝劉協，公元189年至220年在位。紀見本書卷九。

［2］【今注】少府：官名。漢代中央諸卿之一。爲皇帝私府，專管帝室財政及生活諸事。機構龐大，屬官繁多。秩中二千石。大鴻臚：官名。漢代中央諸卿之一。源自秦代負責少數民族事務的

官職典客，西漢景帝時更名爲大行令，武帝時復更名爲大鴻臚。因漢代施行郡國並行制，故除典客舊有職責外，大鴻臚還負責諸侯王的相關事務。秩中二千石。

［3］【今注】案，惠棟《後漢書補注》引張璠《漢紀》曰："邵語曰：'我父盡忠於朝，爲時所妒，父以身殉，爲賊所害。吾爲臣子不能除賊，何面目復覲明主？'三輔聞之，爲之感動。"

［4］【今注】左中郎：郎官名。中郎將分爲五官中郎將、左中郎將、右中郎將三種，分別統率所部諸郎及謁者。屬郎中令（光禄勳），秩比二千石。 案，諫議大夫馬宇，惠棟《後漢書補注》謂《董卓傳》作"侍中馬宇"。

［5］【李賢注】長平，阪名也（阪，大德本、殿本作"陵"）。有觀，在長安西十五里也。

陳球字伯真，下邳淮浦人也。[1]歷世著名。[2]父亹，廣漢太守。[3]球少涉儒學，善律令。陽嘉中，舉孝廉，稍遷繁陽令。[4]時魏郡太守諷縣求納貨賄，[5]球不與之，太守怒而撾督郵，欲令逐球。[6]督郵不肯，曰："魏郡十五城，獨繁陽有異政，今受命逐之，將致議於天下矣。"[7]太守乃止。

［1］【今注】下邳：縣名。治所在今江蘇邳州市南。

［2］【李賢注】《謝承書》曰："祖父屯，有令名。"

［3］【李賢注】亹音尾。【今注】廣漢：郡名。初治涪縣（今四川綿陽市東北），東漢安帝元初二年（115）徙治雒縣（今四川廣漢市北）。

［4］【李賢注】繁陽，魏郡縣（大德本、殿本"縣"後有"也"字）。【今注】繁陽：城邑名。在今河南内黄縣西北。

［5］【今注】魏郡：治鄴縣（今河北臨漳縣西南）。

［6］【李賢注】撾，擊也。【今注】督郵：官名。督郵書掾、督郵曹掾的簡稱。漢郡守重要屬吏。代表太守督察縣鄉，宣達政令兼司法等。每郡分若干部，每部設一督郵。

［7］【今注】致議：招致批評。

復辟公府，舉高第，拜侍御史。是時，桂陽黠賊李研等群聚寇鈔，[1]陸梁荆部，[2]州郡懦弱，不能禁，太尉楊秉表球爲零陵太守。[3]球到，設方略，朞月間，賊虜消散。而州兵朱蓋等反，與桂陽賊胡蘭數萬人轉攻零陵。零陵下溼，編木爲城，不可守備，郡中惶恐。掾史白遣家避難，球怒曰："太守分國虎符，受任一邦，[4]豈顧妻孥而沮國威重乎？復言者斬！"乃悉内吏人老弱，與共城守，弦大木爲弓，[5]羽矛爲矢，引機發之，[6]遠射千餘步，多所殺傷。賊復激流灌城，球輒於内因地埶反決水淹賊。相拒十餘日，不能下。會中郎將度尚將救兵至，球募士卒，與尚共破斬朱蓋等。賜錢五十萬，拜子一人爲郎。遷魏郡太守。

［1］【今注】桂陽：郡名。治郴縣（今湖南郴州市北湖區）。

［2］【今注】陸梁：猖獗、囂張。　荆部：西漢武帝時所置十三刺史部之一，轄境約當今湖北、湖南二省及河南、貴州、廣西、廣東等省部分地區。

［3］【今注】零陵：郡名。治泉陵縣（今湖南永州市零陵區）。

［4］【李賢注】文帝初與郡守分銅虎符（守，殿本作"子"）。【今注】虎符：兵符。古代朝廷授予武將兵權及調發軍隊的信物。呈虎形，分爲兩半，右半留朝廷，左半給統兵將帥。一般

爲銅質，上有銘文。也有銀質、金質甚至玉質的虎符。案，惠棟《後漢書補注》謂球漢人，不應斥高祖諱。張璠《漢紀》"邦"作"郡"。

[5]【今注】弦大木爲弓：在大樹上安裝弓弦作爲弓。

[6]【今注】引機：扳動機關。

徵拜將作大匠，[1]作桓帝陵園，所省巨萬以上。遷南陽太守，以糾舉豪右，爲埶家所謗，徵詣廷尉抵罪。會赦，歸家。

[1]【今注】將作大匠：官名。原名將作少府，西漢景帝中元六年（前144）更爲將作大匠。掌修建宫室、宗廟、陵寢等。秩二千石。

復拜廷尉。[1]熹平元年，[2]竇太后崩。太后本遷南宫雲臺，[3]宦者積怨竇氏，遂以衣車載后尸，置城南市舍數日。中常侍曹節、王甫欲用貴人禮殯，[4]帝曰："太后親立朕躬，統承大業。《詩》云：'無德不報，無言不酬。'[5]豈宜以貴人終乎？"於是發喪成禮。[6]及將葬，節等復欲别葬太后，而以馮貴人配祔。[7]詔公卿大會朝堂，[8]令中常侍趙忠監議。太尉李咸時病，乃扶輿而起，[9]擣椒自隨，[10]謂妻子曰："若皇太后不得配食桓帝，[11]吾不生還矣。"既議，坐者數百人，各瞻望中官，良久莫肯先言。趙忠曰："議當時定。"怪公卿以下各相顧望。球曰："皇太后以盛德良家，母臨天下，宜配先帝，是無所疑。"忠笑而言曰："陳廷尉宜便操筆。”球即下議曰：“皇太后自在椒房，[12]有聰明母儀之德。遭時不造，援立聖明，承繼宗廟，功烈至重。先帝晏駕，[13]因遇大獄，[14]遷居空宮，不幸早世，家雖獲罪，事非太后。今若別葬，誠失天下之望。且馮貴人冢墓被發，骸骨暴露，與賊併尸，魂靈汙染，[15]且無功於國，何宜上配至尊？”忠省球議，作色俛仰，蚩球曰：[16]“陳廷尉建此議甚健！”球曰：“陳、竇既冤，皇太后無故幽閉，[17]臣常痛心，天下憤歎。今日言之，退而受罪，宿昔之願。”公卿以下，皆從球議。李咸始不敢先發，見球辭正，然大言曰：[18]“臣本謂宜爾，誠與臣意合。”會者皆爲之愧。[19]曹節、王甫復争，以爲梁后家犯惡逆，[20]別葬懿陵，武帝黜廢衛后，而以李夫人配食。[21]今竇氏罪深，豈得合葬先帝乎？李咸乃詣闕上疏曰：“臣伏惟章德竇后虐害恭懷，[22]安思閻后家犯惡逆，[23]而和帝無異葬之議，[24]順朝無貶降之文。[25]至於衛后，孝武皇帝身所廢弃，不可以爲比。今長樂太后尊號在身，親嘗稱制，坤育天下，[26]且援立聖明，光降皇祚。[27]太后以陛下爲子，陛下豈得不以太后爲母？子無黜母，臣無貶君，宜合葬宣陵，一如舊制。”帝省奏，謂曹節等曰：“竇氏雖爲不道，而太后有德於朕，不宜降黜。”節等無復言，於是議者乃定。咸字元貞，汝南人。累經州郡，以廉幹知名；在朝清忠，權倖憚之。

[1]【今注】案，王先謙《後漢書集解》引劉攽曰：“球初未嘗爲廷尉，何得言復當？”

［2］【今注】熹平：東漢靈帝劉宏年號（172—178）。

［3］【李賢注】太后父竇武與陳蕃謀誅宦官，反爲中常侍曹節矯詔殺武、蕃，遷大后焉（大，紹興本、大德本作“太”）。

［4］【今注】曹節：字漢豐，南陽新野（今河南新野縣）人。傳見本書卷七八。　王甫：事迹見本書卷七八《宦者傳》。　貴人：後宫名號。始於東漢，位僅次皇后，金印紫綬。

［5］【李賢注】《大雅·抑》詩也。

［6］【今注】成禮：使禮節完備。

［7］【李賢注】祔謂新死之主祔於先死者之廟，婦祔於其夫，所祔之妃妾祔於妾祖姑也。

［8］【今注】朝堂：漢代百官議事的場所，亦泛指朝廷。

［9］【今注】扶輿而起：勉强扶持起身。

［10］【今注】擣椒自隨：搗毁花椒隨身攜帶。

［11］【今注】配食：配享祭祀。

［12］【今注】椒房：漢代皇后居住的宫殿，因爲以椒和泥粉刷，故名。

［13］【今注】晏駕：去世。

［14］【今注】大獄：重大案件，即竇武、陳蕃欲殺宦官事。

［15］【李賢注】段熲爲河南尹，坐盗發馮貴人冢，左遷諫議大夫。

［16］【今注】蚩：通“嗤”。嘲笑。

［17］【今注】幽閉：囚禁。

［18］【今注】案，大德本、殿本“然”後有“後”字，是。

［19］【今注】案，惠棟《後漢書補注》引袁宏《後漢紀》曰：“河南尹李咸執藥上書曰：‘昔秦始皇幽閉母后，感茅焦之言，立駕迎母，供養如初。夫以秦后之惡，始皇之暴，尚納忠直之語，不失母子之恩，況皇太后不以罪歿，陛下之過，有重始皇！臣謹左手齎章，右手執藥，詣闕自聞。如遂不省，臣當飲鴆自裁，下覲先帝，

具陳得失。’章省，上感其言，使公卿更議。廷尉陳球乃下議。”此與傳異。

［20］【今注】案，此謂梁太后之兄梁冀專權謀亂事。事敗，梁冀與妻自殺。時梁太后已死，桓帝追廢她爲貴人。

［21］【李賢注】戾太子衞皇后共太子斬江充，自殺。武帝崩，霍光緣上雅意，以李夫人配食也。【今注】武帝：西漢武帝劉徹，公元前141年至前87年在位。紀見《史記》卷一二、《漢書》卷六。　衞后：西漢武帝皇后。出身微賤，原爲平陽侯家歌者。武帝見而悦之，召入宫中。後得寵幸，生三女。元朔元年（前128）生男據，遂立爲皇后。元狩元年（前122）據立爲皇太子。征和二年（前91）巫蠱事起，太子起兵誅江充。兵敗，武帝以策收皇后璽綬，遂自殺。衞氏悉滅。宣帝時追謚曰思后。乃改葬之。傳見《漢書》卷九七上。　李夫人：本爲歌妓，因兄延年受知於武帝，故得入宫，甚爲武帝寵幸，生男爲昌邑王。年少早卒。武帝葬以后禮，又圖畫其形於甘泉宫，親自爲賦傷悼之，並以其兄李廣利爲貳師將軍，封海西侯，延年爲協律都尉。昭帝時，追尊爲孝武皇后。傳見《漢書》卷九七上。

［22］【今注】章德竇后：紀見本書卷一〇上。

［23］【今注】安思閻后：紀見本書卷一〇下。

［24］【今注】和帝：東漢和帝劉肇，公元88年至105年在位。紀見本書卷四。

［25］【今注】順朝：指漢順帝。

［26］【李賢注】《周易》曰：“坤爲母。”

［27］【今注】案，降，紹興本、大德本、殿本作“隆”，可從。

六年，遷球司空，以地震免。拜光禄大夫，復爲廷尉、太常。[1]光和元年，[2]遷太尉，數月，以日食免。復拜光禄大夫。明年，爲永樂少府，[3]乃潛與司徒河間劉郃謀誅宦官。[4]

［1］【今注】案，太，大德本作“大”。

［2］【今注】光和：東漢靈帝劉宏年號（178—184）。

［3］【李賢注】桓帝母孝崇皇后宫曰永樂，置太僕、少府。【今注】案，王先謙《後漢書集解》引《資治通鑑》胡三省注曰：“此時帝母孝仁董太后居永樂宫，非孝崇后也。”

［4］【今注】劉郃：字季承。東漢宗室，靈帝光和二年（179）遷司徒。與永樂少府陳球等謀誅宦官張讓、曹節等，事泄，下獄死。

初，郃兄侍中儵，與大將軍竇武同謀俱死，故郃與球相結。事未及發，球復以書勸郃曰：“公出自宗室，位登台鼎，[1]天下瞻望，社稷鎮衛，豈得雷同容容無違而已？[2]今曹節等放縱爲害，而久在左右，又公兄侍中受害節等，永樂太后所親知也。今可表徙衛尉陽球爲司隸校尉，以次收節等誅之。政出聖主，天下太平，可翹足而待也。”又尚書劉納以正直忤宦官，出爲步兵校尉，[3]亦深勸於郃。郃曰：“凶豎多耳目，恐事未會，先受其禍。”納曰：“公爲國棟梁，傾危不持，焉用彼相邪？”[4]郃許諾，亦結謀陽球。

［1］【今注】台鼎：謂三公。朝廷三公如鼎有三足，故稱。

［2］【今注】案，宋文民《後漢書考釋》謂“《漢書·翟方進傳》：‘君何持容容之計，無忠固意？’師古云：‘容容，隨衆上下也。’容、庸古通作：《莊子·胠篋》‘容成氏’，《六韜·大明》作

‘庸成氏’，故容容字又作庸庸。《馮衍傳》引《顯志賦》：‘非庸庸之所識。’庸庸即容容”（上海古籍出版社 1995 年版，第 233、234 頁）。

［3］【今注】步兵校尉：官名。西漢武帝始置，爲北軍八校尉之一，秩二千石，位次列卿，屬官有丞、司馬等。領上林苑門屯兵，戍衛京師，兼任征伐。東漢爲北軍五校尉之一，秩比二千石，隸北軍中候。掌宿衛禁兵，有司馬一員。

［4］【李賢注】《論語》孔子之辭也。

球小妻，[1]程璜之女，[2]璜用事宫中，所謂程大人也。節等頗得聞知，乃重賂於璜，且脅之。璜懼迫，以球謀告節，節因共白帝曰：“郃等常與藩國交通，[3]有惡意。數稱永樂聲埶，受取狼籍。[4]步兵校尉劉納及永樂少府陳球、衛尉陽球交通書疏，謀議不軌。”帝大怒，策免郃，郃與球及劉納、陽球皆下獄死。球時年六十二。

［1］【今注】小妻：即妾。

［2］【今注】程璜：東漢桓帝、靈帝時期宦官、中常侍。

［3］【今注】藩國：諸侯國。古代帝王以諸侯國爲京都的藩籬、屏障。

［4］【今注】受取狼藉：因索要、接受財物而聲名敗壞。

子瑀，吴郡太守；[1]瑀弟琮，汝陰太守；[2]弟子珪，沛相；珪子登，廣陵太守：竝知名。[3]

［1］【今注】吴郡：東漢順帝永建四年（129）分會稽郡置，治吴縣（今江蘇蘇州市）。

［2］【今注】汝陰：東漢時期“汝陰”實爲縣名。治所在今安徽阜陽市潁州區。

［3］【李賢注】《謝承書》曰：“瑀舉孝廉，辟公府，洛陽市長；後辟太尉府，未到。永漢元年，就拜議郎，遷吴郡太守，不之官。球兄子珪（兄，殿本作‘弟’），字漢瑜。舉孝廉，劇令，去官；舉茂才，濟北相。珪子登，字元龍。學通今古，處身循禮，非法不行，性兼文武，有雄姿異略，一領廣陵太守。”《魏志》曰，登在廣陵，有威名，有功加伏波將軍，年三十九卒。後許汜與劉備竝在荆州牧劉表坐，備共論天下人，汜曰：“陳元龍淮海之士，豪氣不除。”備問汜曰：“君言豪，寧有事邪？”汜曰：“昔遭亂過下邳，見元龍無客主之意，不相與語，自上大牀卧，使客卧下牀。”備曰：“君有國士之名。今天下大亂，帝王失所，君須憂國忘家，有救世之意。乃求田問舍，言無可采，是元龍所諱也，何緣當與君語？如我自卧百尺樓上，卧君於地下，何但上下牀之閒哉！”表大笑也。

贊曰：安儲遭譖，張卿有請。[1]龔糾便佞，[2]以直爲眚。[3]二子過正，埋車堙井。[4]种公自微，[5]臨官以威。陳球專議，桓思同歸。[6]

［1］【李賢注】張皓爲廷尉，故曰卿。【今注】安儲：安帝的太子。

［2］【今注】便佞：花言巧語、阿諛逢迎。

［3］【李賢注】眚，過也。

［4］【李賢注】張綱埋輪，王龔堙井（龔，大德本、殿本作“輪”，是）。《孟子》曰：“矯枉過正。”

［5］【今注】微：地位卑賤。

［6］【今注】桓思：即竇太后，謚“桓思”。

後漢書　卷五七

列傳第四十七

杜根　欒巴　劉陶　李雲　劉瑜　謝弼

杜根字伯堅，潁川定陵人也。[1]父安，字伯夷，少有志節，[2]年十三入太學，[3]號奇童。京師貴戚慕其名，或遺之書，[4]安不發，[5]悉壁藏之。及後捕案貴戚賓客，安開壁出書，印封如故，竟不離其患，時人貴之。[6]位至巴郡太守，[7]政甚有聲。[8]

[1]【今注】潁川：郡名。治陽翟縣（今河南禹州市）。　定陵：縣名。治所在今河南舞陽縣東北。

[2]【今注】案，《北堂書鈔》卷九八引謝承《後漢書》："豫章宋度拜零陵令。縣民杜伯夷清高不仕，度數就與高談，致棗一。伯夷感德詣縣，縣署功曹。"

[3]【今注】太學：中國古代國家的最高學府。漢代在武帝元朔五年（前 124）始置太學。至東漢，太學制度大爲發展，生員衆多。

[4]【今注】遺（wèi）：送。

[5]【今注】發：開啓。

[6]【李賢注】離，被也。【今注】離：遭受。

[7]【今注】巴郡：治江州縣（今重慶市）。　太守：官名。郡的最高行政長官。東漢太守掌治民，進賢勸功，決訟檢姦，秩二千石。

[8]【今注】案，《三國志》卷二三《魏書·杜襲傳》裴松之注引《先賢行狀》云："（安）後徵拜巴郡太守，率身正下，以禮化俗。以病卒官，時服薄斂，素器不漆，子自將車。州郡賢之，表章墳墓。"

根性方實，好絞直。[1]永初元年，[2]舉孝廉，[3]爲郎中。[4]時和熹鄧后臨朝，[5]權在外戚。根以安帝年長，宜親政事，乃與同時郎上書直諫。太后大怒，收執根等，令盛以縑囊，[6]於殿上撲殺之。執法者以根知名，私語行事人使不加力，既而載出城外，根得蘇。太后使人檢視，根遂詐死，三日，目中生蛆，[7]因得逃竄，爲宜城山中酒家保。[8]積十五年，[9]酒家知其賢，厚敬待之。

[1]【李賢注】絞，急也。【今注】絞直：急躁且率直。

[2]【今注】永初：東漢安帝劉祜年號（107—113）。

[3]【今注】孝廉：漢代選拔人才的一種方式。孝謂孝子，廉指廉潔之士。最初，孝、廉各自獨立爲一門。漢武帝采納董仲舒建議，於元光元年（前134）初令郡國舉孝、廉各一人。其後多混同連稱，因而合爲一科，所舉也不盡限於孝者和廉吏。舉孝廉一般按年進行，郡國每年向中央推舉一至二人。被舉者大都先除授郎中。

[4]【今注】郎中：官名。在漢代，爲郎中令或光禄勳下屬的

官員，無定員，掌持戟值班，宿衛殿門，出充車騎，秩比三百石。

［5］【今注】和熹鄧后：和帝皇后鄧綏，謚和熹。紀見本書卷一〇上。

［6］【今注】縑：雙絲織成的細絹。

［7］【今注】蛆（qū）：蒼蠅的幼蟲，多生在腐肉、糞便等不乾浄的處所。

［8］【李賢注】宜城縣故城在今襄州率道縣南，其地出美酒。《廣雅》云："保，使也。"言爲人傭力保任而使也。【今注】案，《三國志》卷二三《魏書·杜襲傳》裴松之注引《先賢行狀》云："車載城外，根以撲輕得蘇息，遂閉目不動摇。經三日，乃密起逃竄，爲宜城山中酒家客。"宜城，東漢時爲侯國，屬荆州南郡。治所在今湖北宜城市東南。

［9］【今注】案，清何焯《義門讀書記》卷二三謂"時熹和鄧后臨朝"至下文"拜侍御史"一段，"此皆採《潁川先賢行狀》。以'積十五年'之語觀之，則事有違反。和熹之崩在永寧二年三月，至五月而鄧騭等以譖自殺，計下詔求根等即在是年。考和熹既立安帝，久不歸政，至是凡十五年，遂稱制終身，誠過于持權。若永初元年，帝尚未加元服，不得謂之年長，根等何緣輒進諫哉？"今案，《三國志·魏書·杜襲傳》裴松之注引《先賢行狀》"根舉孝廉，除郎中。時和熹鄧后臨朝，外戚横恣，安帝長大，猶未歸政。根乃與同時郎上書直諫，鄧后怒，收根等伏誅"云云，與本書行文略有差異。或杜根"舉孝廉，爲郎中"事在永元元年（89），范曄采《先賢行狀》入傳，爲之繫年。而後文"上書直諫"事，則在"安帝長大"後，范曄未及彌縫，此其疏也。然不得謂"積十五年"與史事違反。積，累計。

及鄧氏誅，左右皆言根等之忠。帝謂根已死，乃下詔布告天下，録其子孫。[1]根方歸鄉里，徵詣公車，[2]拜侍御史。[3]初，平原郡吏成翊世亦諫太后歸政，[4]坐抵罪，與根俱徵，擢爲尚書郎，[5]並見納用。或問根曰："往者遇禍，天下同義，[6]知故不少，何至自苦如此？"根曰："周旋民閒，非絶跡之處，邂逅發露，禍及知親，故不爲也。"順帝時，稍遷濟陰太守。[7]去官還家，年七十八卒。

[1]【今注】録：録用。

[2]【今注】徵詣：受召而往。　公車：公家的車馬。漢代以公家的車馬接送被徵召者、應舉者以及上書者。

[3]【今注】侍御史：官名。亦稱"御史"。御史中丞的屬官，協助中丞處理殿中事務。常備十五員，秩六百石。

[4]【今注】平原郡：治平原縣（今山東平原縣南）。

[5]【今注】尚書郎：官名。尚書的屬官，任滿三年稱侍郎。東漢設尚書郎三十六人，主要負責文書起草工作。秩四百石。

[6]【今注】往者遇禍天下同義：過去，天下士人都對您因爲上書直諫而遭禍的事情感到很憤慨。義，義憤，憤慨。在句中是意動用法，表示"對……感到憤慨"的意思。

[7]【今注】濟陰：郡名。治定陶縣（今山東菏澤市定陶區西北）。

翊世字季明，少好學，深明道術。延光中，[1]中常侍樊豐、帝乳母王聖共譖皇太子，[2]廢爲濟陰王。翊世連上書訟之，又言樊豐、王聖誣罔之狀。帝既不從，而豐等陷以重罪，下獄當死，有詔免官歸本郡。及濟陰王立，是爲順帝，司空張皓辟之。[3]皓以翊世前訟太子之廢，[4]薦爲議郎。[5]翊世自以其功不顯，恥於受位，自刻歸。[6]三公比辟，不應。[7]尚書僕射虞詡雅重之，[8]欲引與共參朝政，乃上書薦之，徵拜議郎。後尚書令左雄、僕射郭虔復舉爲尚書。[9]在朝正色，[10]百僚敬之。

[1]【今注】延光：東漢安帝劉祜年號（122—125）。

[2]【今注】中常侍：官名。初稱常侍，西漢元帝以後改稱中常侍。中常侍在東漢的職責主要爲侍從皇帝，顧問應對，贊導宫内諸事，秩比二千石。　譖（zèn）：言語中傷。

[3]【今注】司空：官名。東漢司空負責水利土木工程等事職，屬三公之一。　張皓：字叔明，犍爲武陽（今四川眉山市彭山區）人。傳見本書卷五六。

[4]【今注】訟：争辯是非。

[5]【今注】議郎：官名。在漢代爲郎中令或光禄勳下屬官員。徵賢良之士任之，掌顧問應對，無固定職事，唯詔命所使，秩六百石。

[6]【今注】劾（hé）：揭發罪狀。

[7]【李賢注】比猶頻也。【今注】三公：官名。指朝廷的最高輔政大臣。據文獻記載，三公應起自周代，儘管當時的制度或許遠没有後人想象的那樣完備。經典之中，有關三公的説法有二：一是司馬、司徒、司空的“三司”説，見於今文《尚書》及《韓詩外傳》；二是太師、太傅、太保的“三太”説，見於《周禮》和《大戴禮記》。西漢成帝時，采“三司”説在政治制度上正式建立了漢代的三公官，以丞相爲大司徒，太尉爲大司馬，御史大夫爲大司空。東漢光武帝建武二十七年（51），恢復大司馬爲太尉，又令大司徒、大司空去“大”字。往後漢代三公之職的設置變化不大。辟：徵召。

[8]【今注】尚書僕射：官名。東漢時，尚書僕射爲少府屬

官，負責署理尚書事，令不在則奏下衆事，秩六百石。　虞詡：字升卿，陳國武平（今河南鹿邑縣西北）人。傳見本書卷五八。

[9]【今注】尚書令：官名。東漢時，尚書令爲少府屬官，掌凡選署及奏下尚書曹文書衆事，秩千石。　左雄：字伯豪，南郡涅陽（今河南鄧州市東北）人。傳見本書卷六一。

[10]【今注】正色：神色莊重，態度嚴肅。

欒巴字叔元，魏郡内黄人也。[1]順帝世，[2]以宦者給事掖庭，[3]補黄門令，[4]非其好也。性質直，學覽經典，雖在中官，[5]不與諸常侍交接。[6]後陽氣通暢，白上乞退，擢拜郎中，四遷桂楊太守。[7]以郡處南垂，[8]不閑典訓，[9]爲吏人定婚姻喪紀之禮，[10]興立校學，以奨進之。[11]雖幹吏卑末，皆課令習讀，程試殿最，隨能升授。[12]政事明察。視事七年，以病乞骸骨。

[1]【李賢注】《神仙傳》云："巴，蜀郡人也。少而學道，不脩俗事。"【今注】魏郡内黄：魏郡，治鄴縣（今河北臨漳縣西南鄴鎮村）；内黄，縣名，治所在今河南内黄縣西北。案，欒巴籍貫，本傳與李賢注不同。曹金華《後漢書稽疑》云："本傳下文'征拜尚書'，注引《神仙傳》曰'有詔問巴，巴頓首謝曰："臣本縣成都市失火"'云云，亦謂欒巴爲蜀郡人。此謂'魏郡内黄人'，它書不見，未詳其故。"以上兩説者，恐一爲祖籍，一爲長期生長之地。然則二縣具體何屬，今已無可詳考。

[2]【今注】案，殿本"順帝"前有"好道"二字。

[3]【今注】宦者：即宦官。《周禮·秋官司寇·掌戮》"宫者，使守内"，鄭玄注云："以其人道絶也，今世或然。"爲保證皇帝血脈的絶對純正，宫中侍奉者，凡男性都需先經過閹割。　給

事：供職，侍奉。　掖庭：宫中嬪妃，婕妤以下居住的地方。本書卷四〇上《班固傳上》“後宫則有掖庭、椒房，后妃之室”，李賢注引《漢官儀》曰：“婕妤以下皆居掖庭。”案，宦，大德本作“官”。

［4］【今注】補：選人補充官之缺位。　黄門令：官名。宫門之内，凡屬禁門皆用黄色，故以禁門稱黄門或黄闥。黄門以内，皆用宦官。黄門令爲少府屬員，由宦官擔任，主管宫中的各種宦官，秩六百石。本書《百官志三》云：“黄門令一人，六百石。本注曰：宦者。主省中諸宦者。”

［5］【今注】中官：宦官。中，即禁中，指皇帝所居住的宫殿範圍。禁中的官員選用閹人擔任。《漢書》卷三《高后紀》“（吕后）八年春，封中謁者張釋卿爲列侯。諸中官、宦者令丞皆賜爵關内侯，食邑”，顔師古注云：“諸中官，凡閹人給事於中者皆是也。”

［6］【今注】不與常侍交接：（欒巴）不和常侍們往來。常侍，官名。此處爲中常侍的省稱。常侍，即經常侍從皇帝左右的意思。中常侍在西漢，原爲加官。凡列侯、將軍、卿大夫、將、都尉、尚書以至郎中，加此職銜方得出入禁中，常侍皇帝左右。至東漢，中常侍爲少府屬官，用宦官擔任，秩千石，後增爲比二千石。本書《百官志三》：“中常侍，千石。本注曰：宦者，無員。後增秩比二千石。掌侍左右，從入内宫，贊導内衆事，顧問應對給事。”交接，交往，結交。

［7］【今注】桂陽：郡名。治郴縣（今湖南郴州市）。

［8］【今注】南垂：南方的邊境。垂，邊垂，邊疆。

［9］【今注】閑：同“嫻”，嫻熟。　典訓：《尚書》中《堯典》《伊訓》等篇並稱，借指《尚書》或經典。

［10］【今注】喪紀：喪事。

［11］【今注】興立學校以奨進之：通過興辦學校的方法來獎勵提拔人才。奨，獎勵。進，提拔。案，奨，殿本作“獎”。

［12］【李賢注】幹，府吏之類也。晋令諸郡國不滿五千以

下，置幹吏二人。郡縣皆有幹。幹猶主也。【今注】程試殿最：以規定形式的考核來區分成績的高低。程試，以規定的形式進行考核。殿最，古代的考核，以下等爲“殿”，上等爲“最”。

荆州刺史李固薦巴治迹，[1]徵拜議郎，守光禄大夫，[2]與杜喬、周舉等八人徇行州郡。[3]

[1]【今注】荆州：西漢武帝時所置十三刺史部之一，下轄南陽、南郡、江夏、零陵、桂陽、武陵、長沙七郡。　刺史：官名。西漢武帝元封五年（前106）將全國除京師附近七郡以外的土地分爲十三部，或稱十三州。每部置刺史一人，奉詔巡行下轄諸郡，省察治政，黜陟能否，斷理冤獄，秩六百石。　李固：字子堅，漢中南鄭（今陝西漢中市）人。傳見本書卷六三。

[2]【今注】守：官制用語。官吏試職稱守。漢試守之制一年，滿歲轉正，得食全俸，即爲“真”。　光禄大夫：官名。光禄勳屬官，原爲中大夫，西漢武帝太初元年（前104）改置，掌論議，秩比二千石，在大夫中地位最爲尊顯。

[3]【今注】杜喬：字叔榮，河内林慮（今河南林州市）人。傳見本書卷六三。　周舉：字宣光，汝南汝陽（今河南商水縣西北）人。傳見本書卷六一。　徇行：即巡行。

巴使徐州還，[1]再遷豫章太守。[2]郡土多山川鬼怪，小人常破貲産以祈禱。[3]巴素有道術，能役鬼神，[4]乃悉毁壞房祀，翦理姦巫，[5]於是妖異自消。百姓始頗爲懼，終皆安之。[6]遷沛相。[7]所在有績，徵拜尚書。[8]會帝崩，[9]營起憲陵。陵左右或有小人墳冢，主者欲有所侵毁，巴連上書苦諫。時梁太后臨朝，詔詰巴曰：

“大行皇帝晏駕有日，[10]卜擇陵園，務從省約，塋域所極，[11]裁二十頃，[12]而巴虚言主者壞人冢墓。事既非實，寢不報下，[13]巴猶固遂其愚，[14]復上誹謗。苟肆狂瞽，[15]益不可長。”巴坐下獄，抵罪，禁錮還家。[16]

［1］【今注】徐州：西漢武帝時所置十三刺史部之一，下轄東海、琅邪、彭城、廣陵、下邳五郡。

［2］【今注】豫章：郡名。治南昌縣（今江西南昌市）。

［3］【今注】貲産：財産。

［4］【今注】役：驅使。

［5］【李賢注】房謂爲房堂而祀者。【今注】翦理姦巫：處理消滅邪惡的巫師。翦，消滅。姦，邪惡。

［6］【李賢注】《神仙傳》曰：“時廬山廟有神，於帳中與人言語，飲酒投杯，能令宫亭湖中分風（宫，殿本作‘官’），船行者舉帆相逢。巴未到十數日，廟中神不復作聲。郡中常患黄父鬼爲百姓害，巴到，皆不知所在，郡内無復疾疫也。”

［7］【今注】沛：沛國，治相縣（今安徽濉溪縣西北）。 相：官名。漢侯國之令長稱相，其秩各如本縣。由朝廷中央任命，主治民，不臣諸侯王。

［8］【李賢注】《神仙傳》曰：“巴爲尚書，正朝大會，巴獨後到，又飲酒西南噀之。有司奏巴不敬。有詔問巴，巴頓首謝曰：‘臣本縣成都市失火，臣故因酒爲雨以滅火。臣不敢不敬。’詔即以驛書問成都，成都答言：‘正旦大失火，食時有雨從東北來，火乃息，雨皆酒臭。’後忽一旦大風，天霧晦暝，對坐皆不相見，失巴所在。尋問之，云其日還成都，與親故别也。”

［9］【今注】會：適逢。

［10］【今注】大行：原意指遠行，用以指稱剛剛死去還未定謚號的帝、后。 晏駕：車駕晚出，諱指帝王死亡。晏，晚。 有

日：多日。

［11］【今注】塋域：墳地。

［12］【今注】裁：通“纔”，僅僅。

［13］【今注】寢：息止。

［14］【今注】巴猶固遂其愚：欒巴還要堅持表現他的愚蠢。固，堅持。遂，實現。

［15］【今注】苟肆狂瞽（gǔ）：如果縱容這樣狂妄的瞎子。瞽，盲人，前文“事既非實”“巴猶固遂其愚”云云暗示了欒巴對事實視而不見，故這裏將他比作盲人。

［16］【今注】案，本書《五行志·地震》云：“（建康元年，144）九月丙午，京都地震。是時順帝崩，梁太后攝政，欲爲順帝作陵，制度奢廣，多壞吏民冢。尚書欒巴諫事，太后怒，癸卯，詔書收巴下獄，欲殺之。丙午地震，於是太后乃出巴，免爲庶人。”《北堂書鈔》卷三二引魏魚豢《典略》云：“梁太后臨朝，使梁冀卜治山陵。尚書欒巴上書，欲勿令壞民冢。太后詔曰：‘巴小子弄口鳴舌。’遂免巴官。”

二十餘年，靈帝即位，大將軍竇武、太傅陳蕃輔政，［1］徵拜議郎。蕃、武被誅，巴以其黨，復謫爲永昌太守。［2］以功自劾，［3］辭病不行，上書極諫，理陳、竇之冤。帝怒，下詔切責，［4］收付廷尉。［5］巴自殺。子賀，官至雲中大守。［6］

［1］【今注】大將軍：官名。東漢時位比三公，多授予貴戚，常兼録尚書事，與太傅、太尉等共同主持政務，秩萬石。　竇武：字游平，扶風平陵（今陝西咸陽市西北）人。傳見本書卷六九。太傅：官名。西周始置，原爲輔弼君主的大臣。東漢太傅位上公，爲百官之首，專授元老重臣，秩萬石。明帝以下，每帝初即位，輒

置太傅録尚書事，行宰相職權；薨，輒省。　陳蕃：字仲舉，汝南平輿（今河南平輿縣北）人。傳見本書卷六六。

［2］【今注】永昌：郡名。治嶲唐縣（今雲南永平縣西北）。

［3］【今注】案，王先謙《後漢書集解》引劉攽曰："功不可以自劾，當是'無功自劾'，少一'無'字。"今案，劉説無版本證據，屬理校，爲理解文意計，可參考。

［4］【今注】切責：嚴厲指責。

［5］【今注】廷尉：官名。位列九卿，主掌司法審判，秩中二千石。

［6］【今注】雲中：郡名。治雲中縣（今内蒙古托克托縣東北）。

劉陶字子奇，一名偉，潁川潁陰人，[1]濟北貞王勃之後。[2]陶爲人居簡，不脩小節。所與交友，必也同志。好尚或殊，富貴不求合；情趣苟同，貧賤不易意。同宗劉愷，[3]以雅德知名，獨深器陶。[4]

［1］【今注】潁陰：縣名。治所在今河南許昌市。

［2］【今注】濟北貞王勃：劉勃是漢高祖劉邦之孫，淮南厲王劉長的次子，其兄爲淮南王劉安。劉勃初封衡山王，景帝四年（前153），徙封濟北，謚號貞。傳見《漢書》卷四四。《北堂書鈔》卷七九引《典略》云："世祖十八年，徙六郡大族，陶曾祖自齊來。"案，濟北國在漢代屬兖州，即今山東濟南市附近地區，其範圍向屬齊地。

［3］【今注】劉愷：字伯豫，沛國豐（今江蘇豐縣）人。傳見本書卷三九。

［4］【今注】器：器重。

時大將軍梁冀專朝，[1]而桓帝無子，[2]連歲荒飢，災異數見。陶時游太學，乃上疏陳事曰：

[1]【今注】梁冀：字伯卓，安定烏氏（今寧夏固原市東南）人。傳見本書卷三四。

[2]【今注】案，桓，紹興本空格以避宋欽宗諱。

臣聞人非天地無以爲生，天地非人無以爲靈，[1]是故帝非人不立，人非帝不寧。夫天之與帝，帝之與人，猶頭之與足，相須而行也。[2]伏惟陛下年隆德茂，[3]中天稱號，[4]襲常存之慶，[5]循不易之制，[6]目不視鳴條之事，耳不聞檀車之聲，[7]天災不有痛於肌膚，震食不即損於聖體，[8]故蔑三光之謬，[9]輕上天之怒。伏念高祖之起，始自布衣，[10]拾暴秦之敝，[11]追亡周之鹿，[12]合散扶傷，克成帝業。[13]功既顯矣，勤亦至矣。流福遺祚，[14]至於陛下。陛下既不能增明烈考之軌，[15]而忽高祖之勤，妄假利器，委授國柄，使群醜刑隸，芟刈小民，[16]彫敝諸夏，虐流遠近，[17]故天降衆異，以戒陛下。陛下不悟，而競令虎豹窟於麑場，豺狼乳於春囿。[18]斯豈唐咨禹、稷，益典朕虞，議物賦土蒸民之意哉？[19]又令牧守長吏，上下交競；[20]封豕長蛇，[21]吞食天下；[22]貨殖者爲窮冤之魂，[23]貧餒者作飢寒之鬼；[24]高門獲東觀之辜，豐室羅妖叛之罪；[25]死者悲於窀穸，生者戚於朝野；[26]是愚臣所爲咨嗟長懷歎息者也。[27]

且秦之將亡，正諫者誅，諛進者賞，[28]嘉言結於忠舌，國命出於讒口，擅閻樂於咸陽，授趙高以車府。[29]權去己而不知，威離身而不顧。古今一揆，成敗同埶。[30]願陛下遠覽强秦之傾，近察哀、平之變，得失昭然，禍福可見。

［1］【李賢注】《書》曰“惟天地萬物父母，惟人萬物之靈”也。

［2］【今注】相須：相互依存，相互配合。

［3］【今注】伏惟：下對上的一種書面敬辭，在這裏是考慮、想到的意思。　年隆德茂：年富力强，道德美茂。隆，昌盛。

［4］【李賢注】中謂當天之中也。【今注】案，惠棟《後漢書補注》曰：“《法言》云：‘漢興二百一十載而中天。’柳宗元云：‘楊子極陰陽之數，此言知漢祚之方半耳。陶在靈帝而稱中天，非也。’愚謂中天猶日之中天，言歷數方永耳。”今案，惠棟説是。劉陶身爲漢臣，上疏言事不可能自設國祚不長之辭。中天，意指漢朝方興未艾。其用心既有虚美，也有勸勉。又劉陶上疏在桓帝時，傳文明矣，柳宗元謂“陶在靈帝”云云，非也。　號：指皇帝之稱。蔡邕《獨斷》卷上：“漢天子正號曰皇帝。”

［5］【今注】襲常存之慶：承襲了（漢代）長存的福氣。襲，沿襲，繼承。慶，福。

［6］【今注】循：遵循，沿着。

［7］【李賢注】鳴條，地名，在安邑之西。《尚書》曰：“伊尹相湯伐桀，遂與桀戰于鳴條之野。”檀車，兵車也。《詩》曰：“檀車嘽嘽，四牡痯痯，征夫不遠。”嘽，音昌善反。痯，音管。【今注】目不視鳴條之事耳不聞檀（tán）車之聲：指皇帝對歷史上亡國的教訓没有意識。鳴條之事，即鳴條之戰，代指商湯伐紂滅夏。檀車之聲，用《詩·大雅·大明》“牧野洋洋，檀車煌煌”的

典故，代指武王於牧野之戰伐紂滅商。李賢注引“檀車嘽嘽，四牡痯痯，征夫不遠”，當出《小雅·杕杜》，今本《詩·小雅·杕杜》“嘽嘽”作“幝幝”。李注解典誤也。又《資治通鑑》卷五三《漢紀》漢桓帝永壽元年胡三省注：“陶蓋用此檀車事，言桀、紂貴爲天子，得罪於天，流毒於民，而湯、武伐之；亡國之事不接於帝之耳目，帝不知以爲戒也。”案，胡注解典言之甚是，然“檀車事”前似少“鳴條”二字。

［8］【今注】震食：地震、日食。

［9］【今注】三光：指日、月、星。

［10］【李賢注】高祖曰：“吾以布衣提三尺以取天下（三尺，大德本、殿本作‘三尺劍’）。”

［11］【今注】拾：收拾，整治。

［12］【李賢注】《前書》蒯通曰：“秦失其鹿，天下共遂之（大德本‘天’前有‘以’字）。”《音義》云：“以鹿喻帝位也。”

［13］【今注】合散扶傷克成帝業：整合渙散的人心，實現了帝王功業。克，能，成。

［14］【今注】流福遺祚：遺留的福祚。流，遺。福，祚。“流福遺祚”四字爲同義復合結構，即前兩字意思與後兩字意思相同。這種表述是漢語特有的表達方式，在文章中主要起潤飾文采的作用。

［15］【今注】增明烈考之軌：增加烈烈先父的風貌，指爲自己死去的父親增光添彩。烈，熾熱顯赫的樣子。考，對死去父親的稱呼。軌，原意是車轍碾過形成的痕迹，後喻指人言行留下的痕迹，即道德風貌。

［16］【今注】芟（shān）刈（yì）小民：殺戮平民。芟刈，割。引申爲殺戮。小民，平民。

［17］【李賢注】利器謂威權也（威，大德本、殿本無）。《周禮》“太宰以八柄詔王馭群臣”，謂爵、禄、與、置、生、奪、

廢、誅也。刑隸謂閹人也。【今注】彫敝諸夏：使中國破敗。彫敝，破敗，衰敗。在這裏用作使動。諸夏，指中國。

［18］【李賢注】鹿子曰麑。乳，産也。【今注】競令虎豹窟（kū）於麑（ní）塲豺狼乳於春囿：争着讓虎豹聚集在小鹿的圍場，而使豺狼在春天的園囿裏生産繁殖。這裏喻指皇帝驅使着貪官酷吏剥削壓榨人民。競，争。窟，人或物的彙集之處，這裏用作動詞。囿，古代帝王蓄養野獸以供玩賞的園林。案，塲，紹興本、大德本、殿本作“場”。

［19］【今注】斯豈唐咨禹稷益典朕虞議物賦土蒸民之意哉：這難道是唐堯任用禹、稷、益（等賢能臣子），討論風物賜予百姓土地的精神嗎？據今《尚書·舜典》記載任命禹、稷、益的人是虞舜，而劉陶此處稱“唐（堯）”，或是用典偶疏。咨，歎氣聲。《舜典》記載舜在任用大臣前，往往有習慣的語氣詞“咨”。蒸民，民衆、百姓。

［20］【今注】交競：相互鬬争。

［21］【今注】封豕長蛇：大猪與長蛇。這是當時習語，比喻貪暴者。《左傳》定公四年《傳》云：“申包胥如秦乞師，曰：‘吴爲封豕長蛇，以荐食上國。’”杜預注：“荐，數也。言吴貪害如蛇、豕。”封，大。豕，猪。

［22］【今注】案，吞，大德本、殿本作“蠶”。

［23］【今注】貨殖者：商人。貨殖，謂以貨增殖。殖，孳生，增殖。

［24］【今注】貧餒者：貧窮飢餓的人。餒，餓。

［25］【李賢注】《説苑》曰“孔子爲魯司寇，七日而誅少正卯於東觀之下”也。【今注】高門獲東觀之辜豐室羅妖叛之罪：貴族遭受殺身之禍，富餘人家被羅織了興妖叛亂的罪名。高門，指地位高貴的人家。東觀，如李賢注，典出《説苑·指武篇》，代指殺身之禍。辜，罪。豐室，指富餘的人家。

［26］【李賢注】杜元凱注《左傳》曰："窀，厚也。穸，夜也。厚夜猶長夜也。"【今注】死者悲於窀穸生者戚於朝野：死者在墳墓裏悲傷，活着的人在朝野之間哀戚。窀穸，《左傳》襄公十三年《傳》"唯是春秋、窀穸之事"，杜預注云："窀，厚也。穸，夜也。厚夜猶長夜。春秋謂祭祀。長夜謂葬埋。"案，李賢注引杜注《左傳》是，此處引申指墳墓。戚，憂傷。

［27］【今注】咨嗟：歎息。

［28］【李賢注】《前書》賈山上書曰"秦始皇進諛諂之人，殺直諫之士"也（《漢書》卷五一本傳作"殺直諫之士，是以道諛媮合苟容"）。【今注】諛進者：阿諛奉承的人。

［29］【李賢注】趙高爲車府令，與壻咸陽令閻樂謀殺胡亥。事見《史記》也。【今注】擅閻樂於咸陽授趙高以車府：讓閻樂在咸陽擅權，授予趙高車府令的官位。這是用典代指任用奸臣導致了皇帝見殺的嚴重後果。趙高、閻樂謀殺胡亥事見《史記》卷六《秦始皇本紀》。

［30］【今注】古今一揆成敗同埶：古今道理相同，成敗模樣一致。揆，推測。埶，同"勢"，姿態。

臣又聞危非仁不扶，亂非智不救，故武丁得傅説，以消鼎雉之災，[1]周宣用申、甫，以濟夷、厲之荒。[2]竊見故冀州刺史南陽朱穆，[3]前烏桓校尉臣同郡李膺，[4]皆履正清平，貞高絶俗。穆前在冀州，奉憲操平，[5]摧破姦黨，掃清萬里。膺歷典牧守，[6]正身率下，及掌戎馬，[7]威揚朔北。[8]斯實中興之良佐，國家之柱臣也。宜還本朝，挾輔王室，上齊七燿，[9]下鎮萬國。臣敢吐不時之義於諱言之朝，[10]猶冰霜見日，必至消滅。臣始悲天下之可悲，今天下亦悲臣之愚惑也。

［1］【李賢注】武丁，殷王高宗也。《尚書》曰，高宗得傅説爲相，殷復興焉。高宗時，有雉登鼎耳而雊，武丁懼而修德，位以永寧。【今注】雉：野雞。

［2］【李賢注】申伯、仲山甫，周宣王之臣也。《詩》曰："惟申及甫，惟周之翰。"《史記》曰，周孝王之子燮，是爲夷王。夷王崩，子厲王胡立，行暴虐，死于彘也。【今注】周宣用申甫以濟夷厲之荒：周宣王用申伯、仲山甫二位賢臣，度過了周夷王、周厲王所造成的危機。濟，解決，度過。

［3］【今注】冀州：西漢武帝時所置十三刺史部之一，下轄魏郡、鉅鹿、常山、中山、安平、河間、清河、趙國、渤海。 南陽：郡名。治宛縣（今河南南陽市卧龍區）。 朱穆：字公叔，南陽宛（今河南南陽市卧龍區）人。傳見本書卷四三。

［4］【今注】烏桓校尉：官名。"護烏桓校尉"之省稱，掌護烏桓胡，兼及鮮卑，秩比二千石。 李膺：字元禮，潁川襄城（今河南襄城縣）人。傳見本書卷六七。 案，《資治通鑑》卷五三《漢紀》漢桓帝永壽元年胡三省注云："前年，朱穆得罪。李膺時亦免居綸氏。"王先謙《後漢書集解》云："陶又詣闕，上書訟朱穆，見本書《朱穆傳》。"

［5］【今注】奉憲操平：尊奉法典，操守平正。憲，法度，法典。

［6］【今注】歷典牧守：歷任州牧、太守。典，主持，主管。

［7］【今注】及掌戎馬：等到執掌軍隊（的時候）。戎馬，代指軍旅。

［8］【今注】朔北：泛指當時長城以北的地區。朔，北。

［9］【今注】上齊七燿（yào）：上使天上的七星保持均等的形態。七燿，指日、月及水、金、火、木、土七顆星體。古人認爲星

象不齊會導致自然和人事的災異。

［10］【李賢注】不時謂不合於時也。諱言謂拒諫也。

書奏不省。[1]

［1］【今注】不省：没有得到理會。

時有上書言人以貨輕錢薄，[1]故致貧困，宜改鑄大錢。[2]事下四府群僚及太學能言之士。[3]陶上議曰：

［1］【今注】貨輕錢薄：意思是貨幣的購買力不足。貨，錢。

［2］【今注】大錢：價值高的貨幣。

［3］【今注】四府：在東漢指太尉、司徒、司空、大將軍府。本書卷二七《趙典傳》“建和初，四府表薦”，李賢注云：“四府，太尉、司徒、司空、大將軍府也。”

聖王承天制物，與人行止，[1]建功則衆悦其事，興戎而師樂其旅。是故靈臺有子來之人，武旅有鳧藻之士，[2]皆舉合時宜，動順人道也。臣伏讀鑄錢之詔，平輕重之議，[3]訪覃幽微，不遺窮賤，是以藿食之人，謬延逮及。[4]

［1］【今注】與人行止：行動順天應民。惠棟《後漢書補注》云：“時止則止，時行則行，與民同意也。”

［2］【李賢注】《詩·大雅》曰：“經始靈臺，經之營之，不日成之。經始勿亟，庶人子來。”武旅，周武王之旅。鳧得水藻，言喜悦也。【今注】靈臺有子來之人武旅有鳧藻之士：興建靈臺，

平民之子皆來幫忙；武王伐紂，軍士人人願意衝鋒陷陣。靈臺，古代臺名。傳説周文王修建靈臺，民衆咸來幫忙，不日而成。在漢代，靈臺是一種禮制建築，被賦予了王道的象徵意義。凫藻之士，指積極殺敵的士兵。凫藻，《後漢書補注》云："鄭氏《太誓》云：'惟丙午，王還師，前師乃鼓鼗譟，師乃慆，前歌後舞。'魏《大饗碑》云：'士有拊譟之歡，民懷惠康之德。''拊譟'與'鼗譟'同，漢人讀爲'凫噪'，言如凫之噪呼。是以王逸注《楚詞》曰'武王三軍，人人樂戰，並馳驅，赴敵争先，前歌後舞，凫噪讙呼'是也。《杜詩傳》及此又作'凫藻'，釋云'如凫之戲于藻'，非《尚書》之義也。"案，李賢注與《補注》所釋"凫藻"意思，對於從整體理解史文的意思差别不大。《補注》利用鄭玄《太誓》文本，從聲同假借的方向作出解釋，是清代學術的特點。考慮到此處前句典用《詩經》，且傳文下云劉陶明《尚書》，《補注》的解釋義更優長。

[3]【今注】平輕重之議：對各種經濟政策的討論作出評價。平，通"評"，評價。輕重，代指關於商品、貨幣、物價調控的理論。

[4]【李賢注】《説苑》曰："有東郭祖朝者，上書於晉獻公曰：'願請聞國家之計。'獻公使人告之曰：'肉食者已慮之矣，藿食者尚何預焉？'祖朝曰：'肉食者，一旦失計於廟堂之上，若臣等藿食，寧得無肝膽塗地於中原之野？其禍亦及臣之身，安得無預國家之計乎！'"。【今注】訪覃（tán）幽微：問及隱微之處。藿食：以豆葉爲食，指粗糧。　謬延：不合情理言行。延，同"誕"，怪誕。

蓋以爲當今之憂，不在於貨，在乎民飢。夫生養之道，先食後民。是以先王觀象育物，敬授民時，[1]使男不逋畝，女不下機。[2]故君臣之道行，王路之教通。[3]由是言之，食者乃有國之所寶，生民之至貴也。竊見比年已來，[4]良苗盡於蝗螟之口，杼柚空於公私之求，[5]所急朝夕之餐，所患靡鹽之事，[6]豈謂錢貨之厚薄，銖兩之輕重哉？就使當今沙礫化爲南金，瓦石變爲和玉，[7]使百姓渴無所飲，飢無所食，雖皇羲之純德，唐虞之文明，猶不能以保蕭牆之内也。[8]蓋民可百年無貨，不可一朝有飢，故食爲至急也。議者不達農殖之本，[9]多言鑄冶之便，或欲因緣行詐，以賈國利。[10]國利將盡，取者争競，造鑄之端於是乎生。[11]蓋萬人鑄之，一人奪之，猶不能給；[12]況今一人鑄之，則萬人奪之乎？雖以陰陽爲炭，萬物爲銅，[13]役不食之民，使不飢之士，猶不能足無猒之求也。[14]夫欲民殷財阜，[15]要在止役禁奪，則百姓不勞而足。陛下聖德，愍海内之憂戚，[16]傷天下之艱難，欲鑄錢齊貨以救其敝，此猶養魚沸鼎之中，棲鳥烈火之上。水木本魚鳥之所生也，用之不時，必至燋爛。願陛下寬鍥薄之禁，後冶鑄之議，[17]聽民庶之謡吟，問路叟之所憂，[18]瞰三光之文耀，視山河之分流。[19]天下之心，國家大事，粲然皆見，無有遺惑者矣。

[1]【李賢注】象，天象也。《尚書》曰："欽若昊天，敬授人時。"

[2]【今注】逋畝：荒廢耕種。逋，懈怠、怠慢。　下機：離開織機。

［3］【今注】王路：王者之路。

［4］【今注】比年已來：近年以來。比，鄰，近。已，通“以”。

［5］【李賢注】《詩》曰：“小東大東，杼柚其空。”【今注】杼（zhù）柚空於公私之求：公私兩方面的索求耗盡了人們紡織的生產所得。杼是織機的梭子，柚即筘，亦是織機的主要部件。杼柚在此代指紡織生產。

［6］【今注】靡盬（gǔ）之事：指王事、公事。靡盬，典出《詩·唐風·鴇羽》“王事靡盬，不能蓺黍稷”，原意是無息止的意思。

［7］【李賢注】《詩》曰：“大路南金。”和玉，卞和之玉也。【今注】南金：南方所產的銅。銅在當時亦是貴金屬之一。

［8］【今注】雖皇羲之純德唐虞之文明猶不能以保蕭牆之内也：即使擁有伏羲一樣純粹的道德，堯舜一般的文治教化，仍然不能使政權保存。蕭牆，古代宫室作爲屏障的矮墻。這裏代指朝廷政權。

［9］【今注】農殖：農業生產。

［10］【今注】因緣行詐以賈國利：藉此機緣（指鑄大錢）行詐，從而出賣國家利益。

［11］【今注】造鑄之端：指鑄錢。

［12］【今注】給：供給，滿足。

［13］【李賢注】賈誼之言。【今注】陰陽爲炭萬物爲銅：語出賈誼《鵩鳥賦》。這是將天地之間萬物生長以冶銅爲喻。陰陽造化好比煉銅的炭火，而世間萬物則好比經受冶煉而產出的銅。閻振益、鍾夏《新書校注》引顧施楨注曰：“陰陽所以成物，故曰爲炭；物由陰陽而成，故曰爲銅。”

［14］【今注】無猒之求：没有滿足的索求。猒，同“厭”，滿足。

［15］【今注】民殷財阜：人民殷實財賦充足。殷、阜皆有多、大之義。揚雄《法言·孝至》云："君人者務在殷民阜財。"

［16］【今注】憂戚：憂愁。戚，憂。

［17］【李賢注】鍥，刻也，音口結反。【今注】寬鍥（qiè）薄之禁後冶鑄之議：放寬銼薄銅錢的禁令，推後造鑄大錢的計劃。鍥薄，指銼薄銅錢取其屑以另鑄錢。

［18］【李賢注】《列子》曰："昔堯理天下五十年（昔，大德本字糊，殿本無），不知天下理亂（理，底本字糊，今據紹興本、大德本、殿本補）。堯乃微服遊於康衢。兒童謡曰：'立我蒸人（人，大德本字糊，殿本作"民"），莫不爾極，不識不知，順帝之則。'"《説苑》曰："孔子行遊中路，聞哭者聲，其音甚悲。孔子避車而問之曰：'夫子非有喪也，何哭之悲？'虞丘子對曰：'吾有三失：吾少好學，周徧天下，還後吾親亡，一失也（殿本"一"前有"是"字）；事君奢驕不遂（奢驕，殿本作"驕奢"），是二失也；厚交友而後絶，是三失也。'"【今注】聽民庶之謡吟問路叟之所憂：指皇帝應當深入民間，體察民情。路叟，路邊的老頭。聽民庶之謡吟，如李賢注，典出《列子·仲尼》。問路叟之所憂，如李賢注，典出《説苑·敬慎》。理亂，即治亂。

［19］【李賢注】三光，日、月、星也。分謂山，流謂河。言日月有謫食之災，星辰有錯行之變，故視其文耀也。山崩川竭，皆亡之徵也。

臣嘗誦《詩》，至於《鴻鴈》于野之勞，哀勤百堵之事，每喟爾長懷，中篇而歎。[1]近聽征夫飢勞之聲，甚於斯歌。[2]是以追悟匹婦吟魯之憂，始於此乎？[3]見《白駒》之意，屏營傍徨，不能監寐。[4]伏念當今地廣而不得耕，民衆而無所食。

群小競進，[5]秉國之位，[6]鷹揚天下，[7]鳥鈔求飽，[8]吞肌及骨，並噬無猒。誠恐卒有役夫窮匠，起於板築之閒，[9]投斤攘臂，[10]登高遠呼，使愁怨之民，嚮應雲合，[11]八方分崩，中夏魚潰。[12]雖方尺之錢，何能有救！[13]其危猶舉函牛之鼎，絓纖枯之末，[14]詩人所以眷然顧之，潸焉出涕者也。[15]

［1］【李賢注】《詩·小雅·鴻鴈之篇》曰："鴻鴈于飛，肅肅其羽。之子于征，劬勞于野。鴻鴈于飛，集於中澤。之子于垣，百堵皆作。"鄭玄注云："壞滅之國，徵人起屋舍，築牆壁，百堵同時而起，言趨事也。"【今注】案，"臣嘗誦詩"等句意爲：微臣（我）曾經誦讀《詩》，讀到平民哀歎自身在外勞作，修葺屋舍的《鴻鴈》一篇時，每每長懷憂思，不及讀完全詩便歎息不止。《鴻鴈》，《詩·小雅》篇章。從内容上看，此詩以自言體的形式傷感平民被徵在外，進行勞役，不得息止。堵，墻。喟，嘆。中篇，指没能讀完全篇。

［2］【今注】甚於斯歌：比這首詩篇更加（令人憂傷）。斯歌，指《鴻鴈》。

［3］【李賢注】《列女傳》曰："魯漆室邑之女，過時未適人。當穆公之時，君老，太子幼，女倚柱而嘯。傍人聞之，心莫不慘慘者。鄰婦從之遊，謂曰：'何哭之悲？子欲嫁乎？吾爲子求偶。'漆室女曰：'嗟乎，始吾以子爲知，今反無識也。豈爲嫁之故不樂而悲哉，吾憂魯君老而太子少也。'"【今注】匹婦吟魯之憂：具體用典已詳李賢注，在文中代指人民憂心國家而發聲的情況。

［4］【李賢注】《詩》曰："皎皎白駒，食我塲苗（塲，紹興本、大德本、殿本作'場'）。縶之維之，以永今朝。"《白駒》

諭賢人也。監寐猶寤寐也。【今注】見白駒之意屏營傍偟不能監寐：讀《白駒》而理解了它的意思，於是惶恐彷徨，不能入睡。《白駒》，《詩·小雅》篇章。《毛詩》認爲它諷喻的是周宣王不能用賢者於朝廷。屏營，惶恐的樣子。監寐，寤寐，睡不着。

［5］【今注】競進：競争，争進。謂激烈争奪。案，進，大德本、殿本作“起進”。

［6］【今注】秉國之位：掌國的位置，謂有實際權力操控國家的地位。秉，拿着，控制。

［7］【今注】鷹揚天下：像鷹一樣在天地間飛翔，喻指展示自己的威武雄才。

［8］【今注】案，鳥，王先謙《後漢書集解》引惠棟説當作“烏”，甚是。烏鈔求飽，像烏鴉一樣憑借掠奪盜竊的方式滿足自己。烏鈔，烏鴉有鈔掠盜竊的習性，故言烏鈔。鈔，掠奪。

［9］【李賢注】役夫謂陳涉起蕲也。窮匠謂驪山之徒也。並見《史記》也。

［10］【今注】誠恐卒（cù）有役夫窮匠起於板築之間投斤攘（rǎng）臂：（我）真地非常擔心突然有底層勞動者從工地之間起事造反，抬起手臂露出胳膊（向我們）投擲斧頭。卒，通“猝”，突然。役夫窮匠，李賢注謂指陳涉及驪山之徒，後者亦即黥布等人。《資治通鑑》卷五四《漢紀》漢桓帝永壽三年胡三省注云：“余謂陳涉、黥布皆可以言役夫，窮匠則山陽鐵官徒蘇令等是也。”案，胡注更確。文中用典是在暗示漢王朝要擔心出現危及統治的人民起義。板築之間，代指建築工地，版築是砌土墻的工具。斤，斧頭。攘臂，舉起手臂露出胳膊。

［11］【今注】嚮應雲合：嚮應如雲集一樣迅速。

［12］【李賢注】《公羊傳》曰：“其言梁亡何？魚爛而亡也。”何休曰：“魚爛，從中發潰爛也。”【今注】中夏魚潰：具體用典詳李賢注，見《公羊》僖公十九年《傳》及《解詁》。在文中喻指中

夏像魚肉腐壞一樣從中間潰爛開來。中夏，華夏，中國。

［13］【今注】案，《資治通鑑》卷五四《漢紀》漢桓帝永壽三年胡三省注："言雖錢大方尺，亦不能救天下之亂也。"

［14］【李賢注】函牛之鼎謂大鼎也。《淮南子》曰："函牛之鼎沸，則蟻不得置一足焉（置一足，大德本字糊，殿本作'置其一足'）。"絓，掛也，音胡賣反。【今注】函牛之鼎：典出《淮南子·詮言》，指可以容納一頭牛的鼎，故言大鼎。函，包含，容納。　絓纖枯之末：（把東西）掛在細小乾枯樹枝的末梢。

［15］【李賢注】《詩·小雅·大東》之文也。潸，涕下貌。鄭玄注云："傷今不如古也。"【今注】眷然顧之潸焉出涕：指回視而流淚。眷，顧。涕，眼淚。眷然顧之，《毛詩》作"睠言顧之"。

臣東野狂闇，[1]不達大義，緣廣及之時，對過所問，[2]知必以身脂鼎鑊，[3]爲天下笑。

［1］【今注】東野狂闇（àn）：（我是）東方野鄙之地狂妄而無見識的人。劉陶是潁陰人，潁陰在洛陽的東面，故言東野。闇，同"暗"。

［2］【今注】緣廣及之時對過所問：藉着廣泛徵求意見的時機，回答了皇帝您所過問的事情。緣，利用，藉着。

［3］【今注】身脂鼎鑊：使身上的油脂塗在鼎鑊之器上。古代有用鼎鑊烹煮人的酷刑。這裏委婉地指自己可能遭遇極刑。鼎鑊，烹飪器皿。

帝竟不鑄錢。

後陶舉孝廉，除順陽長。[1]縣多姦猾，陶到官，宣募吏民有氣力勇猛，能以死易生者，不拘亡命姦臧，[2]

於是剽輕劍客之徒過晏等十餘人，[3]皆來應募。陶責其先過，要以後效，使各結所厚少年，[4]得數百人，皆嚴兵待命。於是覆案姦軌，所發若神。[5]以病免，吏民思而歌之曰："邑然不樂，[6]思我劉君。何時復來，安此下民。"

［1］【今注】除順陽長：任命爲順陽長。順陽，縣名。屬南陽郡，治所在今河南淅川縣南。

［2］【今注】不拘：不拘泥，不計較。　姦臧：指受賄不法的人。臧，同"贓"，贓物。

［3］【李賢注】過，姓也，過國之後。見《左傳》。【今注】剽輕：强悍輕捷。

［4］【今注】使各結所厚少年：讓他們各自聯絡所交厚的年輕人。

［5］【今注】覆案姦軌所發若神：重新按察不法事迹，判斷發現仿佛神明。案，同"按"，考察。姦軌，不法之事。

［6］【今注】邑然：不樂的樣子。邑，同"悒"，憂悶。

陶明《尚書》《春秋》，爲之訓詁。推三家《尚書》[1]及古文，[2]是正文字七百餘事，[3]名曰中文《尚書》。

［1］【李賢注】三家謂夏侯建、夏侯勝、歐陽和伯也。

［2］【今注】三家尚書及古文：指漢代今文經學的三家《尚書》之學以及古文經學的《尚書》學。漢代《尚書》的今文三家，先有歐陽生（字和伯）的歐陽學在武帝時立爲博士，之後夏侯勝與夏侯建的大小夏侯之學在宣帝時立爲博士。

[3]【今注】案，七，殿本作“三”。　事：量詞。例、件。

頃之，拜侍御史。[1]靈帝宿聞其名，數引納之。[2]時鉅鹿張角僞託大道，[3]妖惑小民，陶與奉車都尉樂松、議郎袁貢連名上疏言之，[4]曰：“聖王以天下耳目爲視聽，故能無不聞見。今張角支黨不可勝計。前司徒楊賜奏下詔書，[5]切敕州郡，護送流民，[6]會賜去位，不復捕録。[7]雖會赦令，而謀不解散。四方私言，云角等竊入京師，覘視朝政，鳥聲獸心，私共鳴呼。[8]州郡忌諱，不欲聞之，但更相告語，莫肯公文。宜下明詔，重募角等，賞以國土。[9]有敢回避，與之同罪。”帝殊不悟，方詔陶次弟《春秋》條例。[10]明年，張角反亂，海内鼎沸，[11]帝思陶言，封中陵鄉侯，[12]三遷尚書令。以所舉將爲尚書，難與齊列，[13]乞從冗散，[14]拜侍中。[15]以數切諫，[16]爲權臣所憚，徙爲京兆尹。[17]到職，當出脩宫錢直千萬，[18]陶既清貧，[19]而恥以錢買職，稱疾不聽政。帝宿重陶才，原其罪，徵拜諫議大夫。[20]

[1]【今注】拜：授予職位。

[2]【今注】數（shuò）引納之：多次招致接見他。數，多次，屢次。

[3]【今注】鉅鹿：縣名。治所在今河北平鄉縣西南。　張角：東漢末年人，是太平道創始者兼黄巾軍領導。　僞託大道：假託以大道之名。

[4]【今注】奉車都尉：官名。執掌皇帝車輿，秩比二千石。

［5］【今注】司徒：官名。東漢時司徒職掌民政，凡教民孝悌、遜順、謙儉，養生送死之事，則議其制，建其度，與太尉、司空並列“三公”。　楊賜：字伯獻，弘農華陰（今陝西華陰市東）人。傳見本書卷五四。

［6］【今注】切敕州郡護送流民：惠棟《後漢書補注》云：“《楊賜傳》賜爲司徒時，陶爲掾，建此議也。”切敕，緊急命令。切，急迫。敕，帝王的詔書、命令，此處用作動詞。

［7］【今注】捕録：抓捕。録，拘捕。

［8］【今注】案，“角等竊入京師”四句意爲：張角等人偷偷潛入京師，窺視朝政，言辭動聽而用心陰險，使得公私之間互相呼應。覘（chān）視，窺探。鳥聲獸心，比喻言辭如鳥聲一般好聽而用心却如禽獸一樣。鳴呼，呼應。

［9］【今注】重募角等賞以國土：重金徵募張角等人，以國土賞賜他們。

［10］【今注】次弟：排比編次。

［11］【今注】海内鼎沸：比喻天下形勢紛擾動亂。

［12］【今注】中陵鄉侯：列侯，以中陵鄉爲封邑。

［13］【今注】齊列：並列。

［14］【今注】冗散：閑散。此處指無固定職守的官員。

［15］【今注】侍中：官名。隸屬少府。職掌侍從左右，顧問應對等事務，秩比二千石。

［16］【今注】切諫：率直諫言。

［17］【今注】京兆尹：官名。西漢都長安，京畿地區設“三輔”進行管轄。其中京兆地區大約在今陝西西安市以東至渭南市華州區之間。京兆尹是京兆地區的最高行政官員，秩中二千石。東漢中興，改都洛陽，但以陵廟所在，故不變稱號，惟減其秩爲二千石。

［18］【李賢注】時拜職名，當出買官之錢，謂之修宮錢也。【今注】直：同“值”，價值。

[19]【今注】案，《北堂書鈔》卷七九引魏魚豢《典略》云："劉陶，世祖十八年徙六郡大族。陶曾祖自齊來，世以儒學，安貧樂道，故仕不過孝廉宰府也。"

[20]【今注】諫議大夫：官名。掌侍從顧問，参謀諷議，秩六百石。

是時天下日危，寇賊方熾，陶憂致崩亂，[1]復上疏曰："臣聞事之急者不能安言，心之痛者不能緩聲。[2]竊見天下前遇張角之亂，後遭邊章之寇，[3]每聞羽書告急之聲，[4]心灼内熱，四體驚竦。今西羌逆類，私署將帥，皆多段熲時吏，[5]曉習戰陳，識知山川，變詐萬端。臣常懼其輕出河東、馮翊，鈔西軍之後，東之函谷，據阸高望。[6]今果已攻河東，恐遂轉更豕突上京。[7]如是則南道斷絶，車騎之軍孤立，[8]關東破膽，[9]四方動摇，威之不來，叫之不應，[10]雖有田單、陳平之策，[11]計無所用。臣前驛馬上便宜，[12]急絶諸郡賦調，[13]冀尚可安。事付主者，留連至今，莫肯求問。[14]今三郡之民皆以奔亡，南出武關，北徙壺谷，[15]冰解風散，[16]唯恐在後。今其存者尚十三四，[17]軍吏士民悲愁相守，民有百走退死之心，而無一前鬬生之計。[18]西寇浸前，[19]去營咫尺，胡騎分布，已至諸陵。將軍張溫，天性精勇，而主者旦夕迫促，軍無後殿，假令失利，其敗不救。[20]臣自知言數見厭，而言不自裁者，[21]以爲國安則臣蒙其慶，國危則臣亦先亡也。謹復陳當今要急八事，乞須臾之間，深垂納省。"[22]其八事，大較言天下大亂，[23]皆由宦官。宦官事急，[24]共讒陶曰：[25]“前張角事發，詔書示以威恩，自此以來，各各改悔。[26]今者四方安静，而陶疾害聖政，[27]專言妖孽。州郡不上，陶何緣知？疑陶與賊通情。”於是收陶，下黄門北寺獄，掠按日急。[28]陶自知必死，對使者曰：“朝廷前封臣云何？[29]今反受邪譖。恨不與伊、吕同疇，而以三仁爲輩。”[30]遂閉氣而死，天下莫不痛之。

［1］【今注】陶憂致崩亂：劉陶擔憂會導致動亂。崩亂，動亂。

［2］【今注】不能緩聲：意謂忍不住要説話。

［3］【今注】邊章：本名邊允，東漢末年涼州軍閥，與韓遂等人起事爲亂。

［4］【今注】羽書：古代軍事文書在事態緊急時往往會插上羽毛進行標識，取鳥飛迅捷之意。又稱羽檄（xí）。

［5］【今注】段熲（jiǒng）：字紀明，武威姑臧（今甘肅武威市）人。曾駐守涼州，屢敗諸羌。傳見本書卷六五。

［6］【今注】案，“臣常懼其輕出河東馮翊”四句意爲：爲臣我常常擔心他們突然襲擊河東、馮翊二郡，包抄西軍的後路，往東進軍函谷關，占據扼守住高處的地方。河東，郡名，治安邑縣（今山西夏縣西北）。馮翊（yì），即左馮翊，三輔之一，轄境大約在今陝西渭河以北、涇河以東洛河中下游地區。西漢時治長安城（今陝西西安市西北），東漢移治高陵縣（今陝西西安市高陵區西南）。鈔，同“抄”，包抄。之，去。函谷，函谷關，古關隘名。在今河南靈寶市東北。阸（è），控制，扼守。高望，高處目望所及，這裏指高地。

［7］【今注】豕（shǐ）突：像野猪一樣地奔突。豕，猪。惠棟《後漢書補注》曰：“豕性駭突難制，以喻寇盜也。”　上京：即

京師洛陽。

［8］【李賢注】時湟中義從胡北宫伯王等叛（王，大德本、殿本作“玉”），遣左車騎將軍皇甫嵩討之不剋也。

［9］【今注】關東：指函谷關以東的地區。

［10］【今注】案，叫，大德本作“叫”。

［11］【今注】田單：戰國時齊國人，曾堅守即墨城，抵抗燕國名將樂毅的入侵。騎劫代替樂毅之後，田單用火牛陣大破燕軍，盡復齊國所失之城。傳見《史記》卷八二。　陳平：秦末漢初人，是漢高祖劉邦的重要謀士。世家見《史記》卷五六，傳見《漢書》卷四〇。

［12］【今注】前驛馬上便（biàn）宜：言在乘傳上言途中根據具體情況自行處置事務。惠棟《後漢書補注》曰：“漢時上言變事及驚事告急者，皆乘傳詣雒陽，見《漢律·厩篇》。”便宜，指根據具體情況，自行決斷處理。

［13］【今注】急絶諸郡賦調：緊急停止徵收諸郡賦調。絶，停止。賦調，即賦税。調是農民根據田裹産出而繳納的實物性賦税。

［14］【今注】事付主者留連至今莫肯求問：事情上報給皇帝您，拖延到現在，也不願過問。主，指皇帝。留連，耽擱，拖延。問，過問，干預。

［15］【李賢注】三郡，河東、馮翊、京兆也。壺谷，壺關之谷，在上黨也。【今注】武關：古關隘名。在今陝西丹鳳縣東南。　壺谷：地名。在今山西長治市北。

［16］【今注】冰解風散：如冰之融解，風之飄散。形容行動迅速。案，解，大德本、殿本作“駭”。

［17］【今注】十三四：十分之三、四。

［18］【今注】民有百走退死之心而無一前鬭生之計：百姓百分百地懷有逃跑敗退死亡的心思，却没有一點向前搏鬭求生的欲

望。走，跑。

［19］【今注】浸前：逐漸向前。浸，漸。

［20］【今注】案，“將軍張温”六句意爲：將軍張温天性精明勇敢，然而皇帝您一天從早到晚地逼迫催促（其進軍），軍隊没有殿後的部隊，假使失利，那麽他們的失敗都來不及救援。

［21］【今注】言不自裁：發言不知自我裁抑、節制。

［22］【今注】乞須臾之間深垂納省（xǐng）：乞求在短時間裏，能够認真地接納考慮（我的建議）。垂，敬語，用於修飾上級、長輩對自身的行動。

［23］【今注】大較：大概。

［24］【今注】事急：（對劉陶的建言）感到事態緊急。

［25］【今注】讒（chán）：進讒言。

［26］【今注】各各：各自。

［27］【今注】疾害：嫉妒陷害。疾，同“嫉”。

［28］【今注】下黄門北寺獄掠按日急：（將劉陶）投入黄門北寺獄，拷問審查日甚一日。下，下獄，投入監獄。黄門北寺獄，東漢監禁、審訊將相大臣在北寺獄進行。北寺獄屬黄門署，故云黄門北寺獄。掠按，拷問審查。日急，日一比一日更厲害。

［29］【今注】云何：爲什麽。

［30］【李賢注】《論語》曰：“殷有三仁焉，微子去之，箕子爲之奴，比干諫而死（干，殿本作‘十’）。”【今注】恨不與伊吕同疇而以三仁爲輩：遺憾自己不能與伊尹、吕尚做同伴，却要成爲三仁的同類。伊、吕，指伊尹和吕尚，他們都是明君手下的賢能臣子。三仁，指微子、箕子和比干。如李賢注所引，典出《論語·微子》。三仁作爲國家的賢臣，却因昏君而死。

陶著書數十萬言，又作《七曜論》《匡老子》《反韓非》《復孟軻》，[1]及上書言當世便事、條教、賦、奏、書、記、辯疑，凡百餘篇。

[1]【今注】匡老子反韓非復孟軻：惠棟《後漢書補注》云："《韓非》有《解老》《喻老》之篇，故陶作書匡《老子》之失，反《韓非》之説，而折中於《孟子》也。"復，謂復於中，即折中。

時司徒東海陳耽，[1]亦以非罪與陶俱死。[2]耽以忠正稱，歷位三司。[3]光和五年，詔公卿以謠言舉刺史、二千石[4]爲民蠹害者。[5]時太尉許馘、司空張濟承望内官，[6]受取貨賂，其宦者子弟賓客，雖貪汙穢濁，皆不敢問，而虚糺邊遠小郡清脩有惠化者二十六人。吏人詣闕陳訴，[7]耽與議郎曹操上言："公卿所舉，率黨其私，所謂放鴟梟而囚鸞鳳。"[8]其言忠切，帝以讓馘、濟，[9]由是諸坐謠言徵者悉拜議郎。[10]宦官怨之，遂誣陷耽死獄中。[11]

[1]【今注】東海：郡名。治郯縣（今山東郯城縣西北）。陳耽：本書卷八《靈帝紀》李賢注云："陳耽字漢公。"

[2]【今注】非罪：原本無罪而强加的罪名。

[3]【今注】三司：即指司馬、司徒、司空的"三公"。東漢光武帝建武二十七年（51），復司馬爲太尉，但"三司"之稱沿之而不改。

[4]【李賢注】謠言謂聽百姓風謠善惡而黜陟之也（殿本此注在"蠹害者"下）。【今注】二千石：漢代官員俸禄的計量單位，漢代以之作爲官員的品級。《漢書·百官公卿表上》顔師古注："二千石者百二十斛。"當時一斛爲十斗，所以二千石等級的官員月得

穀六百斗，一年合計則得穀七千二百斗。二千石官員在中央得爲大長秋、太子少傅、將作大匠等列卿，在地方則是州郡牧守等封疆大吏。

［5］【今注】蠹（dù）害：禍害。蠹是一種蛀蝕器物的害蟲。

［6］【今注】太尉：官名。主掌全國軍政。東漢時，太尉與司馬、司空並列三公，分行宰相職權。　承望：奉承、迎合。　内官：太監。

［7］【今注】詣闕：代指奔赴朝廷。闕，皇宮門前兩邊供瞭望的樓。

［8］【今注】放鴟（chī）梟（xiāo）而囚鸞鳳：放着鴟梟不抓而把鸞鳳拘囚起來。鴟梟，即貓頭鷹，古人視爲惡鳥，比喻貪惡之人。鸞鳳，以吉祥之鳥比喻賢才。

［9］【今注】讓：責讓，譴責。

［10］【今注】由是諸坐謡言徵者悉拜議郎：於是這些因爲謡言而被徵召的人都被授予議郎官職。坐，因爲。

［11］【今注】案，王先謙《後漢書集解》云："《靈帝紀》，三月司徒陳耽免；中平二年十月，前司徒陳耽、諫議大夫劉陶坐直言下獄，死。"

李雲字行祖，甘陵人也。[1]性好學，善陰陽。[2]初舉孝廉，再遷白馬令。[3]

［1］【今注】甘陵：諸侯國名。東漢桓帝建和二年（148）改清河國置，治甘陵縣（今山東臨清市東北）。

［2］【今注】陰陽：指天文、占卜、律曆等方術類技能。

［3］【今注】白馬令：白馬縣令。白馬，縣名。治所在今河南滑縣東。

桓帝延熹二年，誅大將軍梁冀，而中常侍單超等五人皆以誅冀功並封列侯，[1]專權選舉。[2]又立掖庭民女亳氏爲皇后，[3]數月閒，后家封者四人，賞賜巨萬。[4]是時地數震裂，衆災頻降。雲素剛，憂國將危，心不能忍，乃露布上書，移副三府，[5]曰："臣聞皇后天下母，德配坤靈，得其人則五氏來備，不得其人則地動搖宫。[6]比年災異，可謂多矣，皇天之戒，可謂至矣。高祖受命，至今三百六十四歲，君期一周，當有黄精代見，姓陳、項、虞、田、許氏，不可令此人居太尉、太傅典兵之官。[7]舉厝至重，[8]不可不慎。班功行賞，宜應其實。梁冀雖持權專擅，虐流天下，今以罪行誅，猶召家臣搤殺之耳。[9]而猥封謀臣萬户以上，[10]高祖聞之，得無見非？西北列將，得無解體？[11]孔子曰：'帝者，諦也。'[12]今官位錯亂，小人諂進，財貨公行，政化日損，[13]尺一拜用不經御省。[14]是帝欲不諦乎？"帝得奏震怒，下有司逮雲，詔尚書都護劍戟送黄門北寺獄，[15]使中常侍管霸與御史、廷尉雜考之。[16]時弘農五官掾杜衆傷雲以忠諫獲罪，[17]上書願與雲同日死。帝愈怒，遂并下廷尉。大鴻臚陳蕃上疏救雲曰：[18]"李雲所言，雖不識禁忌，干上逆旨，[19]其意歸於忠國而已。昔高祖忍周昌不諱之諫，成帝赦朱雲腰領之誅。[20]今日殺雲，臣恐剖心之譏復議於世矣。[21]故敢觸龍鱗，冒昧以請。"[22]太常楊秉、洛陽市長沐茂、郎中上官資並上疏請雲。[23]帝恚甚，[24]有司奏以爲大不敬。[25]詔切責蕃、秉，免歸田里；茂、資貶秩二等。[26]時帝在濯龍池，管霸奏雲等事。霸跪言曰："李雲野澤愚儒，杜衆郡中小吏，出於狂戇，[27]不足加罪。"帝謂霸曰："帝欲不諦，是何等語，而常侍欲原之邪？"[28]顧使小黄門可其奏，[29]雲、衆皆死獄中。後冀州刺史賈琮使行部，[30]過祠雲墓，刻石表之。[31]

[1]【今注】單超：河南（今河南洛陽市）人。宦官。傳見本書卷七八。　列侯：爵名。列侯有自己的封國和臣僚系統，是二十等爵的最高一級。其地位在漢代爵位體系中僅次於諸侯王。

[2]【今注】專權選舉：在選拔人才上獨攬大權。

[3]【今注】又立掖庭民女亳（bó）氏爲皇后：清洪頤煊《讀書叢録》卷二三"亳皇后"條云："《桓帝鄧皇后紀》：后少孤，隨母爲居，因冒姓梁氏。及懿獻后崩，梁冀誅，立后爲皇后。帝惡梁氏，改姓爲薄。四年，有司奏后本郎中鄧香之女，於是復爲鄧氏。此在延熹三年，故稱亳也。《五行志》延熹四年五月尚稱亳后，其復姓當在五月以後。《桓帝紀》延熹二年八月'壬午，立皇后鄧氏'，是史臣追書之。"

[4]【李賢注】時封后兄康爲比陽侯，弟統昆陽侯，統從兄會安陽侯，統弟秉爲濟陽侯。

[5]【李賢注】露布謂不封之也，並以副本上三公府也。【今注】露布：不密封的行政文書。

[6]【李賢注】《史記》曰："庶徵：曰雨，曰暘，曰奥（奥，紹興本、大德本、殿本作'燠'），曰風，曰寒（寒，大德本作'時'）。五者來備，各以其序，庶草繁廡。"是與氏古字通耳。《春秋漢含孳》曰："女主盛（主盛，底本糊，今據紹興本、大德本、殿本補），臣制命，則地動。"【今注】得其人則五氏來備：《史記》卷三八《宋微子世家》引《尚書·洪範》"庶徵：曰雨，

曰陽，曰奥，曰寒，曰風，曰時。五者來備，各以其序，庶草繁廡”，《集解》引孔《傳》云：“雨以潤物，陽以乾物，煖以長物，寒以成物，風以動物。五者各以時，所以爲衆驗。”此處傳文大意是説選人立后得當的話，就會風調雨順。奥，同“燠（yù）”，暖。

［7］【李賢注】黄精謂魏氏將興也。陳、項、虞、田並舜之後。舜土德，亦尚黄，故忌也。

［8］【今注】舉厝（cuò）：即舉措。

［9］【今注】搤殺：扼殺。搤，同“扼”。

［10］【今注】猥封謀臣萬户以上：《資治通鑑》卷五四《漢紀》漢桓帝延熹二年胡三省注：“謂單超等五侯也。”猥封，濫封。猥，雜濫。

［11］【李賢注】列將謂皇甫規、段熲等。【今注】西北列將得無解體：西北列將指皇甫規、段熲等人，他們盡心爲國，纔能出衆，是東漢當時穩固西部邊疆的重要力量。李雲此處指出濫封侯爵的行爲會造成西北列將與朝廷離心離德。

［12］【李賢注】《春秋運斗樞》曰：“五帝脩名立功，脩德成化，統調陰陽，招類使神，故稱帝。帝之諦言也（諦言，紹興本、大德本作‘言諦’）。”鄭玄注云（大德本無“注云”二字）：“審諦於物也（也，大德本作‘色’）。”【今注】帝者諦也：猶言皇帝能明察秋毫。

［13］【今注】財貨公行政化日損：公然用錢財行賄，政治教化日益受損。財貨，錢財。

［14］【李賢注】尺一之板謂詔策也。見《漢官儀》也。【今注】尺一拜用不經御省（xǐng）：意謂皇帝不過問朝廷用人。尺一，漢廷下達命令的詔策文書記載在一尺一寸長的木板上。拜用，拜官用人。省，省察。

［15］【今注】都護：惠棟《後漢書補注》云：“‘都護’當作

‘都候’。左右都候，主劍戟士，徼巡宮中，及天子有所收考也。”　劍戟送：以劍戟士押送。

［16］【今注】雜考：會審。

［17］【今注】弘農：郡名。治弘農縣（今河南靈寶市東北）。　五官掾（yuàn）：官名。爲漢郡國屬官，掌管功曹及諸曹事。掾，輔佐，佐助。　傷：憫傷，悲哀。

［18］【今注】大鴻臚：官名。九卿之一，秩中二千石。秦漢時初名典客。西漢景帝中元六年（前144）更名大行令，武帝太初元年（前104）更名大鴻臚。職掌諸侯、四方歸附的少數民族，以及典禮祭祀的禮儀工作。

［19］【今注】干上：犯上。

［20］【李賢注】周昌，解見《陳忠傳》。朱雲上書曰：“臣願賜尚方斬馬劍，斷佞臣一人，以厲其餘。”上問：“誰也？”對曰：“安昌侯張禹。”上大怒曰：“小臣居下訕上，廷辱師傅，罪死不赦。”御史將雲去。左將軍辛慶忌以死争，上意解，然後得已。事並見《前書》。【今注】周昌不諱之諫：本書卷四六《陳忠傳》“高祖舍周昌桀紂之譬”李賢注云：“周昌爲御史大夫，嘗燕入奏事，高帝方擁戚姬，昌走出，高帝逐得，騎昌項問曰：‘我何如主也？’昌仰曰：‘陛下桀紂之主也。’上笑，不之罪也。”事見《史記》卷九六《張丞相列傳》。　成帝赦朱雲腰領之誅：事見《漢書》卷六七《朱雲傳》。

［21］【李賢注】比干以死諫紂，紂怒曰：“吾聞聖人心有九竅（九，殿本作‘七’）。”乃剖比干而觀其心。事見《史記》。【今注】案，事見《史記》卷三《殷本紀》。

［22］【李賢注】《韓子》曰：“夫龍之爲蟲也，可狎而馴也。然喉下有逆鱗，嬰之則殺人。人主有逆鱗，説者嬰之，則亦幾矣。”【今注】觸龍鱗：喻指忤逆皇帝。典出《韓非子·説難》。

［23］【今注】太常：官名。位列九卿之首，職掌禮樂祭祀，

秩中二千石。　楊秉：字叔節，弘農華陰（今陝西華陰市東）人。傳見本書卷五四。　洛陽市長：官名。爲大司農屬官，掌治洛陽商業區，秩四百石。

［24］【今注】恚（huì）甚：很生氣。恚，生氣。

［25］【今注】大不敬：謂不敬皇帝，是古時的重罪之一。

［26］【今注】貶秩二等：受罰降低品秩二級。漢代以官員秩禄衡量其品級。

［27］【今注】狂戇（gàng，又音 zhuàng）：狂妄戇直。戇，迂愚而剛直。

［28］【今注】原：原諒。　邪：同“耶”，句末的疑問語氣詞。

［29］【今注】顧使小黄門可其奏：惠棟《後漢書補注》云：“《百官志》曰：舊光禄勳有二曹，秩以二千石，上殿中，主受尚書奏，平省之。世祖省，使小黄門受事。案：袁宏《紀》乃小黄門吴伉也。”小黄門，官名。東漢始置，自宦官選任，執掌侍從皇帝，收受尚書奏事以及宣傳皇帝命令等事務，秩六百石。

［30］【今注】賈琮：字孟堅，東郡聊城（今山東聊城市西北）人。傳見本書卷三一。　使行部：出訪巡行所屬部域。漢代刺史需對所管轄區域行使監察考核，故須使行部。

［31］【今注】刻石表之：將事情經過刻諸石碑以表記之。《水經注·淇水》：“今石柱尚存，俗猶謂之李氏石柱。”

論曰：禮有五諫，諷爲上。[1]若夫託物見情，因文載旨，使言之者無罪，聞之者足以自戒，[2]貴在於意達言從，理歸乎正。曷其絞訐摩上，以衒沽成名哉？[3]李雲草茅之生，不識失身之義，[4]遂乃露布帝者，班檄三公，[5]至於誅死而不顧，斯豈古之狂也！[6]夫未信而諫，則以爲謗己，[7]故説者識其難焉。[8]

［1］【李賢注】五諫謂諷諫、順諫、闚諫、指諫、陷諫也。諷諫者，知患禍之萌而諷告也。順諫者，出辭遜順，不逆君心也。闚諫者，視君顏色而諫也（君，殿本作"人君"）。指諫者，質指其事而諫也。陷諫者，言國之害忘生爲君也。見《大戴禮》。（李賢注言"五諫"之文，不見今傳《大戴禮記》，當屬佚文）【今注】諷：用委婉的語言暗示、勸告、批評。

［2］【李賢注】卜商《詩序》之文也。【今注】案，《毛詩大序》云："詩有六義焉，一曰風，二曰賦，三曰比，四曰興，五曰雅，六曰頌。上以風化下，下以風刺上，主文而譎諫，言之者無罪，聞之者足以戒，故曰風。"《毛詩大序》，舊説認爲是孔子弟子子夏所作。子夏，姓卜名商，子夏是其字。

［3］【李賢注】絞，直也。訐，正也。沽，賣之（大德本、殿本"之"後有"也"字）。【今注】曷其絞訐摩上以衒沽成名哉：難道是要用正直的言辭去觸怒皇上，用來誇耀自己博取名聲麽？曷，反問詞，難道。摩，摩擦，觸碰。衒沽，誇耀。衒，同"炫"。

［4］【李賢注】《儀禮》曰："凡自稱於君，宅在邦者曰市井之臣（宅，殿本作'宅者'），在野則曰草茅之臣，庶人則刺草之臣。"《易》曰："臣不密，則失身。"【今注】案，《儀禮·士相見禮》："凡自稱於君，士、大夫則曰下臣。宅者，在邦則曰市井之臣，在野則曰草茅之臣。庶人則曰刺草之臣。他國之人則曰外臣。"《周易·繫辭傳上》："君不密則失臣，臣不密則失身。"

［5］【今注】露布帝者班檄三公：給皇帝上呈露布，給三公遞交檄文。露布，此處用作動詞。班，分發。檄，檄文，古代用於聲討或宣布征伐的文書。

［6］【李賢注】《論語》曰："古之狂也直，今之狂也詐而已矣。"【今注】斯豈古之狂也：這是説李雲的言行頗有古人之狂的風範。《論語·陽貨》："子曰：'古者民有三疾，今也或是之亡也。

古之狂也肆，今之狂也蕩；古之矜也廉，今之矜也忿戾；古之愚也直，今之愚也詐而已矣。’”肆，《集解》引包咸注云“極意敢言”。案，李賢注引文不確。古之狂也肆，古人之狂是任意放縱的。

［7］【李賢注】《論語》曰：“事君信而後諫，其君未信，則以爲謗己。”【今注】未信而諫則以爲謗己：如果没有得到君主的信任而進諫，就會被君主認爲是毁謗自己。《論語·子張》：“子夏曰：‘君子信而後勞其民；未信，則以爲厲己也。信而後諫；未信，則以爲謗己也。’”

［8］【李賢注】韓非有《説難篇》。【今注】故説（shuì）者識其難：所以想要説服别人的人知道這裏的難處。韓非子爲此專門撰有《説難》一篇。

劉瑜字季節，廣陵人也。[1]高祖父廣陵靖王。[2]父辯，清河太守。[3]瑜少好經學，尤善圖讖、天文、歷筭之術。[4]州郡禮請不就。

［1］【今注】廣陵：郡名。治廣陵縣（今江蘇揚州市西北）。

［2］【今注】高祖父：曾祖的父親。

［3］【李賢注】《謝承書》云：“父祥，爲清河太守。”【今注】清河：諸侯國。治甘陵縣（今山東臨清市東北）。

［4］【今注】圖讖：古代寓言吉凶的圖畫與文字，多與帝王受命相關。　歷筭：曆法與算數。筭，同“算”。

延熹八年，太尉楊秉舉賢良方正，[1]及到京師，上書陳事曰：

［1］【今注】賢良方正：漢代選拔人才的一種制度。主要用於

選舉品格賢良方正，能够直言極諫的人士。

臣瑜自念東國鄙陋，[1]得以豐沛枝胤，[2]被蒙復除，[3]不給卒伍。[4]故太尉楊秉知臣竊闚典籍，猥見顯舉，[5]誠冀臣愚直，有補萬一。[6]而秉忠謨不遂，[7]命先朝露。[8]臣在下土，聽聞歌謡，驕臣虐政之事，遠近呼嗟之音，[9]竊爲辛楚，[10]泣血連如。[11]幸得引録，[12]備答聖問，泄寫至情，不敢庯回。[13]誠願陛下且以須臾之慮，[14]覽今往之事，人何爲咨嗟，[15]天曷爲動變。[16]

［1］【今注】東國鄙陋：東方國家的粗鄙淺陋的人。

［2］【今注】豐沛：代指帝王。劉邦是沛縣豐邑人，故後來以豐沛代指帝王故鄉或者帝王。　枝胤：分支後裔。胤，後嗣。

［3］【今注】復除：免除賦役。惠棟《後漢書補注》云："《前書·王子侯表》云'詔復家'，師古曰：'復家，蠲賦役也。'《周禮·鄉大夫》'其舍者，國中貴者皆舍'，先鄭曰：'舍者，謂有復除舍不收役事也。貴者，謂若今宗室及關内侯皆復也。'"劉瑜因爲是皇室後裔，所以可以享受免除賦役的待遇。

［4］【今注】不給卒伍：無需應征入伍。

［5］【今注】猥：謙辭，猶言"辱"。　見：助詞。表示被動。　顯舉：公開舉薦。

［6］【今注】有補萬一：發揮萬分之一的補益。意指希望起到一點點幫助。

［7］【今注】忠謨（mó）：忠謀。謨，謀略，謀劃。

［8］【今注】命先朝露：大意是説自己性命不久。當是上書時表達自己惶恐心情的修辭。朝露，以早晨的露水比喻時間短促，又

指少年而死。

［9］【今注】呼嗟：呼號歎氣。

［10］【今注】辛楚：酸辛和苦楚。

［11］【今注】連如：流淚的樣子。案，連，殿本作“漣”。

［12］【今注】引録：引進録用。

［13］【李賢注】庸，用也。回，邪也。【今注】庸回：用心邪僻。

［14］【今注】須臾：短時間，片刻。

［15］【今注】咨嗟：哀歎。

［16］【今注】曷（hé）：爲什麽。

蓋諸侯之位，上法四七，垂文炳燿，關之盛衰者也。[1]今中官邪孽，[2]比肩裂土，[3]皆競立胤嗣，繼體傳爵，[4]或乞子疎屬，[5]或買兒市道，[6]殆乖開國承家之義。[7]

［1］【李賢注】四七，二十八宿也。諸侯爲天子守四方，猶天之有二十八宿。《漢官儀》曰“天子建侯，上法四七”也。【今注】垂文炳燿：（猶如星宿一般）焕發文彩閃耀光芒。　關之盛衰者也：謂與國家興衰相關。

［2］【今注】邪孽（niè）：邪惡的人。孽，邪。

［3］【今注】比肩：一個接着一個地。　裂土：指受地封侯。

［4］【今注】繼體：繼位。

［5］【今注】疎屬：血緣疏闊的親屬，即遠親。

［6］【今注】市道：市中的路邊。

［7］【李賢注】《易》曰：“大君有命，開國承家。”【今注】殆：大概，幾乎。　乖：違背。　開國承家：建立並傳承國家，典出《周易·師卦》上六爻辭。

古者天子一娶九女，[1]娣姪有序，[2]《河圖》授嗣，正在九房。[3]今女嬖令色，[4]充積閨帷，皆當盛其玩飾，冗食空宫，[5]勞散精神，生長六疾。[6]此國之費也，生之傷也。[7]且天地之性，陰陽正紀，[8]隔絶其道，則水旱爲并。[9]《詩》云："五日爲期，六日不詹。"[10]怨曠作歌，仲尼所録。[11]況從幼至長，幽藏殁身。[12]又常侍、黄門，亦廣妻娶。怨毒之氣，結成妖眚。[13]行路之言，官發略人女，[14]取而復置，轉相驚懼。孰不悉然，[15]無緣空生此謗。鄒衍匹夫，杞氏匹婦，尚有城崩霜隕之異；況乃群輩咨怨，能無感乎！[16]

[1]【李賢注】《公羊傳》曰，諸侯一聘三女，天子一娶九女，夏、殷制也。【今注】案，惠棟《後漢書補注》云："案，《公羊傳》無此文。《逸禮·王度記》有之。未知章懷何據以爲《公羊傳》也。"《白虎通·嫁娶》："天子諸侯一娶九女者何？重國廣繼嗣也。適九者何？法地有九州，承天之施，無所不生也。一娶九女，亦足以承君之施也。九而無子，百亦無益也。《王度記》曰：'天子諸侯一娶九女。'"案，古時天子一娶九女是儒家的説法，未必完全是上古制度。

[2]【今注】娣姪：古時諸侯的女兒出嫁，從嫁而共事一夫的妹妹稱"娣"，侄女稱"姪"。

[3]【今注】河圖授嗣正在九房：依據《河圖》之數授予子嗣，正合九房之數。《河圖》，中國古代的神秘圖案，依照前後左右中央等九個位置排列一至九之數，以體現一定的象徵意義。授嗣，猶言男爲女授種，即交合。九房，即九宫，分别對應《河圖》之九數排列。王先謙《後漢書集解》引費士璣曰："九房似即九宫。《易

乾鑿度》有太乙下行九宫之説，而無《河圖》之名。據此文，則以戴九履一者爲《河圖》，宜可信。”同卷又引錢大昕曰：“《易》稱河出圖，聖人則之。劉歆以爲伏羲受《河圖》，則而畫之八卦，是也。八卦，震東、巽東南、離南、坤西南、兑西、乾西北、坎北、艮東北。此即伏羲所傳。伏羲以水德王，故云‘帝出乎震’也。依八卦方位，併中央數之，即爲九宫。”

[4]【今注】女嬖（bì）：女寵。嬖，寵幸。　令色：美色。令，美好。

[5]【今注】盛其玩飾冗食空宫：使她們的珍玩飾品極度豐富，因有太多的人吃飯而使得内宫盡空。

[6]【李賢注】《左傳》曰“天有六氣，淫生六疾。六氣曰陰、陽、風、雨、晦、明，過則爲災。陰淫寒疾，陽淫熱疾，風淫末疾，雨淫腹疾，晦淫惑疾，明淫心疾。女，陽物而晦時（大德本、殿本‘物’後有‘也’字），淫則生内熱惑蠱之疾”也。【今注】勞散精神生長六疾：（後宫女人太多）使得皇帝的精神疲勞散漫，由此産生内熱惑蠱之疾。六疾，典出《左傳》昭公元年，此處專指皇帝御女過多而産生疾病。

[7]【今注】生之傷：即傷身，有害身體。

[8]【今注】正紀：正當的法度。紀，法度，準則。

[9]【今注】水旱爲并：水旱災害一起襲來，即陰陽不調之意。

[10]【李賢注】《詩·小雅》曰：“終朝采藍，不盈一襜。五日爲期，六日不詹。”注云：“詹，至也。婦人過時而怨曠，期至五日而歸，今六日不至，是以憂也。”【今注】五日爲期六日不詹：《詩·小雅·采緑》中的詩句。説的是男女二人約定以五天作爲期限，然而直到第六日男子仍不至，所以女子有此抱怨。

[11]【李賢注】謂仲尼删《詩》編録也。【今注】仲尼所録：舊説認爲《詩經》經孔子删定整理而成，所以説《采緑》由孔子

所録。仲尼，孔子字。

［12］【今注】幽藏殁身：指宫中女子至其身故，仍不得皇帝臨幸。

［13］【今注】妖眚（shěng）：災異之事。眚，災禍。

［14］【今注】發略：徵發與掠奪。略，奪取，擄掠。

［15］【今注】孰：怎麽。　悉然：清清楚楚。

［16］【李賢注】《淮南子》曰："鄒衍事燕惠王盡忠，左右譖之，王繫之，仰天而哭，五月天爲之下霜。"《列女傳》曰"齊人杞梁襲莒（梁，大德本作'氏'），戰死。其妻無所歸，乃就夫尸於城下而哭之，七日城崩"也。【今注】鄒衍匹夫杞氏匹婦尚有城崩霜隕之異：用鄒衍、杞氏失意痛哭，從而天降災異的典故，來提醒桓帝重視女色充宫而可能導致天怒人怨的情形。鄒衍，戰國齊人，善陰陽五行學説。李賢注引《淮南子》云："鄒衍事燕惠王盡忠，左右譖之，王繫之，仰天而哭，五月天爲之下霜。"案，此文不見於今本《淮南子》，應屬佚文。杞氏，齊人杞梁殖的妻子。劉向《列女傳·貞順》記其事云："齊杞梁殖之妻也。莊公襲莒，殖戰而死……杞梁之妻無子，内外皆無五屬之親。既無所歸，乃枕其夫之屍於城下而哭，内誠動人，道路過者莫不爲之揮涕，十日而城爲之崩。"　咨怨：咨嗟怨恨。咨，嗟歎。

昔秦作阿房，[1]國多刑人。[2]今第舍增多，[3]窮極奇巧，掘山攻石，[4]不避時令。[5]促以嚴刑，威以法正。[6]民無罪而覆入之，[7]民有田而覆奪之。州郡官府，各自考事，[8]姦情賕賂，[9]皆爲吏餌。[10]民悉鬱結，起入賊黨，官輒興兵，誅討其罪。貧困之民，或有賣其首級以要酬賞，[11]父兄相代殘身，[12]妻帑相見分裂。[13]窮之如彼，伐之如此，[14]豈不痛哉！

[1]【今注】阿房：即阿房宫。秦始皇在渭水以南的上林苑中所修建的宫殿。因工程浩大，至秦亡時猶未完工。後人因其前殿修建之處名曰阿房，故稱之爲阿房宫。

[2]【今注】刑人：受刑之人。古代多用犯罪受刑之人充服勞役。

[3]【今注】第舍：房屋，住宅。

[4]【今注】攻石：敲擊岩石，借指土木工程。攻，敲，擊。

[5]【李賢注】《禮記·月令》曰"孟夏之月，無有壞墮，無起土功，無發大衆"也。

[6]【今注】案，法正，大德本作"正法"。大德本下有劉攽注謂"當作'正法'"。

[7]【今注】覆：猶言"翻"，反而。

[8]【今注】考事：猶言"治事"

[9]【今注】賕（qíu）賂：賄賂。

[10]【今注】餌：食物。

[11]【今注】要：同"邀"，求取。

[12]【今注】案，代，大德本作"伐"。

[13]【今注】案，帑，大德本、殿本作"孥"；見，大德本、殿本作"視"。 妻帑（nú）：妻子和兒女。帑，古同"孥"，兒子和女兒。

[14]【今注】案，伐，大德本作"代"。

又陛下以北辰之尊，[1]神器之寶，而微行近習之家，私幸宦者之舍，[2]賓客市買，[3]熏灼道路，[4]因此暴縱，無所不容。今三公在位，皆博達道蓺，[5]而各正諸己，莫或匡益者，[6]非不智也，畏死罰也。惟陛下設置七臣，以廣諫道，[7]及開東序金縢史官之書，從堯舜禹湯文武致興之道，[8]遠佞邪之人，[9]放鄭衛之聲，[10]則政致和平，德感祥風矣。[11]臣悾悾推情，言不足採，[12]懼以觸忤，[13]征營慴悸。[14]

［1］【今注】北辰：即北極星。天上群星都圍繞北極星轉動，所以中國古代習用北極星比喻帝王。

［2］【李賢注】近習謂親近狎者。【今注】微行近習之家私幸宦者之舍：這裏都是説皇帝私下結交身邊的寵臣宦官。微行，微服出行。幸，皇帝到訪某地稱“幸”。案，者，大德本、殿本作“官”。

［3］【今注】市買：買賣，交易。

［4］【今注】熏灼：氣焰熏天的樣子。

［5］【今注】博達道蓺：道德學問通達淵博。道，道德。蓺，即藝，指學問。

［6］【今注】匡益：匡正補益。

［7］【李賢注】《孝經》曰“古者天子有争臣七人”，鄭玄注云（大德本、殿本無“云”字）：“七人謂三公及前疑、後承、左輔、右弼。”【今注】七臣：此處所謂的“七臣”是用“古者天子有争臣七人”的典故，並非確指。

［8］【李賢注】《爾雅》曰：“東西廂謂之序。”《書》曰：“天球《河圖》在東序。”縢，緘也。以金緘之，不欲人開也。【今注】東序：古代宫殿的東廂房，一般用來貯藏圖書、秘籍。　金縢（téng）：金屬製成的繩帶。古代重要的檔案、圖籍往往放入柜中保存，用金屬製成的繩帶封存。此處代指收藏書籍的櫃子。

［9］【今注】佞（nìng）邪：奸邪小人。

［10］【今注】放鄭衛之聲：遠離淫邪的聲音。放，放逐，猶

言遠離。鄭衛之聲，原指春秋時期鄭國與衛國的音樂。儒家認爲鄭衛之聲内容淫靡，大異於雅樂正聲。這裏泛指一切淫邪不好的聲音。

[11]【李賢注】《孝經援神契》曰："德至八方則祥風至。"

[12]【李賢注】悾悾，誠懇之貌。【今注】推情：甄情酌理。

[13]【今注】觸忤：冒犯。

[14]【今注】征營慴（shè）悸：驚恐的樣子。征營和慴悸，都是驚恐不安的意思。慴，同"懾"。

於是特詔召瑜問災咎之徵，[1]指事案經讖以對。[2]執政者欲令瑜依違其辭，[3]而更策以它事。[4]瑜復悉心以對八千餘言，有切於前，[5]帝竟不能用。拜爲議郎。

[1]【今注】災咎：災害和過錯。徵：表徵，徵兆。

[2]【今注】指事案經讖以對：指定事項考察經傳讖緯以回答。

[3]【今注】依違：模棱兩可。

[4]【今注】更策以它事：把上策的内容替换成其他的事情。策，古代的一種文體，由上位者提出問題，指定下位者回答。

[5]【今注】有切於前：比之前的更加懇切。

及帝崩，大將軍竇武欲大誅宦官，乃引瑜爲侍中，又以侍中尹勳爲尚書令，共同謀畫。及武敗，瑜、勳並被誅。[1]事在《武傳》。

[1]【今注】誅：誅殺。

勳字伯元，河南人。[1]從祖睦爲太尉，睦孫頌爲司徒。勳爲人剛毅直方。少時每讀書，得忠臣義士之事，未嘗不投書而仰歎。[2]自以行不合於當時，不應州郡公府禮命。[3]桓帝時，以有道徵，四遷尚書令。延熹中，誅大將軍梁冀，帝召勳部分衆職，[4]甚有方略，封宜陽鄉侯。[5]僕射霍諝，[6]尚書張敬、歐陽參、李偉、虞放、周永，[7]並封亭侯。[8]勳後再遷至九卿，[9]以病免，拜爲侍中。八年，中常侍具瑗、左悺等有罪免，奪封邑，因黜勳等爵。[10]

［1］【今注】河南：即河南尹。東漢建都洛陽，改西漢河南郡爲河南尹，治洛陽縣（今河南洛陽市東）。

［2］【今注】投：擲。

［3］【今注】公府：官府。　禮命：禮聘任命。

［4］【今注】部分：部署分配。

［5］【今注】宜陽鄉侯：列侯，以宜陽鄉爲封邑。

［6］【今注】僕射：即尚書僕射。　霍諝：字叔智，魏郡鄴（今河北臨漳縣西南）人。傳見本書卷四八。

［7］【今注】張敬歐陽參李偉虞放周永：此五人與尹勳、霍諝並封亭（鄉）侯。其中尹勳封宜陽都鄉侯，霍諝封鄴都亭侯，張敬封山陽西鄉侯，歐陽參封脩武仁亭侯，李瑋封宜陽金門侯，虞放封冤句吕都亭侯，周永封下邳高遷鄉侯。詳見本書卷七《桓帝紀》並李賢注。

［8］【今注】亭侯：列侯的一種，以亭爲其封邑。亭，漢代鄉下一級的基層行政單位。

［9］【今注】九卿：漢代朝廷一系列高級官員的合稱，而非指具體的九種官職。當時習慣將奉常（太常）、郎中令（光禄勳）、

太僕、廷尉（大理）、典客（大鴻臚）、宗正、治粟内史（大司農）、少府、衞尉、中衞（執金吾）、三輔長官等秩中二千石的中央官員並列爲九卿，亦稱列卿。

[10]【今注】黜（chù）：罷免。

瑜誅後，宦官悉焚其上書，以爲訛言。[1]

[1]【今注】訛言：虚假錯誤的話。

子琬，傳瑜學，明占候，[1]能著災異。[2]舉方正，[3]不行。

[1]【今注】占候：術數的一種，能根據天象推測預言自然災異與氣候變化。

[2]【今注】著：明示。

[3]【今注】方正：漢代選拔人才的科目，專用於舉薦品德中正方直的人才。

謝弼字輔宣，東郡武陽人也。[1]中直方正，[2]爲鄉邑所宗師。[3]建寧二年，詔舉有道之士，[4]弼與東海陳敦、玄菟公孫度俱對策，[5]皆除郎中。

[1]【李賢注】《謝承書》曰："弼字輔鸞，東郡濮陽人也。"與此不同。【今注】東郡：治濮陽縣（今河南濮陽市西南）。　武陽：即東武陽縣，治所在今山東莘縣東南。

[2]【李賢注】猶言中正方直也。

[3]【今注】宗師：宗奉爲師。

［4］【今注】案，錢大昕《廿二史考異》卷一二《後漢書三》："《靈帝紀》：建寧元年五月，詔'郡國守相舉有道之士各一人'。二年當是元年之誤。"

［5］【今注】玄菟：郡名。治高句驪縣（今遼寧沈陽市東上柏官屯）。　公孫度：字升濟。傳見《三國志》卷八。

時青蛇見前殿，[1]大風拔木，[2]詔公卿以下陳得失。弼上封事曰：[3]

［1］【今注】見：現。　案，錢大昕《廿二史考異》卷一二《後漢書三》："《五行志》'熹平元年四月甲午，青蛇見御坐上。'《楊賜傳》亦作熹平。以弼封事證之，當是建寧元年，非熹平也。"

［2］【今注】案，惠棟《後漢書補注》引《續漢書·五行志》云："建寧二年四月癸巳，京都大風雨雹，拔郊道樹十圍已上百餘枚。"

［3］【今注】封事：密封的奏書。古代臣子奏書言事，爲防止泄密，往往盛入囊中，密封以進，故稱封事。

臣聞和氣應於有德，[1]妖異生乎失政。[2]上天告譴，[3]則王者思其愆；[4]政道或虧，[5]則姦臣當其罰。[6]夫蛇者，陰氣所生；鱗者，甲兵之符也。[7]《鴻範傳》曰："厥極弱，時則有蛇龍之孽。"[8]又熒惑守亢，[9]裴回不去，[10]法有近臣謀亂，[11]發於左右。不知陛下所與從容帷幄之内，[12]親信者爲誰。宜急斥黜，以消天戒。臣又聞"惟虺惟蛇，女子之祥"。[13]伏惟皇太后定策宫闈，[14]援立聖明，《書》云："父子兄弟，罪不相及。”竇氏之誅，豈宜咎延太后？[15]幽隔空宮，愁感天心，如有霧露之疾，陛下當何面目以見天下？[16]昔周襄王不能敬事其母，戎狄遂至交侵。[17]孝和皇帝不絶竇后之恩，[18]前世以爲美談。[19]禮爲人後者爲之子，[20]今以桓帝爲父，豈得不以太后爲母哉？《援神契》曰：“天子行孝，四夷和平。”[21]方今邊境日蹙，[22]兵革蜂起，[23]自非孝道，何以濟之！[24]願陛下仰慕有虞蒸蒸之化，[25]俯思《凱風》慰母之念。[26]

［1］【今注】應：應和，相應。

［2］【今注】失政：爲政失道。

［3］【今注】告譴：表示譴責。

［4］【今注】愆：罪責。

［5］【今注】或：倘若，假使。

［6］【今注】當：承擔。

［7］【李賢注】《謝承書》曰：“蛇者，陰之所生（之，殿本作‘氣’），龍之類也。龍有鱗，甲兵之符也。”【今注】甲兵：護甲與武器。這裏代指戰争。　符：徵兆。

［8］【李賢注】《前書》曰“皇之不極，是謂不建，厥極弱，時則有下伐上之痾，龍蛇之孽”也。【今注】厥極弱時則有蛇龍之孽：皇權衰弱的時候，則會出現下伐上的問題。厥，其。厥極，指皇極，即皇位。　案，此《鴻範傳》乃漢劉向所著。原書已佚，至於與《尚書·洪範》之關係，已不察。

［9］【今注】熒惑守亢：火星滯留在亢宿中，是兵革之象。熒惑，火星。古人以火星熒熒似火，行蹤捉摸不定，故云。亢，亢宿。天上二十八星宿之一，爲東方蒼龍七宿的第二宿。有星四顆，

在室女星座中。

［10］【今注】裴回：同“徘徊”。

［11］【今注】法：象徵。

［12］【今注】與：親近，友好。　從容：盤桓逗留。　帷（wéi）幄（wò）：本指帳幕、帷幔。天子居所必設帷幄，故以此代稱。

［13］【李賢注】《詩·小雅》之文也。鄭玄注云：“虺、蛇穴處，陰之祥也，故爲生女。”【今注】惟虺惟蛇女子之祥：《詩·小雅·斯干》作“維虺維蛇，女子之祥”。

［14］【今注】宫闥（tà）：宫室之門，代指皇宫。

［15］【今注】咎延：怪罪延及。

［16］【李賢注】文帝徙淮南王長於蜀，袁盎曰：“淮南王爲人剛，今暴摧折之，臣恐其逢霧露病死，陛下有殺弟之名也。”【今注】霧露：指疾病。本書卷一〇上《皇后紀上》李賢注云：“霧露謂疾病也。不可指言死，故假霧露以言之。”

［17］【李賢注】《史記》曰，周襄王母早死，後母曰惠后，生叔帶，有寵。帶與戎翟謀伐襄王。

［18］【今注】案，后，殿本作“氏”。

［19］【李賢注】竇太后崩，張酺等奏云：“不宜合葬先帝。”和帝手詔曰：“臣子無貶尊上之文，恩不忍離。”於是合葬。見《皇后紀》也。

［20］【今注】禮爲人後者爲之子：禮法上，作爲大宗的繼承人，也就是其所尊奉大宗父母的兒子。

［21］【今注】援神契：《孝經》緯。戰國秦漢以來，出現了不少以神秘思想解説經書的文獻，他們統稱緯書。

［22］【今注】蹙（cù）：緊迫。

［23］【今注】兵革：兵器與甲胄，代指戰争。　蜂起：如蜜蜂成群而起。

［24］【今注】濟：救助。

［25］【今注】有虞：傳説中舜統治的王朝。　烝烝之化：孝順的風化。

［26］【李賢注】《尚書·舜典》曰："烝烝乂，不格姦。"孔安國注云："烝烝猶進進也。言舜進於善道。"《詩·凱風》曰："有子七人，莫慰母心。"【今注】凱風：《詩·邶風》之一篇，《詩序》認爲其主旨在於歌頌孝子。

臣又聞爵賞之設，必酬庸勳；[1]開國承家，小人勿用。[2]今功臣久外，未蒙爵秩，阿母寵私，乃享大封，大風雨雹，亦由於兹。又故太傅陳蕃，輔相陛下，勤身王室，夙夜匪懈，[3]而見陷群邪，[4]一旦誅滅。[5]其爲酷濫，[6]駭動天下，[7]而門生故吏，並離徙錮。[8]蕃身已往，人百何贖！[9]宜還其家屬，解除禁網。夫台宰重器，[10]國命所繼。[11]今之四公，唯司空劉寵斷斷守善，[12]餘皆素餐致寇之人，[13]必有折足覆餗之凶。可因災異，並加罷黜。[14]徵故司空王暢，[15]長樂少府李膺，[16]並居政事，庶災變可消，[17]國祚惟永。[18]臣山藪頑闇，[19]未達國典。[20]策曰"無有所隱"，敢不盡愚，[21]用忘諱忌。[22]伏惟陛下裁其誅罰。

［1］【今注】酬：用物質獎勵。　庸勳：功勳。庸，功。

［2］【李賢注】《易·師卦》上六爻詞也。【今注】開國承家小人勿用：意思是封土受爵，成爲諸侯國君，讓後世子孫承襲之，這種獎勵不宜施用在小人身上。朱熹《周易本義·上經第一》云："師之終，順之極，論功行賞之時也。坤爲土，故有開

國承家之象。然小人則雖有功，亦不可使之得有爵土，但優以金帛可也。”

［3］【今注】匪懈：即不懈怠。匪，同“非”。

［4］【今注】見陷：受陷。見，用於動詞前，表示被動。

［5］【今注】一旦：一日之間，表示突然。

［6］【今注】酷濫：殘酷而無度。

［7］【今注】駭動：驚動、震動。

［8］【今注】案，大德本脱“並”字。　離：逃離。　徙：流放。　錮：囚錮。

［9］【李賢注】《詩·國風》曰：“如可贖兮，人百其身。”【今注】人百何贖：化用《詩·秦風·黄鳥》“如可贖兮，人百其身”的典故。詩句的意思是，如果（賢）人的生命，可以被贖回，那麽他人願意爲之死一百次。

［10］【今注】台宰：本指三公之官。本書卷五《安帝紀》“移民逃寇，推咎台衡”，李賢注曰：“台謂三台，三公象也。”據下文，此處所指還包括了太傅一職。本書《百官志一》“太傅，上公一人”，所以下文以之與太尉、司徒、司空合稱“四公”。

［11］【今注】繼：維繫。

［12］【今注】案，守，大德本作“首”。

［13］【李賢注】四公謂劉矩爲太尉，許訓爲司徒，胡廣爲太傅及寵也。《書》曰：“如有一介臣，斷斷猗，無它伎。”孔安國注云：“斷斷猗然專一之臣也。”素，空也。無德而食其禄曰素飡（飡，紹興本、大德本、殿本作“餐”）。《易》曰“負且乘，致寇至”也。

［14］【李賢注】《易》曰：“鼎折足，覆公餗。”鼎以喻三公。餗，鼎實也。折足覆餗，言不勝其任。【今注】餗（sù）：鼎中食物。

［15］【今注】王暢：字叔茂，山陽高平（今山東鄒城市西南）

人。傳見本書卷五六。

[16]【今注】長樂少府：官名。西漢平帝時改長信少府置，職掌太后宮中事務，秩二千石。

[17]【今注】庶：希望，或許。

[18]【今注】國祚惟永：國運永久。祚，福。惟，助詞，無實際意義。

[19]【今注】山藪頑闇：山野草莽中愚頑而没有見識的人。這是自謙的説法。

[20]【今注】未達國典：不了解國家的典章制度。達，通達，通曉。

[21]【今注】敢：豈敢，怎麽敢。

[22]【今注】用：因此。

左右惡其言，出爲廣陵府丞。[1]去官歸家。

[1]【今注】府丞：漢代郡太守的屬官。

中常侍曹節從子紹爲東郡太守，[1]忿疾於弼，[2]遂以它罪收考掠按，死獄中，時人悼傷焉。初平二年，[3]司隸校尉趙謙訟弼忠節，[4]求報其怨，[5]乃收紹斬之。[6]

[1]【今注】曹節：字漢豐，南陽新野（今河南新野縣）人。傳見本書卷七八。　從子：侄子。

[2]【今注】忿（fèn）疾：惱怒憎恨。

[3]【今注】初平：東漢獻帝劉協年號（190—193）。案，二，殿本作“一”。

［4］【今注】司隸校尉：官名。東漢時，主掌監察皇親國戚、京城百官，兼有領兵、檢敕、捕殺罪犯之權。同時爲司隸州行政長官，轄有京兆、左馮翊、右扶風、河東、河内、河南及弘農七郡，治所在今河南洛陽市。秩二千石。　趙謙：字彦信，蜀郡成都（今四川成都市）人。事見本書卷二七《趙典傳》。　訟：審理冤案。案，大德本、殿本"訟"前有"上"字。

［5］【今注】案，報其怨，大德本、殿本"怨"後有"魂"字。報其怨魂，猶言給謝弼的冤魂一個交代。報，覆。

［6］【今注】收：拘捕。

贊曰：鄧不明辟。[1]梁不損陵。慊慊欒、杜，[2]諷辭以興。黄寇方熾，子奇有識。[3]武謀允臧，[4]瑜亦協志。[5]弼忤宦情，雲犯時忌。成仁喪己，同方殊事。[6]

［1］【李賢注】《尚書》曰："朕復子明辟。"孔安國注云："復還明君之政於成王也。"言鄧后臨朝，不還政於安帝也。

［2］【今注】慊慊：謙虚，不滿足的樣子。

［3］【李賢注】識，協韻音式侍反。

［4］【今注】允臧：完善，完美。允，信。臧，善。

［5］【今注】協志：謂志向得以伸展。

［6］【今注】案，王先謙《後漢書集解》云："杜、欒、二劉、李、謝皆以直言强諫，不得其死。弼誣死於他罪，尤爲冤抑。根既死復蘇；而在朝廷，固已縑囊撲殺之矣。李雲之死，獨爲當世所申訟者，蓋黄精代見，帝欲不諦，視'鳴條''擅車'等語，倍爲顯切激厲。又所上書既露布不封，并移其副於三府，且杜衆上書請與同死，跡似黨訐，故帝之恚怒益甚，而論救者亦愈急。及雲既死，而黄瓊病篤，襄楷詣闕並上疏，極訟其冤。漢季之以忠諫死者多矣，而雲爲尤烈哉！"

後漢書　卷五八

列傳第四十八

虞詡　傅燮　蓋勳　臧洪

虞詡字升卿，陳國武平人也。[1]祖父經，爲郡縣獄吏，案法平允，[2]務存寬恕，每冬月上其狀，[3]恒流涕隨之。嘗稱曰："東海于公高爲里門，[4]而其子定國卒至丞相。[5]吾決獄六十年矣，[6]雖不及于公，其庶幾乎！[7]子孫何必不爲九卿邪？"[8]故字詡曰升卿。

[1]【李賢注】武平故城在今亳州鹿邑縣東北。酈元《水經注》云武平城西南七里有《漢尚書令虞詡碑》，題云"君諱詡，字定安，虞仲之後"。定安蓋詡之别字也。【今注】陳國：侯國。治陳縣（今河南淮陽縣）。　武平：縣名。治所在今河南鹿邑縣西北。

[2]【今注】平允：公平允當。

[3]【今注】每冬月上其狀：指冬季上奏報請執行死刑的斷案文件。西漢宣帝以前，定讞論囚的時間大抵從季秋開始。宣帝地節三年（前67）十二月，詔令"季秋後請讞"（《漢書·刑法志》），

於是“斷獄報重，常盡三冬”（本書卷四六《陳寵傳》）。東漢章帝元和二年（85）七月詔“無以十一月、十二月報囚”（本書卷三《章帝紀》），奏讞惟以冬十月。然元和改律推行時間不長，在安帝永初元年（107）以後又重回舊制。參見薛夢瀟《早期中國的月令與“政治時間”》第六章《東漢的行刑時間》（上海古籍出版社2018年版）。

［4］【今注】東海：郡名。治郯縣（今山東郯城縣）。

［5］【李賢注】《前書》，于定國字曼倩，東海人。其父于公爲縣獄吏、郡決曹，所決皆不恨，爲之生立祠。其門閭壞，父老方共修之，于公曰：“少高大閭門，令容駟馬高蓋車。我決獄多陰德（決，大德本作‘訟’），未嘗有所冤，子孫必有興者。”至定國爲丞相，孫永爲御史大夫也。【今注】定國：于定國，字曼倩，東海郯（今山東郯城縣）人。西漢宣帝時官至丞相。傳見《漢書》卷七一。

［6］【今注】決獄：審理案件。

［7］【今注】庶幾：也許可以。表示希望與推測。

［8］【今注】九卿：漢代朝廷一系列高級官員的合稱，而非指具體的九種官職。當時習慣將奉常（太常）、郎中令（光禄勳）、太僕、廷尉（大理）、典客（大鴻臚）、宗正、治粟内史（大司農）、少府、衛尉、中衛（執金吾）、三輔長官等秩中二千石的中央官員並列爲九卿，亦稱列卿。

詡年十二，能通《尚書》。早孤，[1]孝養祖母。縣舉順孫，[2]國相奇之，欲以爲吏。詡辭曰：“祖母九十，非詡不養。”相乃止。後祖母終，服闋，[3]辟太尉李脩府，[4]拜郎中。[5]

［1］【今注】孤：父親去世。

［2］【今注】舉：拔舉、推薦。

［3］【今注】服闋：服喪結束。闋，停止，息止。

［4］【今注】辟：授予官職。　太尉：官名。主掌全國軍政。東漢時，太尉與司徒、司空並列三公，分行宰相職權。　李脩：本書卷五《安帝紀》"（永初五年春正月）甲申，光禄勳李脩爲太尉"，李賢注引《漢官儀》曰："脩字伯游，豫州襄城人也。"

［5］【李賢注】《漢官儀》曰："脩字伯游，襄城人也。"【今注】拜：徵拜、任命。　郎中：官名。在漢代，爲郎中令或光禄勳下屬的官員，無定員，掌持戟值班，宿衛殿門，出充車騎，秩比三百石。

永初四年，[1]羌胡反亂，[2]殘破并、涼，[3]大將軍鄧騭以軍役方費，[4]事不相贍，[5]欲弃涼州，并力北邊，乃會公卿集議。騭曰："譬若衣敗，[6]壞一以相補，猶有所完。若不如此，將兩無所保。"議者咸同。[7]詡聞之，乃説李脩曰："竊聞公卿定策當弃涼州，求之愚心，[8]未見其便。先帝開拓土宇，[9]劬勞後定，[10]而今憚小費，[11]舉而弃之。[12]涼州既弃，即以三輔爲塞；[13]三輔爲塞，則園陵單外。[14]此不可之甚者也。喭曰：'關西出將，關東出相。'[15]觀其習兵壯勇，[16]實過餘州。今羌胡所以不敢入據三輔，爲心腹之害者，以涼州在後故也。其土人所以推鋒執鋭，無反顧之心者，爲臣屬於漢故也。若弃其境域，徙其人庶，[17]安土重遷，[18]必生異志。如使豪雄相聚，席卷而東，[19]雖賁、育爲卒，[20]大公爲將，[21]猶恐不足當禦。議者喻以補衣猶有所完，詡恐其疽食侵淫而無限極。弃之非計。”[22]脩曰：“吾意不及此。微子之言，[23]幾敗國事。然則計當安出？”詡曰：“今涼土擾動，人情不安，竊憂卒然有非常之變。[24]誠宜令四府九卿，[25]各辟彼州數人，其牧守令長子弟皆除爲冗官，[26]外以勸厲，[27]答其功勤，[28]内以拘致，[29]防其邪計。”脩善其言，更集四府，皆從詡議。於是辟西州豪桀爲掾屬，[30]拜牧守長吏子弟爲郎，以安慰之。

[1]【今注】永初：東漢安帝劉祜年號（107—113）。

[2]【今注】羌胡：古民族名。殷周時期分布在黄河中上游地區，與周部族雜居。後秦逐諸戎，其部族逐漸西遷至河湟谷地。東漢時羌族内徙於隴西、漢陽、安定等地。傳見本書卷八七。

[3]【今注】并：州名。西漢武帝時所置十三刺史部之一，下轄上黨、太原、上郡、西河、五原、雲中、定襄、雁門、朔方九郡。　涼：州名。西漢武帝時所置十三刺史部之一，下轄隴西、漢陽、武都、金城、安定、北地、武威、張掖、酒泉九郡。

[4]【今注】大將軍：官名。東漢時位比三公，多授予貴戚，常兼録尚書事，與太傅、太尉等共同主持政務，秩萬石。　鄧騭：字昭伯，南陽新野（今河南新野縣）人。傳見本書卷一六。　費：猶言花銷大。

[5]【今注】贍：給，足够。

[6]【今注】譬若：比如。　敗：破敗、破損。

[7]【今注】咸同：都同意。

[8]【今注】求之愚心：謂以己見衡之。

[9]【今注】土宇：指國土、疆域。

[10]【今注】劬（qú）勞：勞苦、勞累。

[11]【今注】憚：害怕。

[12]【今注】舉：完全。

[13]【今注】三輔：西漢京畿地區分設京兆尹、左馮翊、右扶風進行管轄，合稱“三輔”。他們治所皆在長安城中，轄境相當於今陝西中部地區。東漢雖以洛陽爲都，但仍然沿用了三輔的行政區劃。

[14]【今注】園陵單外：西漢諸帝陵則暴露在外圍。

[15]【李賢注】《説文》曰：“嗙，傳言也。”《前書》曰：“秦、漢以來，山東出相，山西出將。”秦時郿白起，頻陽王翦；漢興，義渠公孫賀、傅介子，成紀李廣、李蔡，上邽趙充國，狄道辛武賢：皆名將也。丞相，則蕭、曹、魏、丙、韋、平、孔、翟之類也（丙，大德本、殿本作“邴”；殿本無“也”字）。【今注】嗙：古同“諺”。

[16]【今注】習兵：猶言從軍。

[17]【今注】人庶：民庶，庶民。人，本應作“民”，當是唐時因避太宗李世民諱而改。

[18]【今注】安土重遷：安居於故土而不願意輕易遷走。

[19]【李賢注】席卷言無餘也。《前書》曰“雲徹席卷，後無餘灾”也。

[20]【今注】賁育：指孟賁和夏育。二人皆古時勇士。《史記》卷一〇一《袁盎鼂錯列傳》“雖賁育之勇不及陛下”，司馬貞《索隱》：“《尸子》云‘孟賁水行不避蛟龍，陸行不避兕虎’。《戰國策》曰‘夏育叱呼駭三軍，身死庸夫’，高誘曰‘育爲申繻所殺’。”

[21]【今注】大公：即太公，指太公望吕尚。吕尚，本姓姜，名牙，西周初年人，協助武王伐紂，受封齊國。事見《史記》卷三二《齊太公世家》。案，大，大德本、殿本作“太”。

[22]【李賢注】疽，癰瘡也（癰，紹興本、大德本、殿本作“廱”）。【今注】疽（jū）食侵淫：瘡毒發作不斷侵蝕肌肉，比喻災禍逐漸蔓延開來。

［23］【今注】微：無，没有。

［24］【今注】卒然：突然。卒，同“猝”。

［25］【李賢注】四府謂太傅、太尉、司徒、司空之府也。九卿謂太常、光禄、衛尉、廷尉、太僕、大鴻臚、宗正、大司農、少府等也。【今注】四府：指太傅、太尉、司徒與司空。太傅，官名。西周始置，原爲輔弼君主的大臣。東漢太傅位上公，爲百官之首，專授元老重臣，秩萬石。司徒，官名。東漢時司徒職掌民政，凡教民孝悌、遜順、謙儉，養生送死之事，則議其制，建其度。司空，官名。東漢司空負責水利土木工程等事職。東漢太尉、司徒、司空並列“三公”。

［26］【李賢注】冗，散也，音人勇反。【今注】牧守令長：指各級地方行政首長。　冗官：無專職而臨時任命的官員。

［27］【今注】勸厲：勸勉，鼓勵。

［28］【今注】答：答報，獎勵。

［29］【今注】拘致：約束引導。

［30］【今注】西州：漢泛指涼州爲西州，範圍大致包括今甘肅中部和西北部一帶。　掾屬：佐治的較低級別官吏。

鄧騭兄弟以詡異其議，[1]因此不平，欲以吏法中傷詡。後朝歌賊甯季等數千人攻殺長吏，[2]屯聚連年，[3]州郡不能禁，乃以詡爲朝歌長。故舊皆弔詡曰：[4]“得朝歌何衰！”詡笑曰：“志不求易，事不避難，臣之職也。不遇槃根錯節，何以别利器乎？”始到，謁河内大守馬稜。[5]稜勉之曰：“君儒者，當謀謨廟堂，[6]反在朝歌邪？”詡曰：“初除之日，士大夫皆見弔勉。以詡譸之，知其無能爲也。[7]朝歌者，韓、魏之郊，[8]背大行，臨黄河，去敖倉百里，[9]而青、冀之人流亡萬數。[10]賊不知開倉招衆，劫庫兵，守城皋，[11]斷天下右臂，[12]此不足憂也。今其衆新盛，難與争鋒。兵不猒權，[13]願寬假轡策，[14]勿令有所拘閡而已。"[15]及到官，設令三科以募求壯士，[16]自掾史以下各舉所知，其攻劫者爲上，傷人偷盗者次之，帶喪服而不事家業爲下。收得百餘人，詡爲饗會，[17]悉貰其罪，[18]使入賊中，誘令劫掠，乃伏兵以待之，遂殺賊數百人。又潛遣貧人能縫者，傭作賊衣，[19]以采綖縫其裾爲幟，[20]有出市里者，吏輒禽之。[21]賊由是駭散，[22]咸稱神明。遷懷令。[23]

［1］【今注】異其議：不同意虞詡在集議時提出的意見。

［2］【今注】朝歌：地名。在今河南淇縣。

［3］【今注】屯聚：聚集、集結。

［4］【今注】弔：對不幸的事情表示慰問。

［5］【李賢注】稜字伯威，援族孫也。【今注】河内：郡名。治懷縣（今河南武陟縣西南）。　大守：即太守。一郡的最高行政長官，秩二千石。案，大，大德本、殿本作"太"。

［6］【今注】謀謨：猶言出謀劃策。　廟堂：指朝廷。

［7］【李賢注】譸當作"籌"也。【今注】譸：揣測、忖度。

［8］【李賢注】韓界上黨，魏界河内，相接犬牙（犬牙，大德本作"大行"），故云郊也。【今注】韓魏之郊：戰國時韓、魏二國之間的要衝之地。郊，指交通要衝。《漢書》卷五〇《汲黯傳》"上以爲淮陽，楚地之郊也"，顔師古注："郊謂交道衝要之處也。"

［9］【李賢注】敖倉在滎陽，解具《安紀》也（具，殿本作"見"）。【今注】敖倉：地名。在今河南滎陽市東北敖山上，地處

黄河與古濟水的分流處。《水經注·濟水》謂敖山上有城，“秦置倉于其中，故亦曰敖倉城也”。楚漢相争時，劉邦奪取敖倉。漢時，仍在此地設倉。

［10］【今注】青：州名。西漢武帝時所置十三刺史部之一，下轄濟南、平原、樂安、北海、東萊和齊國。　冀：州名。西漢武帝時所置十三刺史部之一，下轄魏郡、鉅鹿、常山、中山、安平、河間、清河、趙國、渤海。

［11］【今注】城皋：指城池及其周邊之地。

［12］【李賢注】右臂，喻要便也。

［13］【今注】兵不猒權：行軍打仗應當盡量根據實際情況權變以制定策略。猒，同“厭”，滿足。權，權宜，變通。

［14］【今注】寬假轡策：指暫避賊兵鋒芒。

［15］【李賢注】閡，與“礙”同。【今注】拘閡（hé）：束縛阻礙。閡，阻止、妨礙。

［16］【今注】三科：三等級，即下文所言“其攻劫者爲上，傷人偷盜者次之，帶喪服而不事家業爲下”之屬。

［17］【今注】饗（xiǎng）會：宴會。饗，以酒食犒勞、招待。

［18］【今注】貰（shì）：寬赦、赦免。

［19］【今注】傭：受僱傭。

［20］【李賢注】幟，記也。《續漢書》曰“以絳縷縫其裾”也。【今注】采綖（xiàn）：彩色絲綫。綖，同“綫”。

［21］【今注】禽：古同“擒”。

［22］【今注】駭散：受到驚嚇而潰散。

［23］【今注】懷：縣名。治所在今河南武陟縣西南。

後羌寇武都，[1]鄧太后以詡有將帥之略，[2]遷武都大守，[3]引見嘉德殿，[4]厚加賞賜。羌乃率衆數千，遮詡於陳食、崤谷，[5]詡即停軍不進，而宣言上書請兵，須到當發。[6]羌聞之，乃分鈔傍縣，[7]詡因其兵散，[8]日夜進道，兼行百餘里。[9]令吏士各作兩竈，日增倍之，羌不敢逼。或問曰："孫臏減竈而君增之。[10]兵法日行不過三十里，以戒不虞，[11]而今日且二百里。[12]何也？"詡曰："虜衆多，吾兵少。徐行則易爲所及，速進則彼所不測。虜見吾竈日增，必謂郡兵來迎。衆多行速，必憚追我。孫臏見弱，[13]吾今示彊，[14]埶有不同故也。"[15]

[1]【今注】寇：侵略。　武都：縣名。治所在今甘肅西和縣南仇池山東麓。

[2]【今注】鄧太后：東漢和帝之后，名綏，東漢太傅鄧禹孫女。和帝死後，被尊爲皇太后。紀見本書卷一〇上。

[3]【今注】案，大，大德本、殿本作"太"。

[4]【今注】嘉德殿：東漢南宫殿名。本書卷七《桓帝紀》："（延熹）四年春正月辛酉，南宫嘉德殿火。"

[5]【今注】遮詡於陳食崤谷：曹金華《後漢書稽疑》："按：本傳載虞詡爲武都太守，赴任時爲羌所遮，《後漢紀》卷十六同，而《御覽》卷四四九引《續漢書》作'遷武都太守，及還，羌率數千遮詡于陳倉'，與此不同。"（中華書局 2014 年版，第 739 頁）案，陳食，《通典》卷一五三《兵七》作"陳倉"。陳倉在今陝西寶雞市東渭水北岸，鄰近崤山。故疑"陳食"乃因形近致訛。

[6]【今注】須到當發：曹金華《後漢書稽疑》按，"依文'當發'應作'乃發'，《後漢紀》卷十六作'兵至乃發'"（第 739 頁）。存疑。

[7]【今注】分鈔：分兵襲擊。鈔，搶掠、强取。後作"抄"。

[8]【今注】因：利用、趁着。

[9]【今注】兼行：加快速度趕路。

[10]【李賢注】孫臏爲齊軍將，與魏龐涓戰，使齊軍入魏地，爲十萬竈，明日爲五萬竈，明日爲二萬竈（二，大德本、殿本作“三”）。龐涓行三日，大喜曰：“我固知齊卒怯。入吾地三日，士卒亡過半矣。”事見《史記》。【今注】孫臏：戰國時齊國軍事家，孫武之後世子孫。傳見《史記》卷六五。

[11]【李賢注】《前書》王吉上疏曰：“古者師行三十里，吉行五十里。”【今注】不虞：指突發事件。虞，準備、防範。

[12]【今注】且：接近、將近。

[13]【今注】見弱：示弱。

[14]【今注】彊：同“强”。

[15]【今注】埶：古同“勢”，形勢。殿本作“勢”。

既到郡，兵不滿三千，而羌衆萬餘，攻圍赤亭數十日。[1]詡乃令軍中，使彊弩勿發，[2]而潛發小弩。[3]羌以爲矢力弱，[4]不能至，并兵急攻。詡於是使二十彊弩共射一人，發無不中，羌大震，退。詡因出城奮擊，多所傷殺。明日悉陳其兵衆，[5]令從東郭門出，北[6]郭門入，[7]貿易衣服，回轉數周。羌不知其數，更相恐動。詡計賊當退，乃潛遣五百餘人於淺水設伏，候其走路。虜果大奔，因掩擊，大破之，斬獲甚衆，賊由是敗散，南入益州。[8]詡乃占相地埶，[9]築營壁百八十所，[10]招還流亡，[11]假賑貧人，[12]郡遂以安。

[1]【李賢注】赤亭故城在今渭州襄武縣東南，有赤亭水也。【今注】赤亭：地名。在今甘肅成縣西南，一説在成縣西北。

［2］【今注】發：擊發。

［3］【今注】潛發：悄悄地發射。

［4］【今注】矢：箭矢。

［5］【今注】陳：列陣、布置。　案，大德本無“兵”字。

［6］【李賢注】一作“西”。

［7］【今注】郭：外城墻。

［8］【今注】益州：西漢武帝時所置十三刺史部之一，下轄漢中、巴郡、廣漢、蜀郡、犍爲、牂牁、越巂、益州、永昌九郡。

［9］【今注】占相地埶：勘察地理形勢。

［10］【今注】營壁：營寨壁壘。

［11］【今注】流亡：因逃亡而流離失所的平民。

［12］【今注】假賑：假貸和賑濟。前者用以解決生産所需的物資設備，後者則是直接解決人民的吃穿用度。

先是運道艱險，[1]舟車不通，驢馬負載，僦五致一。[2]詡乃自將吏士，案行川谷，[3]自沮至下辯[4]數十里中，[5]皆燒石翦木，開漕船道，[6]以人僦直雇借傭者，[7]於是水運通利，歲省四千餘萬。詡始到郡，户裁盈萬。[8]及綏聚荒餘，[9]招還流散，二三年間，遂增至四萬餘户。鹽米豐賤，十倍於前。[10]坐法免。

［1］【今注】運道：交通運輸通道。

［2］【李賢注】《廣雅》曰：“僦，賃也。”音子救反。僦五致一謂用五石賃而致一石也。【今注】僦（jiù）五致一：運送物資與途中花費的比例是一比五。指運輸補給消耗大。僦，僱傭、租賃。

［3］【今注】案行：巡行視察。

［4］【李賢注】沮及下辯並縣名。沮，今興州順政縣也。下

辯，今成州同谷縣也。沮音七余反。【今注】沮：縣名。治所在今陝西略陽縣東黑河東側。　下辯：縣名。又名“下辨”。治所在今甘肅成縣西北。

［5］【今注】案，中，大德本、殿本無。

［6］【李賢注】《續漢書》曰（書，大德本、殿本作“志”）“下辯東三十餘里有峽，中當水泉（水泉，紹興本、殿本作‘泉水’），生大石，障塞水流，每至春夏，輒溢没秋稼，壞敗營郭。詡乃使人燒石，以水灌之，石皆坼裂，因鐫去石，遂無氾溺之患”也。

［7］【今注】僦直：租賃費。直，工錢、報酬。

［8］【今注】裁：通“纔”。

［9］【今注】綏聚荒餘：安撫召集荒亂之後生存下來的災民。綏，安撫，使平定。

［10］【李賢注】《續漢書》曰（書，殿本作“志”）：“詡始到，穀石千，鹽石八千，見户萬三千。視事三歲，米石八十，鹽石四百，流人還歸，郡户數萬，人足家給，一郡無事。”【今注】豐賤：指價錢。

永建元年，[1]代陳禪爲司隸校尉。[2]數月間，奏大傅馮石、大尉劉熹、中常侍程璜、陳秉、孟生、李閏等，[3]百官側目，號爲苛刻。三公劾奏詡盛夏多拘繫無辜，[4]爲吏人患。詡上書自訟曰：[5]“法禁者俗之堤防，刑罰者人之銜轡。[6]今州曰任郡，[7]郡曰任縣，更相委遠，[8]百姓怨窮，以苟容爲賢，[9]盡節爲愚。[10]臣所發舉，臧罪非一，[11]二府恐爲臣所奏，[12]遂加誣罪。臣將從史魚死，即以尸諫耳。”[13]順帝省其章，[14]乃爲免司空陶敦。[15]

［1］【今注】永建：東漢順帝劉保年號（126—132）。

［2］【今注】陳禪：字紀山，巴郡安漢（今四川南充市北）人。傳見本書卷五一。　司隸校尉：官名。東漢時，主掌監察皇親國戚、京城百官，兼有領兵、檢敕、捕殺罪犯之權。同時爲司隸州行政長官，轄有京兆、左馮翊、右扶風、河東、河内、河南及弘農七郡，治所在今河南洛陽市。秩二千石。

［3］【今注】大傅馮石大尉劉熹：本書卷五《安帝紀》“（延光四年）夏四月丁酉，太尉馮石爲太傅，司徒劉熹爲太尉，參録尚書事”，李賢注：“石字次初，荆州湖陽人也，馮魴之孫。”同卷李賢注又云：“熹字季明，青州長廣人也。”案，兩“大”字，大德本、殿本作“太”。　中常侍：官名。初稱常侍，西漢元帝以後改稱中常侍。中常侍在東漢的職責主要爲侍從皇帝，顧問應對，贊導宫内諸事，秩比二千石。

［4］【今注】三公：官名。指朝廷的最高輔政大臣。據文獻記載，三公應起自周代，儘管當時的制度或許遠没有後人想象的那樣完備。經典之中，有關三公的説法有二：一是司馬、司徒、司空的“三司”説，見於今文《尚書》及《韓詩外傳》；二是太師、太傅、太保的“三太”説，見於《周禮》和《大戴禮記》。西漢成帝時，采“三司”説在政治制度上正式建立了漢代的三公官，以丞相爲大司徒，太尉爲大司馬，御史大夫爲大司空。東漢光武帝建武二十七年（51），恢復大司馬爲太尉，又令大司徒、大司空去“大”字。往後漢代三公之職的設置變化不大。

［5］【今注】自訟：替自己申辯。

［6］【李賢注】《禮記》曰：“夫禮，禁亂之所由生，猶坊止水之所自來也。故以舊防爲無用壞之者（壞，殿本訛作‘壞’），必有水敗。”《尸子》曰：“刑罰者，人之鞭策也。”【今注】銜轡：本指馬的嚼子和韁繩。這裏喻指法令。

［7］【今注】任：任由、放任。

［8］【今注】委遠：推卸職責。

［9］【今注】苟容：無原則地屈從附和以求全於世間。

［10］【今注】盡節：爲保全節操而竭盡全力。

［11］【今注】臧罪：貪贓受賄的罪行。

［12］【今注】二府：指丞相與御史。

［13］【李賢注】《韓詩外傳》曰"昔者衛大夫史魚病且死，謂其子曰：'我數言蘧伯玉之賢而不能進，彌子瑕不肖不能退。爲人臣生不能進賢而退不肖，死不當理喪正堂，殯我於室足矣。'衛君問其故，子以父言聞，君乃立召蘧伯玉而貴之，彌子瑕而退之，徙殯於正堂，成禮而後去"也。【今注】史魚：春秋時衛國大夫，因以死諫君聞名。《論語·衛靈公》："子曰：'直哉史魚！邦有道，如矢；邦無道，如矢。'"　尸諫：以死而陳尸相諫。

［14］【今注】順帝：東漢順帝劉保，公元 125 年至 144 年在位。紀見本書卷六。　省（xǐng）：省覽、觀看。

［15］【李賢注】《漢官儀》曰："敦字文理，京兆人也。"【今注】陶敦：本書卷六《順帝紀》"（延光四年）十二月甲申，以少府河南陶敦爲司空"，李賢注："敦字文理，京縣人也。"

時中常侍張防特用權埶，[1]每請託受取，詡輒案之，而屢寖不報。[2]詡不勝其憤，乃自繫廷尉，[3]奏言曰："昔孝安皇帝任用樊豐，[4]遂交亂嫡統，[5]幾亡社稷。今者張防復弄威柄，國家之禍將重至矣。臣不忍與防同朝，謹自繫以聞，無令臣襲楊震之跡。"[6]書奏，防流涕訴帝，詡坐論輸左校。[7]防必欲害之，二日之中，傳考四獄。獄吏勸詡自引，[8]詡曰："寧伏歐刀以示遠近。"[9]宦者孫程、張賢等知詡以忠獲罪，[10]乃相率奏乞見。程曰："陛下始與臣等造事之時，[11]常疾姦臣，知其傾國。今者即位而復自爲，何以非先帝乎？司隸校尉虞詡爲陛下盡忠，而更被拘繫；常侍張防臧罪明正，反構忠良。[12]今客星守羽林，[13]其占宫中有姦臣。[14]宜急收防送獄，以塞天變。詔出詡，[15]還假印綬。”時防立在帝後，程乃叱防曰：“姦臣張防，何不下殿！”防不得已，趨就東箱。[16]程曰：“陛下急收防，無令從阿母求請。”[17]帝問諸尚書，[18]尚書賈朗素與防善，[19]證詡之罪。帝疑焉，謂程曰：“且出，吾方思之。”於是詡子顗與門生百餘人，舉幡候中常侍高梵車，[20]叩頭流血，訴言枉狀。梵乃入言之，防坐徙邊，賈朗等六人或死或黜，即日赦出詡。程復上書陳詡有大功，語甚切激。帝感悟，復徵拜議郎。[21]數日，遷尚書僕射。[22]

［1］【今注】權埶：權勢。埶，古同“勢”。

［2］【今注】屢寑不報：多次寑奏不報。寑，同“寢”，息止、廢置。

［3］【今注】廷尉：官名。位列九卿，主掌司法審判，秩中二千石。

［4］【今注】孝安皇帝：東漢安帝劉祜，公元 106 年至 125 年在位。紀見本書卷五。

［5］【今注】交亂嫡統：指東漢安帝延光三年（124）中常侍樊豐與安帝乳母王聖、大長秋江京等構陷時爲皇太子的順帝劉保，使其廢爲濟陰王一事。本書卷六《順帝紀》有載。

［6］【李賢注】震爲樊豐所譖而死。【今注】楊震：字伯起，弘農華陰（今陝西華陰市東）人。傳見本書卷五四。

［7］【今注】輸左校：罰役於左校。漢九卿有將作大匠，掌修

作宗廟、路寢、宫室、陵園木土之功。其下分左、右校，各設校令一員，管理工徒，秩六百石。凡官員有罪需罰役，皆輸左校。

［8］【今注】自引：自殺。

［9］【李賢注】歐刀，刑人之刀也。【今注】歐刀：本指古歐冶子所作之劍。後泛指刑人之刀。

［10］【今注】孫程：字稚卿，涿郡新城（今河北保定市徐水區西）人。傳見本書卷七八。

［11］【李賢注】謂順帝爲太子，被江京等廢爲濟陰王，程等謀立之時也。【今注】造事：謂起事、發動政變。本書《順帝紀》載延光四年“十一月丁巳，京師及郡國十六地震。是夜，中黄門孫程等十九人共斬江京、劉安、陳達等，迎濟陰王於德陽殿西鍾下，即皇帝位”。

［12］【今注】構：構陷，陷害。

［13］【今注】羽林：星官名。《史記·天官書》“（北宫玄武）其南有衆星，曰羽林天軍”，《正義》：“羽林四十五星，三三而聚，散在壘壁南，天軍也。亦天宿衛之兵革出。不見，則天下亂；金、火、水入，軍起也。”

［14］【李賢注】《史記·天官書》曰“虚、危南有衆星，曰羽林”也。

［15］【今注】案，紹興本、大德本、殿本“詔”前有“下”字。

［16］【李賢注】《埤蒼》云：“箱，序也。”字或作“廂”。【今注】箱：廂房。指正房兩邊的房子。

［17］【李賢注】阿母，宋娥也。【今注】阿母：指順帝乳母山陽君宋娥。

［18］【今注】尚書：官名。東漢尚書臺六曹，每曹設尚書一人，分别負責己曹事務。秩六百石。

［19］【今注】賈朗：曹金華《後漢書稽疑》按，“‘賈朗’，

《後漢紀》卷一八作‘賈服’，未詳孰是”（第741頁）。存疑。

［20］【今注】幡：豎直形制的旗幟。

［21］【今注】議郎：官名。在漢代爲郎中令或光禄勳下屬官員。徵賢良之士任之，掌顧問應對，無固定職事，唯詔命所使，秩六百石。

［22］【今注】尚書僕射：官名。東漢時，尚書僕射爲少府屬官，負責署理尚書事，令不在則奏下衆事，秩六百石。

是時長吏二千石聽百姓謫罰者輸贖，[1]號爲“義錢”，託爲貧人儲，[2]而守令因以聚斂。詡上疏曰：“元年以來，貧百姓章言長吏受取百萬以上者，匈匈不絶，[3]謫罰吏人至數千萬，而三公、刺史少所舉奏。[4]尋永平、章和中，[5]州郡以走卒錢給貸貧人，[6]司空劾案，州及郡縣皆坐免黜。今宜遵前典，蠲除權制。”[7]於是詔書下詡章，切責州郡。謫罰輸贖自此而止。

［1］【今注】長吏二千石：此處當指太守等地方長官。太守，秩二千石。　輸贖：支付罰金以贖罪。

［2］【今注】託爲貧人儲：託言（以罰金作爲賑濟）貧民的儲蓄。

［3］【今注】匈匈：同“洶洶”。

［4］【今注】刺史：官名。西漢武帝元封五年（前106）將全國，除京師附近七郡以外的土地分爲十三部，或稱十三州。每部置刺史一人，奉詔巡行下轄諸郡，省察治政，黜陟能否，斷理冤獄，秩六百石。

［5］【今注】永平：東漢明帝劉莊年號（58—75）。　章和：東漢章帝劉炟年號（87—88）。

［6］【李賢注】走卒，伍伯之類也。《續漢志》曰："伍伯（伍，大德本作'在'），公八人，中二千石六人，千石、六百石皆四人，自百石以下至二百石皆二人。黄綬。武官伍伯，文官辟車。鈴下、侍閤、門蘭、部署、街走卒，皆有程品，多少隨所典領，率皆赤幘縫褠（縫，大德本、殿本作'絳'，是）。"即今行鞭杖者也。此言綬者（綬，紹興本、大德本、殿本作"錢"，是），令其出資錢，不役其身也。【今注】走卒錢：用於支給役卒勞役報酬的錢。

［7］【今注】蠲（juān）除：廢除。　權制：（這項）權力。

先是寧陽主簿詣闕，［1］訴其縣令之枉，［2］積六七歲不省。主簿乃上書曰："臣爲陛下子，陛下爲臣父。臣章百上，終不見省，臣豈可北詣單于以告怨乎？"［3］帝大怒，持章示尚書，尚書遂劾以大逆。詡駮之曰："主簿所訟，乃君父之怨；百上不達，是有司之過。愚惷之人，不足多誅。"帝納詡言，笞之而已。［4］詡因謂諸尚書曰："小人有怨，不遠千里，斷髪刻肌，詣闕告訴，而不爲理，豈臣下之義？君與濁長吏何親，而與怨人何仇乎？"聞者皆慙。詡又上言："臺郎顯職，［5］仕之通階。［6］今或一郡七八，或一州無人。宜令均平，以厭天下之望。"［7］及諸奏議，多見從用。

［1］【今注】寧陽：縣名。治所在今山東寧陽縣南。　主簿：官名。漢朝中央及州郡官府均置，典領文書簿籍，經辦各種事務。此處指縣主簿。

［2］【李賢注】寧陽，縣，屬東平國，故城在今兖州龔丘縣南也。

［3］【今注】單于：匈奴首領稱號。《史記》卷一一〇《匈奴列傳》"匈奴單于曰頭曼"，裴駰《集解》引《漢書音義》曰："單于者，廣大之貌，言其象天單于然。"

［4］【今注】笞：五刑之一。用荆條或竹板擊打後背、臀股等部位。《漢書·刑法志》："（景帝元年）丞相劉舍、御史大夫衛綰請：'笞者，箠長五尺，其本大一寸，其竹也，末薄半寸，皆平其節。當笞者笞臀。毋得更人，畢一罪乃更人。'"顏師古注引如淳曰："然則先時笞背也。"

［5］【今注】臺郎：指尚書郎。臺即尚書臺。尚書郎，官名。尚書的屬官，任滿三年稱侍郎。東漢設尚書郎三十六人，主要負責文書起草工作。秩四百石。

［6］【今注】通階：猶言康莊大道。

［7］【今注】厭：滿足。

詡好刺舉，[1]無所回曲也，[2]數以此忤權戚，遂九見譴考，三遭刑罰，而剛正之性，終老不屈。永和初，[3]遷尚書令，[4]以公事去官。朝廷思其忠，復徵之，會卒。臨終，謂其子恭曰："吾事君直道，行己無愧，所悔者爲朝歌長時殺賊數百人，其中何能不有冤者。自此二十餘年，家門不增一口，斯獲罪於天也。"

［1］【今注】刺舉：檢舉。刺，指責、揭發。

［2］【李賢注】回，曲也。【今注】案，曲，紹興本、大德本、殿本作"容"。回曲，即回容，謂曲法以寬容。本書卷二二《馬武傳》"帝雖制御功臣，而每能回容，宥其小失"，李賢注："回，曲也，曲法以容也。"

［3］【今注】永和：東漢順帝劉保年號（136—141）。

［4］【今注】尚書令：官名。東漢時，尚書令爲少府屬官，掌

凡選署及奏下尚書曹文書衆事，秩千石。

恭有俊才，官至上黨太守。

傅燮字南容，北地靈州人也。[1]本字幼起，慕南容三復白珪，乃易字焉。[2]身長八尺，有威容。少師事太尉劉寬。[3]再舉孝廉。[4]聞所舉郡將喪，乃弃官行服。[5]後爲護軍司馬，[6]與左中郎皇甫嵩俱討賊張角。[7]

［1］【李賢注】靈州，縣也。【今注】北地：郡名。治富平縣（今寧夏吴忠市西南）。　靈州：縣名。治所在今寧夏靈武市北。

［2］【李賢注】《家語》子貢對衛文子曰："一日三復白圭之玷（圭，紹興本作'珪'），是南宫縚之行也。"王肅注曰（曰，大德本、殿本作"云"）："玷，缺也。《詩》云：'白珪之玷（珪，大德本、殿本作"圭"），尚可磨也。言之玷（紹興本、大德本、殿本"言"前有"斯"字），不可爲也。'一日三復，慎之至也。"【今注】南容三復白珪：《論語·先進》："南容三復白圭，孔子以其兄之子妻之。"何晏《集解》："孔曰：《詩》云：'白圭之玷，尚可磨也；斯言之玷，不可爲也。'南容讀詩至此，三反覆之，是其心慎言也。"南容，孔子弟子南宫縚。魯人，字子容。案，珪，大德本、殿本作"圭"。

［3］【今注】太尉劉寬：本書卷八《靈帝紀》："（熹平五年）秋七月，太尉許訓罷，光禄勳劉寬爲太尉。"劉寬，字文饒，弘農華陰（今陝西華陰市東）人。傳見本書卷二五。案，太，紹興本作"大"。

［4］【今注】孝廉：漢代選拔人才的一種方式。孝謂孝子，廉

指廉潔之士。最初，孝、廉各自獨立爲一門。西漢武帝采納董仲舒建議，於元光元年（前134）初令郡國舉孝、廉各一人。其後多混同連稱，因而合爲一科，所舉也不盡限於孝者和廉吏。舉孝廉一般按年進行，郡國每年向中央推舉一至二人。被舉者大都先除授郎中。

[5]【今注】行服：服喪服。

[6]【今注】護軍司馬：官名。職掌領兵征戰。

[7]【今注】左中郎：即左中郎將。官名。隸屬光禄勳，秩比二千石，負責宫殿的宿衛侍從。　皇甫嵩：字義真，安定朝那（今寧夏彭陽縣東）人。傳見本書卷七一。　張角：鉅鹿人。奉事黄老，創立太平道。東漢靈帝中平元年（184），自稱天公將軍，率衆起義。起義軍皆頭纏黄巾，故號“黄巾軍”。同年，病死。

燮素疾中官，[1]既行，因上疏曰：“臣聞天下之禍，不由於外，皆興於内。是故虞舜升朝，先除四凶，[2]然後用十六相。[3]明惡人不去，則善人無由進也。今張角起於趙、魏，黄巾亂於六州。[4]此皆釁發蕭牆，[5]而禍延四海者也。[6]臣受戎任，[7]奉辭伐罪，始到潁川，[8]戰無不剋。黄巾雖盛，不足爲廟堂憂也。臣之所懼，在於治水不自其源，末流彌增其廣耳。陛下仁德寬容，多所不忍，故閹豎弄權，忠臣不進。誠使張角梟夷，[9]黄巾變服，[10]臣之所憂，甫益深耳。[11]何者？夫邪正之人不宜共國，亦猶冰炭不可同器。[12]彼知正人之功顯，而危亡之兆見，皆將巧辭飾説，共長虚僞。夫孝子疑於屢至，[13]市虎成於三夫。[14]若不詳察真僞，忠臣將復有杜郵之戮矣。[15]陛下宜思虞舜四罪之舉，速行讒佞放殛之誅，[16]則善人思進，姦凶自息。臣聞忠臣之事君，猶孝子之事父也。子之事父，焉得不盡其情？使臣身備鈇鉞之戮，[17]陛下少用其言，國之福也。"書奏，宦者趙忠見而忿惡。[18]及破張角，燮功多當封，忠訴譖之，[19]靈帝猶識燮言，[20]得不加罪，竟亦不封，以爲安定都尉。[21]以疾免。

［1］【今注】中官：宫中官，即宦官。

［2］【今注】四凶：堯舜之時的共工、驩兜、三苗和鯀四個罪惡的部落領袖。舜上位後，先後將他們誅殺。《尚書·舜典》"流共工于幽洲，放驩兜于崇山，竄苗于三危，殛鯀于羽山"，僞孔安國《傳》："殛、竄、放、流，皆誅也。異其文，述作之體。"

［3］【李賢注】《左傳》曰，昔高陽氏有才子八人，蒼舒、潰敳（潰，紹興本、大德本、殿本作"隤"）、檮戭、太臨（太，紹興本、大德本、殿本作"大"）、尨降、庭堅、仲容、叔達，謂之八愷。高辛氏有才子八人，伯奮、仲堪、叔獻、季仲、伯虎、仲熊、叔豹、季貍，謂之八元也。【今注】用十六相：説見《左傳》文公十八年。然十六相謂誰，傳文無細目。李賢注釋爲八元、八愷，説當本《禮記·禮運》孔穎達《正義》引鄭玄説。

［4］【李賢注】《皇甫嵩傳》曰："連結郡國，自青、徐、幽、冀、荆、楊、兖、豫八州之人，莫不畢應。"此云"六州"，蓋初起時也。【今注】黄巾：黄巾軍。東漢後期由張角利用太平道發起組織的大規模農民起義軍。

［5］【今注】釁發蕭牆：指災禍起於内部。張角最先計劃在京師洛陽附近起事，並事先勾結了宦官封胥、徐奉等以爲内應。故言釁發蕭墻。釁，禍亂。蕭牆，本是宫殿内用作屏障的矮墻，後用以喻指宫内、内部。

［6］【今注】案，大德本、殿本無"者"字。

［7］【今注】戎任：軍事任務。

[8]【今注】潁川：郡名。治陽翟縣（今河南禹州市）。

[9]【今注】梟夷：誅殺。梟，斬殺。夷，平滅。

[10]【今注】變服：改變穿着，即不再頭纏黄巾。意謂黄巾軍被消滅。

[11]【李賢注】甫，始也。

[12]【李賢注】韓子曰"冰炭不同器而久，寒暑不同時而至"也。【今注】冰炭不可同器：典出《韓非子·顯學》。

[13]【李賢注】甘茂對秦武王曰："昔曾參之居費，魯人有與曾參同姓名者殺人，人告其母曰'曾参殺人'，其母織自若也。又告之，其母自若也。又告之，其母投杼下機，踰牆而走。夫以曾參之賢與其母之信也，三人疑之，其母懼焉。"見《史記》也。【今注】孝子疑於屢至：典出《史記》卷七一《樗里子甘茂列傳》。

[14]【李賢注】解見《馬援傳》。【今注】市虎成於三夫：比喻謠言重複多次，就能讓人信以爲真。《戰國策·魏策二》："龐蔥與太子質於邯鄲，謂魏王曰：'今一人言市有虎，王信之乎？'王曰：'否。''二人言市有虎，王信之乎？'王曰：'寡人疑之矣。''三人言市有虎，王信之乎？'王曰：'寡人信之矣。'龐蔥曰：'夫市之無虎明矣，然而三人言而成虎。今邯鄲去大梁也遠於市，而議臣者過於三人矣。願王察之矣。'"

[15]【李賢注】白起與應侯有隙，搆之秦昭王，免起爲士伍，遷之陰密。行出咸陽西門十里，至杜郵，使賜劍自裁。見《史記》。案杜郵，今咸陽城是其地。酈元注《水經》云渭水北有杜郵亭也。【今注】杜郵：地名。在今陝西咸陽市東北。

[16]【李賢注】殛音紀力反。殛亦誅也。【今注】放殛（jí）之誅：放殛本意是流放與誅殺，在這統一用作誅殺。典本《尚書·舜典》僞孔安國《傳》，參見本段注釋[2]。

[17]【今注】鈇鉞：行刑所用的斫刀和大斧。

[18]【今注】忿惡：氣憤而厭惡。

［19］【李賢注】《續漢書》曰："燮軍斬賊三帥卜巳、張伯、梁仲寧等，功高爲封首。"【今注】訴譖：進讒言。

［20］【李賢注】識，記也，音志。【今注】靈帝：東漢靈帝劉宏，公元168年至189年在位。紀見本書卷八。

［21］【今注】安定：郡名。東漢治臨涇縣（今甘肅鎮原縣東南）。　都尉：官名。爲郡軍事長官，統帥、訓練一郡軍隊，協助太守維護治安。秩比二千石。

後拜議郎。會西羌反，邊章、韓遂作亂隴右，[1]徵發天下，役賦無已。司徒崔烈以爲宜弃涼州。[2]詔會公卿百官，烈堅執先議。燮厲言曰："斬司徒，天下乃安。"尚書郎楊贊奏燮廷辱大臣。帝以問燮。燮對曰："昔冒頓至逆也，[3]樊噲爲上將，[4]願得十萬衆横行匈奴中，[5]憤激思奮，未失人臣之節，顧計當從與不耳，[6]季布猶曰'噲可斬也'。[7]今涼州天下要衝，國家藩衛。[8]高祖初興，[9]使酈商别定隴右；[10]世宗拓境，[11]列置四郡，[12]議者以爲斷匈奴右臂。[13]今牧御失和，使一州叛逆，海内爲之騷動，陛下卧不安寢。烈爲宰相，不念爲國思所以弭之之策，乃欲割弃一方萬里之土，臣竊惑之。若使左衽之虜得居此地，[14]士勁甲堅，因以爲亂，此天下之至慮，社稷之深憂也。若烈不知之，是極蔽也；知而故言，是不忠也。"帝從燮議。由是朝廷重其方格，[15]每公卿有缺，爲衆議所歸。

［1］【今注】邊章韓遂：東漢末年涼州軍閥，二人曾勾結起兵爲亂。邊章，本名邊允。韓遂，字文約。　隴右：地區名。泛指隴

山以西地區，相當於今甘肅隴山、六盤山以西，黄河以東的區域。

［2］【今注】司徒崔烈：本書卷八《靈帝紀》："（中平二年）三月，廷尉崔烈爲司徒。"崔烈，事見本書卷五二《崔寔傳》。案，烈，大德本作"恕"。

［3］【今注】冒頓：西漢時期匈奴首領，姓欒鞮氏，秦二世時殺父頭曼自立爲單于，隨後逐步收復秦所得匈奴地，進而占取河南地。漢高祖七年（前200），圍高祖劉邦於白登山，迫使漢庭與之和親。

［4］【今注】樊噲：秦末漢初人。初以屠狗爲業，後爲劉邦手下武將。傳見《史記》卷九五、《漢書》卷四一。

［5］【今注】匈奴：古代中國位於蒙古高原上的游牧民族。公元前3世紀前後興起於大漠南北，以冒頓單于時最爲强盛。西漢初期，匈奴勢力强大，經常南下侵擾，漢朝衹得遣送宗室公主爲單于閼氏、饋贈財物、開放關市與其締結和親。武帝時，屢爲漢軍所敗，其勢漸衰。宣帝時期，匈奴内訌，部族分裂爲五部，呼韓邪單于附漢。東漢建武年間，匈奴再次分裂爲南、北二支。南匈奴附漢，入居塞内，進而内遷。北匈奴在被竇憲率領的漢軍大敗後，則逐漸退往中亞。傳見《史記》卷一一〇、《漢書》卷九四、本書卷八九。

［6］【今注】不：同"否"。

［7］【李賢注】冒頓，匈奴單于名也。《前書》曰，季布爲中郎將，單于爲書嫚呂太后，呂太后怒，召諸將議之。將軍樊噲曰："願得十萬衆，横行匈奴中。"諸將皆阿太后，以噲言爲然。布曰："樊噲可斬也！夫以高帝兵三十萬困於平城，噲時亦在其中。今奈何以十萬衆横行匈奴中！"【今注】季布猶曰噲可斬也：《史記》卷一〇〇《季布欒布列傳》："孝惠時，（季布）爲中郎將。單于嘗爲書嫚呂后，不遜，呂后大怒，召諸將議之。上將軍樊噲曰：'臣願得十萬衆，横行匈奴中。'諸將皆阿呂后意，曰'然'。季布曰：

‘樊噲可斬也！夫高帝將兵四十餘萬衆，困於平城，今噲奈何以十萬衆横行匈奴中，面欺！且秦以事於胡，陳勝等起。于今創痍未瘳，噲又面諛，欲摇動天下。’是時殿上皆恐，太后罷朝，遂不復議擊匈奴事。”

［8］【今注】藩衞：猶言屏障。

［9］【今注】高祖：西漢高祖劉邦，公元前206年至前195年在位。紀見《史記》卷八、《漢書》卷一。

［10］【李賢注】《前書》，漢王賜酈商爵信成君，以將軍爲隴西都尉，别定北地。【今注】酈商：秦末漢初人。酈食其弟，隨劉邦起兵征戰，屢立戰功，封曲周侯。傳見《史記》卷九五。

［11］【今注】世宗：西漢武帝劉徹，公元前141年至前87年在位。世宗是其廟號。紀見《史記》卷一二、《漢書》卷六。

［12］【今注】列置四郡：指西漢武帝從武威、酒泉中析置張掖、敦煌二郡。武威，郡名。治姑臧縣（今甘肅武威市）。酒泉，郡名。治福禄縣（今甘肅武威市）。張掖，郡名。治觻得縣（今甘肅張掖市西北）。敦煌，郡名。治敦煌縣（今甘肅敦煌市西）。

［13］【李賢注】《前書》，武帝分武威、酒泉，置張掖、敦煌，謂之四郡。劉歆等議曰：“孝武帝北攘匈奴，降昆邪十萬之衆，置五屬國，起朔方，以奪其肥饒之地。東伐朝鮮，起玄菟、樂浪，以斷匈奴之左臂。西伐大宛，并六國，結烏孫，起敦煌、酒泉、張掖，以鬲婼羌，裂匈奴之右臂。”婼音而遮反。

［14］【李賢注】《説文》曰：“衽，衣衿也。”【今注】左衽之虜：成爲少數民族的俘虜。衽指衣襟。古時中原衣襟外露者向右，少數民族則衣襟外露向左。故以左衽指少數民族。《論語·憲問》：“子貢曰：‘管仲非仁者與？桓公殺公子糾，不能死，又相之。’子曰：‘管仲相桓公，霸諸侯，一匡天下，民到於今受其賜。微管仲，吾其被髮左衽矣。豈若匹夫匹婦之爲諒也，自經於溝瀆而莫之知也？’”

[15]【李賢注】方，正也。格猶標準也。【今注】方格：方正的品格。

頃之，趙忠爲車騎將軍，[1]詔忠論討黄巾之功，執金吾甄舉等謂忠曰：[2]"傅南容前在東軍，有功不侯，[3]故天下失望。今將軍親當重任，宜進賢理屈，以副衆心。"忠納其言，遣弟城門校尉延致殷勤。[4]延謂燮曰："南容少容我常侍，[5]萬户侯不足得也。"燮正色拒之曰："遇與不遇，命也；有功不論，時也。傅燮豈求私賞哉！"忠愈懷恨，然憚其名，不敢害。權貴亦多疾之，是以不得留，[6]出爲漢陽太守。[7]

[1]【今注】車騎將軍：官名。西漢初置爲軍事統帥，作戰時統帥車騎戰士。事訖即罷。武帝後改爲常職，地位僅次於大將軍、驃騎將軍，典掌京城、皇宫禁衛隊，出征時統領諸將軍。至東漢，其權勢尤重，位比三公，常以貴戚充任，秩萬石。

[2]【今注】執金吾：官名。西漢武帝太初元年（前104）由中尉改名而來。職掌宫廷之外，京師的治安、警衛事務，戒備水火非常之事，秩中二千石。

[3]【今注】不侯：未封侯。

[4]【今注】城門校尉：官名。職掌京城諸城門警衛，統領城門屯兵。秩比二千石。　延致：招徠、邀請。

[5]【今注】案，後一"容"字，紹興本作"答"，大德本字糊，殿本作"答"。　常侍：官名。此處爲中常侍的省稱。常侍，即經常侍從皇帝左右的意思。中常侍在西漢，原爲加官。凡列侯、將軍、卿大夫、將、都尉、尚書以至郎中，加此職銜方得出入禁中，常侍皇帝左右。至東漢，中常侍爲少府屬官，用宦官擔任，秩

千石，後增爲比二千石。本書《百官志三》："中常侍，千石。本注曰：宦者，無員。後增秩比二千石。掌侍左右，從入内宫，贊導内衆事，顧問應對給事。"

［6］【李賢注】一作"封"。

［7］【今注】漢陽：郡名。東漢明帝永平十七年（74）置，治冀縣（今甘肅甘谷縣東）。　太守：官名。郡的最高行政長官。東漢太守掌治民，進賢勸功，決訟檢姦，秩二千石。

初，郡將范津明知人，舉爕孝廉。及津爲漢陽，與爕交代，[1]合符而去，[2]鄉邦榮之。[3]津字文淵，南陽人。[4]爕善卹人，叛羌懷其恩化，並來降附，乃廣開屯田，列置四十餘營。

［1］【今注】交代：交接工作。

［2］【今注】合符：符契兩邊相合，以驗證身份。

［3］【今注】鄉邦：家鄉。邦，即"國"，原指諸侯國。因避漢高祖劉邦諱改。

［4］【今注】南陽：郡名。治宛縣（今河南南陽市卧龍區）。

時刺史耿鄙委任治中程球，[1]球爲通姦利，士人怨之。[2]中平四年，[3]鄙率六郡兵討金城賊王國、韓遂等。[4]爕知鄙失衆，[5]必敗，諫曰："使君統政日淺，[6]人未知教。孔子曰：'不教人戰，是謂弃之。'[7]今率不習之人，越大隴之阻，[8]將十舉十危，[9]而賊聞大軍將至，必萬人一心。邊兵多勇，其鋒難當，而新合之衆，上下未和，萬一内變，雖悔無及。不若息軍養德，明賞必罰。賊得寬挺，[10]必謂我怯，群惡争埶，其離可必。[11]然後率已教之人，討已離之賊，[12]其功可坐而待也。今不爲萬全之福，而就必危之禍，竊爲使君不取。"[13]鄙不從。行至狄道，[14]果有反者，先殺程球，次害鄙，賊遂進圍漢陽。城中兵少粮盡，燮猶固守。

[1]【今注】治中：官名。州官佐吏，治中從事史之省稱。職主選署及文書案卷。秩百石。

[2]【李賢注】《漢官》曰，司隸功曹從事，即持中也（持，殿本作"治"）。

[3]【今注】中平：東漢靈帝劉宏年號（184—189）。

[4]【今注】金城：郡名。治允吾縣（今甘肅永靖縣西北）。

[5]【今注】失衆：離失衆人之心。

[6]【今注】統政：執掌地方之政。

[7]【今注】孔子曰不教人戰是謂弃之：典出《論語·子路》。意思是爲政者不教習人民而讓他們去戰鬬，實際是抛棄他們的行爲。

[8]【今注】大隴：地名。大隴山，在今陝西、甘肅兩省之間。

[9]【今注】十舉十危：百分百地出現危險。

[10]【李賢注】挺，解也。【今注】寬挺：寬鬆。挺，緩解。《吕氏春秋·仲夏》"挺重囚"，高誘注："挺，緩也。"

[11]【今注】其離可必：他們將分崩離析是必然的結果。

[12]【今注】案，已離，大德本作"成擒"。

[13]【今注】不取：意謂不贊成。

[14]【今注】狄道：縣名。治所在今甘肅臨洮縣。

時北胡騎數千隨賊攻郡，皆夙懷燮恩，共於城外叩頭，求送燮歸鄉里。子幹年十三，從在官舍。知燮性剛，有高義，恐不能屈志以免，[1]進諫曰："國家昏亂，遂令大人不容於朝。今天下已叛，而兵不足自守，鄉里羌胡[2]先被恩德，[3]欲令弃郡而歸，願必許之。徐至鄉里，率厲義徒，見有道而輔之，以濟天下。"言未終，[4]燮慨然而歎，呼幹小字曰："别成，[5]汝知吾必死邪？蓋'聖達節，次守節'。[6]且殷紂之暴，伯夷不食周粟而死，仲尼稱其賢。[7]今朝廷不甚殷紂，[8]吾德亦豈絶伯夷？[9]世亂不能養皓然之志，[10]食禄又欲避其難乎？[11]吾行何之，[12]必死於此。汝有才智，勉之勉之。主簿揚會，吾之程嬰也。"[13]幹哽咽不能復言，左右皆泣下。王國使故酒泉太守黄衍説燮曰：[14]"成敗之事，已可知矣。先起，上有霸王之業，[15]下成伊吕之勳。[16]天下非復漢有，府君寧有意爲吾屬師乎？"[17]燮案劍叱衍曰："若剖符之臣，[18]反爲賊説邪！"遂麾左右進兵，臨陣戰殁。謚曰壯節侯。

[1]【今注】免：免死。意指逃走。

[2]【李賢注】燮，北地人，故云鄉里也。

[3]【今注】被（pī）：古同"披"。

[4]【今注】案，未，大德本作"夫"。

[5]【李賢注】《幹集》曰："幹字彦材（材，紹興本、殿本作'林'，大德本作'休'）。"

[6]【李賢注】《左傳》曰，曹公子臧曰："前志有之，聖達節，次守節，下失節（下，大德本作'不'）。"【今注】聖達節次守節：《左傳》成公十五年"諸侯將見子臧於王而立之，子臧辭曰：'前志有之曰：聖達節，次守節，下失節。爲君，非吾節也。

雖不能聖，敢失守乎？’遂逃奔宋”，杜預注：“（聖達節謂）聖人應天命不拘常禮，（次守節）謂賢者，（下失節謂）愚者妄動。”達節，意謂能通達地掌握節操，而不爲世俗禮法所束縛。

［7］【李賢注】《史記》曰，伯夷，孤竹君之子也。武王載文王木主伐紂（木，大德本作“本”）。殷既平，伯夷恥之，義不食周粟，遂餓死。《論語》曰（殿本無“曰”字），子貢問曰：“伯夷、叔齊何人也？”孔子曰：“古之賢人也。”【今注】仲尼：孔子字仲尼。

［8］【今注】不甚：不比（殷紂）更糟糕。

［9］【今注】絶：超絶。

［10］【李賢注】《孟子》曰：“養吾皓然之氣（皓，大德本、殿本作‘浩’）。”趙岐注曰：“浩然，天氣也。”【今注】養皓然之志：《孟子·公孫丑上》：“（公孫丑）曰：‘敢問夫子惡乎長？’（孟子）曰：‘我知言，我善養吾浩然之氣’”，趙岐注：“孟子云，我聞人言，能知其情所趨，我能自養育我之所有浩然之大氣也。”浩然之志，正直廣大的志氣。案，皓，大德本、殿本作“浩”。

［11］【李賢注】《左傳》曰，子路曰“食焉不避其難”也。【今注】食禄又欲避其難乎：典出《左傳》哀公十五年。

［12］【今注】吾行何之：我往哪兒走？

［13］【李賢注】程嬰（嬰，大德本作“魯”），解見《馮衍傳》也。【今注】程嬰：春秋晉國人。晉大夫屠岸賈族殺正卿趙朔一門，程嬰與朔客公孫杵臼謀救趙氏孤兒。事見《史記》卷四三《趙世家》。

［14］【今注】案，太，大德本作“大”。

［15］【今注】霸王：項羽。其滅秦後，自立爲“西楚霸王”。

［16］【今注】伊吕：伊尹、吕尚。二人皆是商周的開國賢臣。

［17］【李賢注】師即君也。《尚書》曰“作之君，作之師”也。【今注】吾屬師：暗指叛軍願以傅燮爲君。《孟子·梁惠王下》

“（孟子曰）《書》曰：‘天降下民，作之君，作之師，惟曰其助上帝寵之。四方有罪無罪惟我在，天下曷敢有越厥志’”，趙岐注：“《書》，《尚書》逸篇也。言天生下民，爲作君，爲作師，以助天光寵之也。四方善惡皆在己，所謂在予一人，天下何敢有越其志者也。”

［18］【今注】若：你。　剖符之臣：指郡守這様的封疆大吏。剖符，古代帝王分封諸侯、功臣時，以竹符爲信證，君臣各執其一。故以“剖符”代指授職管轄一方土地。

幹知名，位至扶風太守。[1]

［1］【今注】扶風：地名。三輔之一，東漢治懷里縣（今陝西興平市東南）。

蓋勳字元固，敦煌廣至人也。[1]家世二千石。[2]初舉孝廉，爲漢陽長史。[3]時武威太守倚恃權埶，[4]恣行貪横，從事武都蘇正和案致其罪。[5]涼州刺史梁鵠畏懼貴戚，[6]欲殺正和以免其負，乃訪之於勳。勳素與正和有仇，或勸勳可因此報隙。[7]勳曰：“不可。謀事殺良，非忠也；乘人之危，非仁也。”乃諫鵠曰：“夫紲食鷹鳶欲其鷙，[8]鷙而亨之，將何用哉？”[9]鵠從其言。正和喜於得免，而詣勳求謝。勳不見，曰：“吾爲梁使君謀，不爲蘇正和也。”怨之如初。[10]

［1］【李賢注】廣至，縣名，故城在今瓜州常樂縣東（大德本無“東”字），今謂之縣泉堡是也（堡，大德本作“墨”）。【今注】廣至：縣名。治所在今甘肅安西縣東南破城子。

［2］【李賢注】《續漢書》曰："曾祖父進，漢陽太守。祖父彪，大司農。"《謝承書》曰："父字思齊，官至安定屬國都尉。"【今注】家世二千石：家中世代任職二千石官員。

［3］【今注】長史：官名。即郡長史。漢代邊郡置長史一人，職掌兵馬。東漢光武帝建武十四年（38）罷邊郡太守丞，長史兼丞職，在政務上輔佐太守。秩六百石。

［4］【今注】倚恃：倚仗依靠。

［5］【今注】從事：官名。爲州部長官自辟屬吏，負責某一方面的具體事務，秩百石。　案致：審查而確定。

［6］【今注】梁鵠：《太平廣記》卷二〇六《書一》："梁鵠字孟皇。安定烏氏人。少好書。受法於師宜官。以善八分書知名。舉孝廉爲郎。亦在鴻都門下。遷選部郎。靈帝重之。魏武甚愛其書。常懸帳中。又以釘壁。以爲勝宜官也。于時邯鄲淳亦得次仲法。淳宜爲小字。鵠宜爲大字。不如鵠之用筆盡勢也。"

［7］【今注】報隙：猶言報仇。隙，仇隙、怨恨。

［8］【李賢注】紲，繫也。《廣雅》曰："鷙，執也。"《蒼頡解詁》曰（蒼，大德本作"倉"）："鳶，鴟也（鴟，大德本字糊，殿本作'鵄'）。"食音嗣。

［9］【今注】紲（xiè）食鷹鳶（yuān）欲其鷙（zhì）鷙而亨之將何用哉：（人類）拴繫着飼養着的鷹鳶就想讓他們性情凶猛、狠戾；（鷹鳶）狠戾了之後却把他們烹煮食用了，又有什麽意義呢？

［10］【李賢注】《續漢書》，中平元年，黄巾賊起，故武威太守酒泉黄儁被徵，失期。梁鵠欲奏誅儁，勳爲言得免。儁以黄金二十斤謝勳，勳謂儁曰："吾以子罪在八議，故爲子言。吾豈賣評哉！"終辭不受。

中平元年，北地羌胡與邊章等寇亂隴右，刺史左昌因軍興斷盜數千萬。[1]勳固諫，昌怒，乃使勳别屯阿陽以拒賊鋒,[2]欲因軍事罪之,而勳數有戰功。邊章等遂攻金城,殺郡守陳懿,勳勸昌救之,不從。邊章等進圍昌於冀,昌懼而召勳。勳初與從事辛曾、孔常俱屯阿陽,及昌檄到,[3]曾等疑不肯赴。勳怒曰:"昔莊賈後期,穰苴奮劍。[4]今之從事,豈重於古之監軍哉!"[5]曾等懼而從之。勳即率兵救昌。到,乃誚讓章等,[6]責以背叛之罪。皆曰:"左使君若早從君言,以兵臨我,庶可自改。[7]今罪已重,不得降也。"乃解圍而去。昌坐斷盜徵,[8]以扶風宋梟代之。[9]梟患多寇叛,謂勳曰:"涼州寡於學術,[10]故屢致反暴。今欲多寫《孝經》,令家家習之,庶或使人知義。"勳諫曰:"昔太公封齊,崔杼殺君;[11]伯禽侯魯,慶父簒位。[12]此二國豈乏學者?今不急静難之術,[13]遽爲非常之事,[14]既足結怨一州,又當取笑朝廷,勳不知其可也。"梟不從,遂奏行之。果被詔書詰責,坐以虚慢徵。時叛羌圍護羌校尉夏育於畜官,[15]勳與州郡合兵救育,至狐槃,[16]爲羌所破。勳收餘衆百餘人,爲魚麗之陳。[17]羌精騎夾攻之急,士卒多死。勳被三創,[18]堅不動,乃指木表曰:[19]"必尸我於此。"[20]句就種羌滇吾[21]素爲勳所厚,乃以兵扞衆曰:[22]"蓋長史賢人,汝曹殺之者爲負天。"勳仰罵曰:"死反虜,汝何知?促來殺我!"[23]衆相視而驚。滇吾下馬與勳,勳不肯上,遂爲賊所執。羌戎服其義勇,不敢加害,送還漢陽。後刺史楊雍即表勳領漢陽太守。時人飢,相漁食,[24]勳調穀稟之,[25]先出家糧以率衆,存活者千餘人。

［1］【李賢注】斷謂割截。【今注】斷：截斷、阻隔，引申爲隱瞞。

［2］【李賢注】阿陽，縣，屬天水郡。【今注】阿陽：縣名。治所在今甘肅静寧縣西南城川鄉咀頭村。

［3］【今注】檄（xí）：檄書。古代官府一種用於徵招、聲討的文書。

［4］【李賢注】齊景公時，燕、晉侵齊，景公以司馬穰苴爲將，扞之，仍令寵臣莊賈監軍。與穰苴期旦日會，賈素驕貴，夕時至，穰苴召軍正問曰："軍法期而後者云何？"對曰："當斬。"遂斬賈以徇三軍。【今注】莊賈後期穰苴奮劍：事見《史記》卷六四《司馬穰苴列傳》。此處用典借指軍事行動不得拖延。

［5］【今注】從事：指辛曾、孔常。　監軍：指莊賈。

［6］【今注】誚（qiào）讓：責問。誚，責備。

［7］【今注】庶：應該、或許。

［8］【今注】斷盜徵：對反叛的情况隱匿不報。

［9］【李賢注】《續漢書》"梟"字作"泉"也。

［10］【今注】寡於學術：意謂德教不深。古人相信道德教化可以使民風淳厚，消弭叛亂於無形。

［11］【今注】太公封齊崔杼（zhù）殺君：齊莊公與齊國大夫崔杼之妻私通，後爲崔杼所殺。事見《左傳》襄公二十五年。

［12］【李賢注】崔杼，齊大夫。齊莊公先通其妻，杼殺之。慶父，魯莊公弟。莊公子開立，是爲湣公，慶父襲殺湣公。並見《史記》。【今注】伯禽侯魯慶父篡位：魯莊公死後，魯國上卿慶父有謀篡之心，先後殺害公子般與魯閔公。後奔莒，在遣送回國途中自殺。事見《左傳》莊公三十二年至閔公二年。

［13］【今注】静難：消解災難。

［14］【今注】遽（jù）：突然、倉促。

［15］【李賢注】《前書·尹翁歸傳》曰："有論罪輸掌畜官（官，殿本作'宫'，本注下同）。"《音義》曰："右扶風畜牧所在，有苑師之屬，故曰畜官。畜音許救反。"【今注】護羌校尉：官名。持節以統領羌族事務，秩比二千石，多以邊郡太守、都尉轉任。　案，官，殿本作"宫"。

［16］【今注】狐槃：曹金華《後漢書稽疑》："《校勘記》按：'《集解》引惠棟説，謂《袁宏紀》作"孤磐"。'余按：《集解》引惠棟説，謂'《晉書·載記》曰狐盤在天水冀縣'。'孤'當作'狐'，槃、磐、盤通作。"（第744頁）

［17］【李賢注】麗音離。《左傳》曰："王以諸侯伐鄭，鄭原繁、高渠彌奉公爲魚麗之陳，先偏後伍，五承彌縫（五，大德本、殿本作'伍'）。"杜預注曰："此魚麗陳法也。"【今注】魚麗之陳：古代的一種戰陣。《左傳》桓公五年"爲魚麗之陳"，杜預注："《司馬法》：'車戰二十五乘爲偏。'以車居前，以伍次之，承偏之隙而彌縫闕漏也。五人爲伍。此蓋魚麗陳法。"

［18］【今注】創：創傷。

［19］【李賢注】表，摽也。【今注】木表：木製的標牌。

［20］【今注】尸：收尸，意謂埋葬。

［21］【李賢注】句就，羌别種也。句音古侯反。

［22］【今注】扞（hàn）：抵擋、擋住。

［23］【今注】促：快、速。

［24］【今注】漁食：猶如捕魚一般地侵奪、掠取他人財物。《漢書》卷七七《何並傳》"陽翟輕俠趙季、李款多畜賓客，以氣力漁食閭里"，顔師古注："漁者，謂侵奪取之，若漁獵之爲也。"

［25］【李賢注】調猶發也。【今注】調穀稟（lǐn）之：調撥發放糧食。

後去官，徵拜討虜校尉。[1]靈帝召見，問："天下何苦而反亂如此？"勳曰："倖臣子弟擾之。"[2]時宦者上軍校尉蹇碩在坐，[3]帝顧問碩，碩懼，不知所對，而以此恨勳。帝又謂勳曰："吾已陳師於平樂觀，[4]多出中藏財物以餌士，何如？"[5]勳曰："臣聞'先王曜德不觀兵。'[6]今寇在遠而設近陳，不足昭果毅，秖黷武耳。"[7]帝曰："善。恨見君晚，群臣初無是言也。"

［1］【今注】討虜校尉：官名。東漢末置，職掌領兵作戰。地位低於將軍而高於都尉。

［2］【今注】倖臣：帝王寵幸的近臣。

［3］【今注】上軍校尉：官名。東漢靈帝初置，爲西園八校尉之一，職掌屯衞兵。由小黄門蹇碩任之，其餘七校尉受其節制。本書卷八《靈帝紀》"（中平五年）八月，初置西園八校尉"，李賢注引樂資《山陽公載記》曰："小黄門蹇碩爲上軍校尉，虎賁中郎將袁紹爲中軍校尉，屯騎校尉鮑鴻爲下軍校尉，議郎曹操爲典軍校尉，趙融爲助軍左校尉，馮芳爲助軍右校尉，諫議大夫夏牟爲左校尉，淳于瓊爲右校尉：凡八校尉，皆統於蹇碩。"

［4］【今注】吾已陳師於平樂觀：本書《靈帝紀》"（中平五年冬十月）甲子，帝自稱'無上將軍'，燿兵於平樂觀"，李賢注："平樂觀在洛陽城西。"

［5］【李賢注】中藏謂内藏也。【今注】餌士：以財物誘招士人。

［6］【李賢注】《國語》曰："穆王將征犬戎，祭公謀父諫曰：'不可。先王曜德不觀兵。'"韋昭注曰："燿，明也。觀，示也。"【今注】先王曜德不觀兵：典出《國語·周語上》。意謂古代的聖王展示的是品德而非武力。

［7］【李賢注】《左傳》曰“戎昭果毅以聽之之謂武（之之，大德本作‘之’），殺敵爲果，致果曰毅”也。【今注】昭果毅：典出《左傳》宣公二年。意思是（向人）顯示果敢勇毅。 案，秖，大德本、殿本作“秖”。 黷武：濫用武力。

勳時與宗正劉虞、佐軍校尉袁紹同典禁兵。[1]勳謂虞、紹曰：“吾仍見上，上甚聰明，但擁蔽於左右耳。[2]若共併力誅嬖倖，然後徵拔英俊，以興漢室，功遂身退，豈不快乎！”虞、紹亦素有謀，因相連結，未及發，而司隸校尉張温舉勳爲京兆尹。[3]帝方欲延接勳，[4]而蹇碩等心憚之，並勸從温奏，遂拜京兆尹。

［1］【今注】宗正：官名。位列九卿，例由宗室擔任，負責管理皇族外戚諸事務。秩中二千石。 劉虞：字伯安，東海郯（今山東郯城縣西北）人。傳見本書卷七三。 佐軍校尉：官名。東漢靈帝初置，爲西園八校尉之一，職掌屯衞兵。由淳于瓊任之，受小黄門上軍校尉蹇碩節制。 袁紹：字本初，汝南汝陽（今河南商水縣西北）人。傳見本書卷七四上。 典：主掌、任職。

［2］【今注】擁蔽：被隔絶、受阻礙。

［3］【今注】京兆尹：官名。西漢都長安，京畿地區設“三輔”進行管轄。其中京兆地區大約在今陝西西安市以東至渭南市華州區之間。京兆尹是京兆地區的最高行政官員，秩中二千石。東漢中興，改都洛陽，但以陵廟所在，故不變稱號，惟減其秩爲二千石。

［4］【今注】延接：延攬、羅致。

時長安令揚黨，[1]父爲中常侍，恃執貪放，[2]勳案得其臧千餘萬。[3]貴戚咸爲之請，勳不聽，具以事聞，并連黨父，有詔窮案，[4]威震京師。時小黄門京兆高望爲尚藥監，[5]倖於皇太子，太子因蹇碩屬望子進爲孝廉，勳不肯用。或曰："皇太子副主，望其所愛，碩帝之寵臣，而子違之，所謂三怨成府者也。"[6]勳曰："選賢所以報國也。非賢不舉，死亦何悔！"勳雖在外，每軍國密事，帝常手詔問之。[7]數加賞賜，甚見親信，在朝臣右。

[1]【今注】長安令：官名。掌治長安縣（今陝西西安市西北），秩千石。

[2]【今注】貪放：貪婪放縱。

[3]【今注】臧：貪污受賄的贓物。

[4]【今注】窮案：徹底詳盡地調查。

[5]【今注】小黄門：官名。隸屬少府，職掌侍從皇帝左右，收受尚書奏事。其位下於中常侍，而高於中黄門。秩六百石。 尚藥監：官名。爲宫廷醫官，掌御藥。

[6]【李賢注】府，聚也。【今注】三怨成府：與多人結怨則難免於災禍。

[7]【李賢注】《續漢書》曰："是時，漢陽叛人王國，衆十餘萬，攻陳倉，三輔震動。勳領郡兵五千人，自請滿萬人，因表用處士扶風孫瑞爲鷹鷂都尉，桂陽魏傑爲破敵都尉，京兆杜楷爲威虜都尉，弘農揚儒爲鳥擊都尉，長陵第五儁爲清寇都尉。凡五都尉，皆素有名，悉領屬勳。每有密事，靈帝手詔問之。"

及帝崩，董卓廢少帝，[1]殺何太后，[2]勳與書曰："昔伊尹、霍光權以立功，[3]猶可寒心，足下小醜，何以終此？賀者在門，弔者在廬，可不慎哉！”[4]卓得書，意甚憚之。徵爲議郎。時左將軍皇甫嵩精兵三萬屯扶風，[5]勳密相要結，[6]將以討卓。會嵩亦被徵，勳以衆弱不能獨立，遂並還京師。自公卿以下，莫不卑下於卓，唯勳長揖争禮，[7]見者皆爲失色。卓問司徒王允曰：[8]“欲得快司隸校尉，誰可作者？”[9]允曰：“唯有蓋京兆耳。”卓曰：“此人明智有餘，然不可假以雄職。”乃以爲越騎校尉。[10]卓又不欲令久典禁兵，復出爲潁川太守。[11]未及至郡，徵還京師。時河南尹朱儁爲卓陳軍事。[12]卓折儁曰：“我百戰百勝，決之於心，卿勿妄説，且汙我刀。”勳曰：“昔武丁之明，[13]猶求箴諫，[14]況如卿者，而欲杜人之口乎？”卓曰：“戲之耳。”勳曰：“不聞怒言可以爲戲？”卓乃謝儁。勳雖强直不屈，而内厭於卓，不得意，疽發背卒，時年五十一。遺令勿受卓賻贈。卓欲外示寬容，表賜東園祕器賵襚，[15]送之如禮。葬于安陵。[16]

[1]【今注】董卓：字仲穎，隴西臨洮（今甘肅岷縣）人。傳見本書卷七二。　少帝：劉辯，東漢靈帝嫡長子。在靈帝身後即位爲帝。不一年，被董卓廢爲弘農王，改立異母弟陳留王劉協爲帝，是爲獻帝。

[2]【今注】何太后：東漢靈帝第二任皇后何氏。紀見本書卷一〇下。

[3]【今注】霍光：字子孟，河東平陽（今山西臨汾市西南）人。傳見《漢書》卷六八。

[4]【李賢注】孫卿子曰“慶者在堂，弔者在閭，福與禍鄰，

莫知其門”也。【今注】賀者在門弔者在廬：典出《荀子·大略》。原文如李賢注所引。楊倞注：“言慶者雖在堂，弔者已在門。言（禍福）相襲之速也。”

［5］【今注】左將軍：官名。漢重號將軍之一，與前、後、右將軍並位，而位次大將軍、驃騎、車騎、衛將軍之後。平時職掌禁兵，戍衛京師，或任征伐。

［6］【今注】要結：邀引交結。

［7］【今注】長揖争禮：長揖是古時行禮的一種方式。行禮者舉手高拱，自上而下地向人行禮。這是以一種故作謙遜的姿態向人表示自己的傲慢不恭，故謂之争禮。

［8］【今注】王允：字子師，太原祁（今山西祁縣）人。傳見本書卷六六。

［9］【今注】欲得快司隸校尉誰可作者：意謂誰適合擔任司隸校尉。得快，得意、盡意。

［10］【今注】越騎校尉：官名。東漢時北軍五校之一。隸屬北軍中候，他與其他四校一起負責京師宫殿區之外的守備和扈從任務。秩比二千石。

［11］【今注】案，太，殿本作“大”。

［12］【今注】河南尹：官名。東漢都洛陽，改河南郡爲尹，設同名官員一人，作爲河南尹地區的最高行政官員。秩二千石。朱儁：字公偉，會稽上虞（今浙江紹興市上虞區）人。傳見本書卷七一。

［13］【今注】武丁：商代國君。在位期間，任用傅説而國大治，使殷復興。廟號高宗。事見《史記》卷三《殷本紀》。

［14］【李賢注】武丁，殷王高宗也。謂傅説曰：“啓乃心，沃朕心。”説復于王曰：“惟木從繩則正，后從諫則聖。”見《尚書》。【今注】箴諫：規箴勸誡的話。武丁向傅説求箴諫，事見《尚書·説命》。

[15]【今注】表賜：表彰性地賜贈。表，旌表、顯揚。　東園祕器：指棺槨。《漢書》卷九三《佞倖傳》"及至東園祕器，珠襦玉柙，豫以賜賢，無不備具"，顔師古注："《漢舊儀》云東園祕器作棺梓，素木長二丈，崇廣四尺。"　賵（fèng）襚（suì）：贈予喪家的車馬和衣物。賵，以車馬等物助給喪家送葬的禮儀，在此代指因喪事所贈車馬。襚，喪事時向死者贈送衣衾，在此代指因喪事所贈衣物。

[16]【今注】安陵：西漢惠帝劉盈陵寢。在今陝西咸陽市渭城區韓家灣鄉白廟村。

子順，官至永陽太守。[1]

[1]【今注】永陽：郡名。東漢獻帝初平四年（193）改漢陽郡上邽縣設，治所在今甘肅天水市。本書《郡國志》漢陽郡下劉昭注引《獻帝起居注》曰："初平四年十二月，已分漢陽、上郡爲永陽，以鄉亭爲屬縣。"王先謙《後漢書集解》引馬與龍曰："案上郡與漢陽地望懸隔，不得並以分郡，此注有誤。疑'上郡'爲'上邽'之譌，'已'字爲'郡'字之譌。當云'分漢陽上邽爲永陽郡'。觀注言以鄉亭爲屬縣，必以縣爲郡明矣。"説是。

臧洪字子源，廣陵射陽人也。[1]父旻，有幹事才。[2]熹平元年，[3]會稽妖賊許昭起兵句章，[4]自稱"大將軍"，立其父生爲越王，攻破城邑，衆以萬數。拜旻揚州刺史。[5]旻率丹揚太守陳夤擊昭，[6]破之。昭遂復更屯結，大爲人患。旻等進兵，連戰三年，破平之，獲昭父子，斬首數千級。遷旻爲使匈奴中郎將。[7]

［1］【李賢注】射陽故城在今楚州安宜縣東也。【今注】廣陵：郡名。治廣陵縣（今江蘇揚州市西北蜀岡上）。 射陽：縣名。治所在今江蘇寶應縣東北射陽鎮。

［2］【李賢注】《謝承書》曰："旻達於從政，爲漢良吏，遷匈奴中郎將。還京師，太尉袁逢問其西域諸國土地風俗人物種數，旻具答言西域本三十六國，後分爲五十五，稍散至百餘國。大小，道里近遠，人數多少，風俗燥濕，山川草木鳥獸異物名種不與中國同者，口陳其狀，手畫地形。逢奇其才，歎息言：'雖班固作《西域傳》，何以加此乎？'"

［3］【今注】熹平：東漢靈帝劉宏年號（172—178）。

［4］【李賢注】句章縣故城在今越州鄮縣西。《十三州志》云："句踐之地，南至句無（無，大德本作'章'，殿本作'餘'），其後併吴，因大城之（之，紹興本作'句'），章伯功以示子孫，故曰句章。"【今注】會稽：郡名。治吴縣（今江蘇蘇州市）。東漢順帝永建四年（129），徙治山陰縣（今浙江紹興市）。 句（gōu）章：縣名。治所在今浙江餘姚市東南城山村。

［5］【今注】揚州：西漢武帝時所置十三刺史部之一，下轄九江、丹陽、廬江、會稽、吴、豫章六郡。

［6］【今注】丹揚：應即丹陽。郡名。治宛陵縣（今安徽宣州市）。

［7］【今注】使匈奴中郎將：官名。西漢時常遣中郎將使匈奴，稱匈奴中郎將，作爲使節，事訖即罷。東漢光武帝建武二十六年（50），遣中郎將段郴等使南匈奴，授南匈奴單于璽綬，令入居雲中，始置使匈奴中郎將以監護之，因設官府、屬吏。後徙至西河，而逐漸爲常制，秩比二千石。

洪年十五，以父功拜童子郎，[1]知名太學。[2]洪體貌魁梧，有異姿。[3]舉孝廉，補即丘長。[4]

［1］【李賢注】漢法，孝廉試經者拜爲郎。洪以年幼才俊，故拜童子郎也。《續漢書》曰“左雄奏徵海内名儒爲博士，使公卿子弟爲諸生，有志操者加其俸禄。及汝南謝廉、河南趙建章年始十二，各能通經，雄並奏拜童子郎。於是負書來學，雲集京師”也。【今注】童子郎：郎官的一種。漢代專授未成年而通經者。童子郎是漢代未成年人參與政治的一種特例，“少爲郎”成了許多行政人員最初的經歷（參見王子今、吕宗力《漢代“童子郎”身份與“少爲郎”現象》，《南都論壇》2011年第4期）。

［2］【今注】太學：中國古代國家的最高學府。西漢武帝元朔五年（前124）始置太學。至東漢，太學制度大爲發展，生員衆多。

［3］【李賢注】魁梧，壯大之貌也。梧音吾。

［4］【李賢注】即丘，縣，屬琅邪國，故城在今沂州臨沂縣東南，即《春秋》之祝丘也。【今注】即丘：縣名。治所在今山東郯城縣東北禹王城。

中平末，弃官還家，太守張超請爲功曹。[1]時董卓弑帝，[2]圖危社稷。洪説超曰：“明府歷世受恩，兄弟並據大郡。[3]今王室將危，賊臣虎視，此誠義士效命之秋也。今郡境尚全，吏人殷富，若動桴鼓，[4]可得二萬人。以此誅除國賊，爲天下唱義，[5]不亦宜乎！”超然其言，與洪西至陳留，[6]見兄邈計事。[7]邈先謂超曰：“聞弟爲郡，委攻臧洪，洪者何如人？”超曰：“臧洪海内奇士，才略智數不比於超矣。”邈即引洪與語，大異之。乃使詣兖州刺史劉岱、[8]豫州刺史孔伷，[9]遂皆相善。邈既先有謀約，會超至，定議，乃與諸牧守大會酸棗。[10]設壇場，將盟，既而更相辭讓，莫敢先登，咸共推洪。洪乃攝衣升壇，[11]操血而盟曰：[12]“漢室不幸，皇綱失統，賊臣董卓，乘釁縱害，[13]禍加至尊，毒流百姓。大懼淪喪社稷，翦覆四海。[14]兗州刺史岱、豫州刺史伷、陳留太守邈、東郡太守瑁、[15]廣陵太守超等，糾合義兵，並赴國難。[16]凡我同盟，齊心一力，以致臣節，隕首喪元，[17]必無二志。有渝此盟，[18]俾墜其命，[19]無克遺育。[20]皇天后土，祖宗明靈，實皆鑒之。”洪辭氣慷慨，聞其言者，無不激揚。[21]自是之後，諸軍各懷遲疑，[22]莫適先進，[23]遂使糧儲單竭，[24]兵衆乖散。[25]

［1］【今注】張超：字子並，河閒鄚（今河北任丘市）人。傳見本書卷八〇下。

［2］【今注】董卓弑帝：指東漢獻帝初平元年（190）春正月癸酉，董卓弑殺已被廢爲弘農王的少帝劉辯。

［3］【李賢注】謂超爲廣陵，兄邈爲陳留也。

［4］【今注】桴鼓：戰鼓。此處喻指戰争。

［5］【今注】唱義：猶言率先發動起義。唱，倡導，發起。

［6］【今注】陳留：郡名。治陳留縣（今河南開封市東南陳留鎮）。

［7］【今注】計事：謀劃事宜。

［8］【李賢注】岱字公山。【今注】兗州：西漢武帝時所置十三刺史部之一，下轄陳留、東郡、東平、任城、泰山、濟北、山陽、濟陰八郡。

［9］【李賢注】伷字公緒。【今注】豫州：西漢武帝時所置十三刺史部之一，下轄潁川、汝南二郡及梁、沛、陳、魯四諸侯國。

［10］【今注】酸棗：縣名。治所在今河南延津縣西南。

［11］【今注】攝衣：提起衣裳。

［12］【今注】操血：即歃血。

［13］【今注】乘釁縱害：猶言藉機作亂。

［14］【今注】蕑覆：即顛覆。

［15］【李賢注】橋瑁也。【今注】東郡：治濮陽縣（今河南濮陽市西南故縣村）。

［16］【李賢注】糾，收也。

［17］【今注】隕首喪元：都是掉腦袋的意思，借指死亡。元，首、頭。

［18］【今注】渝：變更、改變，引申爲違背。

［19］【今注】俾墜其命：使（違背盟誓的人）喪命。俾，令、使。墜，失去。

［20］【李賢注】《左傳》曰，王子虎盟諸侯于王廷，要言曰"皆獎王室，無相害也。有渝此盟，明神殛之（殛，大德本作'亟'），俾墜其師，無克胙國"也（胙，紹興本、大德本、殿本作"祚"）。【今注】無克遺育：（使違背盟誓的人）没有後代。克，能。

［21］【今注】激揚：精神激動而振奮。

［22］【今注】遲疑：猶豫、觀望的態度。

［23］【今注】莫適先進：都不率先進軍。

［24］【今注】單竭：竭盡、罄竭。單，通"殫"，盡。

［25］【今注】乖散：離散。乖，背離、分離。

時討虜校尉公孫瓚與大司馬劉虞有隙，[1]超乃遣洪詣虞，共謀其難。行至河間而值幽冀交兵，[2]行塗阻絶，因寓於袁紹。紹見洪，甚奇之，與結友好，以洪領青州刺史。[3]前刺史焦和好立虚譽，能清談。[4]時黄巾群盜處處飈起，而青部殷實，軍革尚衆。[5]和欲與諸同盟西赴京師，未及得行，而賊已屠城邑。和不理戎警，[6]但坐列巫史，禜禱群神。[7]又恐賊乘凍而過，命多作陷冰丸，以投于河。衆遂潰散，和亦病卒。洪收撫離叛，百姓復安。

[1]【今注】公孫瓚：字伯珪，遼西令支（今河北遷安市西）人。傳見本書卷七三。　大司馬：官名。西漢武帝置大司馬爲加官號，用以冠大將軍、驃騎將軍、車騎將軍等。成帝設三公，以大司馬位列三公之首，與大司徒、大司空並位宰相，共同負責政務。秩萬石。東漢初沿置，職掌四方兵事功課。光武帝建武二十七年（51）改名太尉。東漢末，則與太尉並置，位在三公之上。案，大，殿本作“太”。

[2]【今注】河間：郡名。治樂成縣（今河北獻縣東南）。　幽冀：幽州與冀州。幽州，西漢武帝時所置十三刺史部之一，下轄涿、廣陽、代、上谷、漁陽、右北平、遼西、遼東、玄菟、樂浪十郡。冀州，西漢武帝時所置十三刺史部之一，下轄魏、鉅鹿、常山、中山、安平、河間、清河、渤海八郡及趙國。

[3]【今注】領：謂高級官員兼任較低級别職務。　青州：西漢武帝時所置十三刺史部之一，下轄濟南、平原、樂安、北海、東萊五郡及齊國。

[4]【今注】清談：圍繞老莊玄理的言談。因不涉及濁世，故謂之“清”。

[5]【今注】軍革：武器兵甲。

[6]【今注】戎警：危急的軍情。

[7]【李賢注】巫，女巫也。史，祝史也。禜謂營攢用幣，以禳風雨霜雪水旱厲疫於日月星辰山川也。禱謂告事求福也。【今注】禜（yǒng）禱：祭祀祈禱以避免災禍。

在事二年，袁紹憚其能，徙爲東郡太守，都東武陽。[1]時曹操圍張超於雍丘，[2]甚危急。超謂軍吏曰："今日之事，唯有臧洪必來救我。"或曰："袁曹方穆，[3]而洪爲紹所用，恐不能敗好遠來，[4]違福取禍。"[5]超曰："子源天下義士，終非背本者也，或見制强力，不相及耳。"洪始聞超圍，乃徒跣號泣，[6]並勒所領，將赴其難。自以衆弱，從紹請兵，而紹竟不聽之，超城遂陷，張氏族滅。洪由是怨紹，絶不與通。紹興兵圍之，歷年不下，使洪邑人陳琳以書譬洪，[7]示其禍福，責以恩義。[8]洪答曰：

[1]【今注】東武陽：縣名。治所在今山東莘縣東南。

[2]【今注】曹操：字孟德，三國魏太祖。紀見《三國志》卷一。　雍丘：縣名。治所在今河南杞縣。

[3]【今注】穆：和睦。

[4]【今注】敗好遠來：敗壞（袁曹）和睦友好的關係從遠方趕來。

[5]【今注】違福取禍：違背有利的事情而招致禍事。

[6]【今注】徒跣（xiǎn）：光着脚。徒，僅僅、衹。跣，赤足。

[7]【今注】陳琳：字孔璋，東漢末著明文士。與孔融、王燦、徐幹、阮瑀、應瑒、劉楨並號"建安七子"。傳見《三國志》卷二一。

[8]【李賢注】《獻帝春秋》曰"紹使琳爲書八條，責以恩義，告喻使降"也。

隔闊相思，發於寤寐。[1]相去步武，[2]而趨舍異規，[3]其爲愴恨，胡可勝言！[4]前日不遺，[5]比辱雅況，[6]述叙禍福，公私切至。以子之才，窮該典籍，豈將闇於大道，[7]不達余趣哉？[8]是以損弃翰墨，一無所酬，[9]亦冀遥忖褊心，[10]粗識鄙性。重獲來命，援引紛紜，雖欲無對，而義篤其言。[11]

［1］【今注】寤寐：不能入睡。

［2］【李賢注】《爾雅》曰："武，迹也。"【今注】步武：一步之間的足迹，指距離很短。

［3］【今注】趨舍異規：（大家的）行爲取捨的標準不一樣。

［4］【今注】胡：怎麽。

［5］【今注】不遺：即遺書，指陳琳此前的來信。不，加强語氣而無實際意義的助詞。

［6］【李賢注】比，頻也（頻，紹興本、大德本、殿本作"頻"，是）。【今注】比辱雅況：即有勞您多多問候的意思。比，頻頻。辱，讓對方屈尊受辱做某事。雅況，美好的祝福。況，貺祝。

［7］【今注】闇：不了解，不明了。

［8］【今注】不達余趣：不了解我的志趣、好尚。

［9］【今注】損棄翰墨一無所酬：謂不聽從陳琳來信的建議，且無所酬謝。

［10］【今注】褊心：偏狹的心性。這是形容自己的謙辭。

［11］【今注】義篤其言：（我會用自己）適當的行爲來踐行我的言辭。

僕小人也，[1]本乏志用，中因行役，特蒙傾蓋，[2]恩深分厚，遂竊大州，[3]寧樂今日自還接刃乎？[4]每登城臨兵，觀主人之旗鼓，[5]瞻望帳幄，[6]感故友之周旋，[7]撫弦搦矢，[8]不覺涕流之覆面也。何者？自以輔佐主人，無以爲悔；主人相接，[9]過絶等倫。受任之初，志同大事，掃清寇逆，[10]共尊王室。豈悟本州被侵，郡將遘戹，[11]請師見拒，辭行被拘，使洪故君，[12]遂至淪滅。區區微節，無所獲申，豈得復全交友之道，[13]重虧忠孝之名乎？所以忍悲揮戈，收淚告絶。若使主人少垂古人忠恕之情，來者側席，去者克己，[14]則僕抗季札之志，不爲今日之戰矣。[15]

[1]【今注】僕：對自己的謙稱。

[2]【李賢注】《家語》，孔子之郯，與程子相遇於塗，傾蓋而語也。【今注】傾蓋：用典指二人相結交。《史記》卷八三《魯仲連鄒陽列傳》"諺曰：'白頭如新，傾蓋如故。'何則？知與不知也"，《索隱》引《志林》曰："傾蓋者，道行相遇，軿車對語，兩蓋相切，小欹之，故曰傾也。"

[3]【今注】遂竊大州：指自己任職郡太守。

[4]【今注】寧樂今日自還接刃乎：指對自己目前與對方刀兵相見的事情無法感到高興。

[5]【李賢注】洪常寓於紹，故謂之主人也。

[6]【今注】瞻望：眺望、瞭望。

[7]【今注】周旋：照顧，幫忙斡旋。

[8]【李賢注】搦，捉也，音女卓反。【今注】撫弦搦（nuò）矢：拉弦搭箭，指交戰。

[9]【今注】相接：交往，交接。

[10]【今注】案，掃，紹興本、大德本、殿本作"埽"。

[11]【今注】遘（gòu）戹：遭遇災厄。遘，遭遇。

[12]【今注】故君：指張超。

[13]【今注】案，全，底本不成字，今據紹興本、大德本、殿本改。

[14]【李賢注】來者側席而待之，去者克己自責，不責人也。【今注】側席：謂單設一席以優待。　克己：猶言嚴以律己。

[15]【李賢注】吴王餘眛卒，欲授弟季札，季札逃去。見《史記》也。【今注】抗（káng）：繼承、承擔。　季札之志：意謂逃走。季札，春秋時期吴王壽夢的第四子。季札幼而賢，壽夢欲立之，季札讓不可，於是壽夢乃立長子諸樊。王諸樊立十三年而卒，死前有命授弟餘祭，欲傳以次，必致國於季札而止。王餘祭死，傳餘眛。王餘眛死，欲授弟季札。季札讓，逃去。事見《史記》卷三一《吴太伯世家》。

昔張景明登壇喢血，[1]奉辭奔走，卒使韓牧讓印，主人得地。[2]後但以拜章朝主，賜爵獲傳之故，不蒙觀過之貸，而受夷滅之禍。[3]吕奉先討卓來奔，[4]請兵不獲，告去何罪，復見斫刺。[5]劉子璜奉使踰時，[6]辭不獲命，畏君懷親，以詐求歸，可謂有志忠孝，無損霸道，亦復僵尸麾下，[7]不蒙虧除。[8]慕進者蒙榮，違意者被戮，此乃主人之利，非遊士之願也。是以鑒戒前人，守節窮城，[9]亦以君子之違，不適敵國故也。[10]

[1]【今注】昔張景明登壇喢血：應指上文廣陵太守張超與兖州刺史劉岱、豫州刺史孔伷、陳留太守張邈、東郡太守橋瑁盟會酸

棗，起兵共伐董卓一事。

［2］【今注】韓牧讓印主人得地：指冀州牧韓馥受迫於袁紹日益增長的勢力與威望，在袁紹外甥陳留高幹及潁川荀諶的勸誘下，交出了冀州州牧之位。事見本書卷七四上《袁紹傳》，《三國志》卷六《魏書·袁紹傳》略同。案，以上史書記載與李賢注所引《英雄記》不同。

［3］【李賢注】《英雄記》云，袁紹使張景明、郭公則、高元才等説韓馥，使讓冀州與紹。然則馥之讓位，景明亦有其功。其餘未詳也。

［4］【李賢注】《魏志·呂布傳》曰："布破張燕軍而求益兵，衆將士鈔掠，紹患忌之。布覺其意，從紹求去。"《英雄記》："布求還洛，紹假布領司隸校尉，外言當遣，內欲殺布。明日當發，紹遣甲士三十人，辭以送布，止於帳側。布僞使人於帳中鼓箏，紹兵卧，無何，出帳去而兵不覺。夜半兵起，亂斫布牀被，謂已死。明旦，紹訊問，知布尚在，乃閉城門，布遂引去。"【今注】呂奉先：呂布，奉先其字。傳見本書卷七五、《三國志》卷七。

［5］【今注】斫刺：砍殺。借指軍隊進攻。

［6］【今注】劉子璜：人不詳。《三國志·袁紹傳》裴松之注案云："公孫瓚表列紹罪過云：'紹與故虎牙將軍劉勳首共造兵，勳仍有效，而以小忿枉害于勳，紹罪七也。'疑此是子璜也。"存疑。踰：同"逾"。

［7］【今注】僵尸麾下：意謂袁紹殺死了劉子璜。案，僵，殿本作"殭"。

［8］【今注】虧除：指減罪。

［9］【今注】案，節，紹興本、大德本、殿本作"死"。

［10］【李賢注】《左傳》云，公山不狃曰："君子違不適讎國。"杜預注云："違，奔亡也。"

足下當見久圍不解，救兵未至，感婚姻之義，推平生之好，以爲屈節而苟生，勝守義而傾覆也。[1]昔晏嬰不降志於白刃，南史不曲筆以求存，[2]故身傳圖象，名垂後世。況僕據金城之固，[3]驅士人之力，散三年之畜以爲一年之資，匡困補乏，[4]以悦天下，何圖築室反耕哉？[5]但懼秋風揚塵，伯珪馬首南向，[6]張揚、飛燕旅力作難，[7]北鄙將告倒懸之急，[8]股肱奏乞歸之記耳。[9]主人當鑒戒曹輩，反旌退師，[10]何宜久辱盛怒，暴威於吾城之下哉！[11]

[1]【今注】傾覆：指滅亡。

[2]【李賢注】崔杼殺齊莊公，欲劫晏子與盟，以戟拘其頸，劍承其心。晏子曰："劫吾以刃而失其意，非勇也。"崔杼遂釋之。事見《晏子》。《左傳》曰"大史書曰'崔杼弑其君'（大，大德本、殿本作'太'；弑，殿本作'殺'），崔子殺之。其弟嗣書而死者二人，其弟又書，乃舍之。南史氏聞太史盡死，執簡以往，聞既書矣，乃還"也。【今注】晏嬰不降志於白刃：典出《晏子·内篇雜上》。李賢注所引有簡省。　南史不曲筆以求存：典出《左傳》襄公二十五年。

[3]【今注】金城：堅固的城池。

[4]【今注】匡：挽救，救助。

[5]【李賢注】《左傳》曰："楚子圍宋，築室反耕。"杜預注曰："築室於宋，反兵耕田，示無還意也。"【今注】築室反耕：築起屋舍，讓士兵們放下武器而耕田。表示有屯兵的長久打算。

[6]【李賢注】伯珪，公孫瓚字。

[7]【李賢注】《魏志》曰，張揚字稚叔，雲中人也，以武勇

給并州爲從事。何進令於本州募兵，得千餘人，因留上黨擊山賊。進敗，揚遂以所將兵攻上黨，仍略諸縣，衆至數千，又與袁紹合。張燕，常山人，本姓褚。黄巾起，燕合聚少年爲群盜，衆萬人。博陵張牛角立起，衆次癭陶，牛角爲飛矢所中，且死，告其衆曰："必以燕爲帥。"角死，衆奉燕，故改姓張。燕慓悍，捷速過人，軍中號爲"飛燕"。衆至百萬，號曰"黑山"。後助公孫瓚與紹争冀州也。【今注】伯珪馬首南向張揚飛燕旅力作難：指幽州軍閥公孫瓚將南下進攻袁紹。伯珪，公孫瓚字。旅力，盡力、出力。

［8］【今注】北鄙：北面邊界。　倒懸之急：十分危急的事情。倒懸，把人倒掛起來，形容情勢危急。

［9］【李賢注】股肱猶手足也。言北邊有倉卒之急，股肱之臣將告歸自救耳。【今注】股肱：本指手臂和大腿，喻指得力的臣子或助手。

［10］【今注】反旌：反向打出旌旗，意指退兵。

［11］【今注】暴威：顯示威風。

足下譏吾恃黑山以爲救，[1]獨不念黄巾之合從邪？[2]昔高祖取彭越於鉅野，[3]光武創基兆於緑林，[4]卒能龍飛受命，中興帝業。苟可輔主興化，夫何嫌哉！況僕親奉璽書，與之從事！

［1］【今注】黑山：即黑山軍。東漢末年農民起義軍的一支，主要活動在冀州地區，由張燕率領。

［2］【今注】合從：意謂聯合。

［3］【李賢注】《前書》，彭越將其衆居鉅野中，無所屬，漢王乃使人賜越將軍印，使下濟陰以擊楚也。【今注】彭越：字仲，昌邑（今山東金鄉縣西北）人。西漢開國功臣。傳見《史記》卷九〇、《漢書》卷三四。　鉅野：縣名。治所在今山東巨野縣東北。

[4]【今注】光武：東漢開國皇帝劉秀，公元25年至57年在位。紀見本書卷一。　基兆：根基、基礎。　緑林：即緑林軍。新莽末年農民起義軍的一支。天鳳四年（17），荆州地區連年災荒，新市（今湖北京山縣東北）人王匡、王鳳等率衆起義。義軍以緑林山（今湖北大洪山，一説在今湖北當陽市東北）爲根據地，故號緑林軍。後隨着起義形勢的發展，西漢宗室如劉玄、劉縯、劉秀等人亦先後加入緑林軍。公元23年，緑林軍擁戴劉玄爲帝，建立更始政權。同年九月，攻取長安，推翻新莽政權。公元25年，劉玄投降赤眉軍，緑林軍瓦解。

行矣孔璋！[1]足下徼利於境外，[2]臧洪投命於君親；吾子託身於盟主，[3]臧洪策名於長安。子謂余身死而名滅，僕亦笑子生死而無聞焉。本同末離，努力努力，夫復何言！

[1]【今注】行矣孔璋：行爲的影響是很大的。孔，甚、很。璋，通"彰"。

[2]【今注】徼（yāo）利：謀求利益。徼，通"邀"。招致，求取。

[3]【李賢注】盟主謂袁紹也。

紹見洪書，知無降意，增兵急攻。城中粮盡，外無援救，洪自度不免，呼吏士謂曰：[1]"袁紹無道，所圖不軌，且不救洪郡將，洪於大義，不得不死。念諸君無事，[2]空與此禍，[3]可先城未破，將妻子出。"[4]將吏皆垂泣曰："明府之於袁氏，本無怨隙，今爲郡將之故，自致危困，吏人何忍當捨明府去也？"初尚掘鼠，[5]煑筋角，[6]後無所復食，主簿啓内厨米三斗，請稍爲饘粥，[7]洪曰："何能獨甘此邪？"使爲薄糜，[8]徧班士衆。[9]又殺其愛妾，以食兵將。[10]兵將咸流涕，無能仰視。男女七八十人相枕而死，莫有離叛。

［1］【今注】案，大德本無"吏"字。

［2］【今注】案，君，大德本、殿本作"軍"。

［3］【李賢注】與音預。【今注】與（yù）：參與。

［4］【今注】將妻子出：帶着自己的妻子和孩子出城。將，帶領。

［5］【今注】掘鼠：捕鼠爲食。

［6］【今注】煑筋角：指把弓箭上的筋角材質熬煮以爲食。

［7］【李賢注】杜預注《左傳》曰："饘，糜也。"音之延反。【今注】饘（zhān）粥：稠粥。饘，濃稠的粥。

［8］【今注】薄糜：稀粥。糜，粥。

［9］【今注】班：分發。

［10］【今注】食（sì）：拿東西給人吃。

城陷，生執洪。紹盛帷幔，大會諸將見洪。謂曰："臧洪何相負若是！今日服未？"洪據地瞋目曰：[1]"諸袁事漢，四世五公，[2]可謂受恩。今王室衰弱，無扶翼之意，[3]而欲因際會，[4]觖望非冀，[5]多殺忠良，以立姦威。洪親見將軍呼張陳留爲兄，[6]則洪府君亦宜爲弟，而不能同心戮力，爲國除害，坐擁兵衆，[7]觀人屠滅。惜洪力劣，不能推刃爲天下報仇，[8]何謂服乎？"紹本愛洪，意欲屈服赦之，見其辭切，知終不爲用，乃命殺焉。

［1］【今注】擄地瞋目：被按在地上（却仍然）瞪大眼睛。擄，按着。

［2］【今注】諸袁事漢四世五公：汝南袁氏在東漢做官，四代之中有五人位至三公。《三國志》卷六《魏書·袁紹傳》："袁紹字本初，汝南汝陽人也。高祖父安，爲漢司徒。自安以下四世居三公位，由是勢傾天下。"裴松之注引華嶠《漢書》曰："安字邵公，好學有威重。明帝時爲楚郡太守，治楚王獄，所申理者四百餘家，皆蒙全濟，安遂爲名臣。章帝時至司徒，生蜀郡太守京。京弟敞爲司空。京子湯，太尉。湯四子：長子平，平弟成，左中郎將，並早卒；成弟逢，逢弟隗，皆爲公。"

［3］【今注】扶翼：羽翼扶助。

［4］【今注】因：借助。　際會：時機，機遇。

［5］【李賢注】《前書音義》曰（書，殿本作"漢"）："觖猶冀也。"觖音羌恚反。【今注】觖（kuì）望非冀：生出所不該有的希望，暗指袁紹有統一天下而稱帝的非分之想。觖望，期望。

［6］【今注】張陳留：陳留太守張邈。

［7］【今注】案，權，紹興本、殿本作"擁"，是。

［8］【李賢注】《公羊傳》曰："事君猶事父也，父受誅，子復讎，推刃之道。"【今注】推刃：典出《公羊傳》定公四年。意謂結仇雙方往返復仇，後泛指報仇。

洪邑人陳容，少爲諸生，親慕於洪，隨爲東郡丞。[1]先城未敗，洪使歸紹。時容在坐，見洪當死，起謂紹曰："將軍舉大事，欲爲天下除暴，而專先誅忠義，豈合天意？臧洪發舉爲郡將，奈何殺之！"紹慙，使人牽出，謂曰："汝非臧洪儔，[2]空復爾爲？"[3]容顧曰："夫仁義豈有常所，[4]蹈之則君子，[5]背之則小人。今日寧與臧洪同日死，不與將軍同日生也。"遂復見殺。在紹坐者，無不歎息，竊相謂曰："如何一日戮二烈士！"

［1］【今注】郡丞：官名。作爲郡守的副官，協助郡守職掌衆事。秩六百石。

［2］【今注】案，儔，紹興本、大德本、殿本作"疇"。

［3］【今注】空復爾爲：你這麽做有什麽意義？

［4］【今注】常所：固定的所在，即（仁義没有）一定的標準。

［5］【今注】蹈：踐行，實踐。

先是洪遣司馬二人出，[1]求救於吕布。比還，城已陷，皆赴敵死。

［1］【今注】司馬：官名。作爲軍府的高級别幕僚，職掌參贊軍務，協助主官管理府内武職。其品秩隨軍府主官而定，高低不等。

論曰：雍丘之圍，臧洪之感憤壯矣！想其行跣且號，束甲請舉，[1]誠足憐也。夫豪雄之所趣舍，[2]其與守義之心果乎？[3]若乃締謀連衡，[4]懷詐筭以相尚者，[5]蓋惟利勢所在而已。[6]況偏城既危，曹袁方穆，洪徒指外敵之衡，[7]以紓倒縣之會。[8]忿悁之師，[9]兵家所忌。[10]可謂懷哭秦之節，存荆則未聞也。[11]

［1］【今注】請舉：指請袁紹出兵救張超。

［2］【今注】趣舍：即取捨。

[3]【今注】其：豈，難道。　案，果，紹興本、大德本、殿本作“異”，是。

[4]【今注】締：聯結。

[5]【今注】尚：推崇。

[6]【今注】案，勢，紹興本作“埶”。

[7]【今注】指：指望。

[8]【今注】紓：舒緩，解救。

[9]【今注】忿悁：怨怒，憤恨。

[10]【李賢注】《前書》魏相上書曰：“救亂誅暴，謂之義兵，兵義者王。敵加於己，不得已而起者，謂之應兵，兵應者勝。争恨小故，不勝憤怒者，謂之忿兵，兵忿者敗。利人土地貨寶者，謂之貪兵，兵貪者破。恃國家之大，矜其人衆，欲見威於敵者，謂之驕兵，兵驕者滅。此非但人事，乃天道也。”

[11]【李賢注】吴破楚中（中，紹興本、大德本、殿本作“申”，屬下讀），包胥如秦乞師，立依於庭牆而哭，日夜不絶聲，勺飲不入口，七日秦師乃出，以車五百乘救楚，敗吴兵於稷。事見《左傳》及《史記》。言臧洪徒守節致死，不能如包胥之存楚也。【今注】可謂懷哭秦之節存荆則未聞也：申包胥哭秦庭乞師救楚，事見《左傳》定公五年，《史記》卷五《秦本紀》、卷六六《伍子胥列傳》。

贊曰：先零擾疆，[1]鄧、崔弃涼。詡、燮令圖，再全金方。蓋勳抗董，終然允剛。洪懷偏節，力屈志揚。

[1]【今注】先零：漢時羌族的一支。居於今甘肅、青海的湟水流域。

後漢書　卷五九

列傳第四十九

張衡

張衡字平子，南陽西鄂人也。[1]世爲著姓。[2]祖父堪，蜀郡太守。[3]衡少善屬文，游於三輔，[4]因入京師，觀太學，[5]遂通《五經》，[6]貫六蓺。[7]雖才高於世，而無驕尚之情。常從容淡静，不好交接俗人。永元中，[8]舉孝廉不行，[9]連辟公府不就。[10]時天下承平日久，[11]自王侯以下，莫不踰侈。[12]衡乃擬班固《兩都》，[13]作《二京賦》，[14]因以諷諫。[15]精思傅會，[16]十年乃成。文多故不載。大將軍鄧騭奇其才，[17]累召不應。

[1]【李賢注】西鄂，縣，故城在今鄧州向城縣南，有平子墓及碑在焉，崔瑗之文也。【今注】南陽：郡名。治宛縣（今河南南陽市卧龍區）。　西鄂：縣名。治所在今河南南陽市北鄂城寺。

［2］【今注】著姓：有聲望的大族。

［3］【今注】蜀郡：治成都縣（今四川成都市）。

［4］【今注】三輔：西漢京畿地區分設京兆尹、左馮翊、右扶風進行管轄，合稱“三輔”。他們治所皆在長安城中，轄境相當於今陝西中部地區。東漢雖以洛陽爲都，但仍然沿用了三輔的行政區劃。

［5］【今注】太學：中國古代國家的最高學府。漢代在武帝元朔五年（前124）始置太學。至東漢，太學制度大爲發展，生員衆多。

［6］【今注】五經：指《易》《書》《詩》《禮》《春秋》五門經典。西漢武帝因公孫弘之請，立五經博士，在太學中研習、教授這五部經典。

［7］【今注】六蓺：本指禮、樂、射、御、書、數六項基本技能。這本是先秦貴族教育的内容，孔子以此教授其門徒，有關六藝的教育遂向下普及至平民階層。這裏與《五經》對文，指《詩》《書》《禮》《樂》《易》《春秋》。蓺，同“藝”。

［8］【今注】永元：東漢和帝劉肇年號（89—105）。

［9］【今注】舉孝廉：漢代選拔人才的一種方式。孝謂孝子，廉指廉潔之士。最初，孝、廉各自獨立爲一門。漢武帝采納董仲舒建議，於元光元年（前134）初令郡國舉孝、廉各一人。其後多混同連稱，因而合爲一科，所舉也不盡限於孝者和廉吏。舉孝廉一般按年進行，郡國每年向中央推舉一至二人。被舉者大都先除授郎中。

［10］【今注】連辟：接連地徵招。

［11］【今注】承平：太平之世相承，指社會長期處於安寧無事的狀態。

［12］【今注】踰侈：過度奢侈。踰，同“逾”，遠。

［13］【今注】班固：字孟堅，扶風安陵（今陝西咸陽市東北）人。傳見本書卷四〇。　兩都：《兩都賦》，文見本書《班固傳》。

東漢定都洛陽，與西漢都長安不同。是以東漢前期，朝廷之中頗有遷都長安之輿論，如杜篤上《論都賦》之類，事見本書卷八〇上《文苑傳》。班固遂作《兩都賦》，分别描述長安、洛陽的景象，盛稱洛邑制度之美，以折西賓淫侈之論。有關東漢定都洛陽在當時引起争議和困擾的討論，參見曹金華《試論東漢的遷都思潮及其影響》(《江蘇社會科學》1992 年第 3 期)、王爾《“長安系士人”的聚散與東漢建武政治的變遷：從“二〈賦〉”説起》(《中國史研究》2019 年第 4 期)。

[14]【今注】二京賦：張衡仿擬班固《兩都賦》而作的京都大賦，文見《文選》卷二、卷三。

[15]【今注】諷諫：用委婉的語言進行勸諫。

[16]【今注】精思傅會：通過巧妙的構思，用典故文辭以闡發思想。

[17]【今注】大將軍：官名。東漢時位比三公，多授予貴戚，常兼録尚書事，與太傅、太尉等共同主持政務。秩萬石。　鄧騭：字昭伯，南陽新野（今河南新野縣）人。傳見本書卷一六。

衡善機巧，[1]尤致思於天文、陰陽、歷筭。[2]常耽好《玄經》，[3]謂崔瑗曰：[4]“吾觀《大玄》，[5]方知子雲妙極道數，[6]乃與五經相擬，非徒傳記之屬，使人難論陰陽之事，漢家得天下二百歲之書也。[7]復二百歲，殆將終乎？[8]所以作者之數，必顯一世，常然之符也。漢四百歲，玄其興矣。”[9]安帝雅聞衡善術學，[10]公車特徵拜郎中，[11]再遷爲太史令。[12]遂乃研覈陰陽，[13]妙盡琁機之正，[14]作渾天儀，[15]著《靈憲》《筭罔論》，[16]言甚詳明。[17]

［1］【今注】機巧：精密靈巧的機械裝置。

［2］【今注】陰陽：指天文、占卜、律曆等方術類技能。　歷筭：曆法與算數。筭，同“算”。

［3］【李賢注】桓譚《新論》曰：“揚雄作《玄書》，以爲玄者，天也，道也。言聖賢制法作事（‘天也道也言聖賢制’八字，底本糊，今據紹興本、大德本、殿本補），皆引天道以爲本統，而因附續萬類、王政、人事、法度，故宓羲氏謂之易，老子謂之道，孔子謂之元，而揚雄謂之玄。《玄經》三篇（玄經，底本糊，今據紹興本、大德本、殿本補），以紀天地人之道，立三體有上中下，如《禹貢》之陳三品。三三而九，因以九九八十一，故爲八十一卦。以四爲數，數從一至四，重累變易（重，底本糊，今據紹興本、大德本、殿本補），竟八十一而徧，不可損益。以三十五蓍揲之（揲，底本糊，今據紹興本、大德本、殿本補）。《玄經》五千餘言，而傳十二篇也。”【今注】耽好：喜好沉溺。　玄經：《太玄》十卷，東漢揚雄仿擬《周易》而作。内容主要討論世界萬物的本原，思想上表現出道、陰陽、儒三家混合的傾向。

［4］【今注】崔瑗：字子玉，涿郡安平（今河北安平縣）人。傳見本書卷五二。

［5］【今注】案，大，紹興本、大德本、殿本作“太”。

［6］【今注】子雲：即揚雄。子雲是其字。傳見《漢書》卷八七。　妙極道數：高妙地體會了道的精微原理。

［7］【李賢注】子雲當哀帝時著《太玄經》，自漢初至哀帝，二百歲也。

［8］【李賢注】自中興至獻帝，一百八十九年也。【今注】殆：大概，幾乎。

［9］【李賢注】自此已上（已，大德本、殿本作“以”），並衡與崔瑗書之文也。

［10］【今注】安帝：東漢安帝劉祜，公元106年至125年在

位。紀見本書卷五。　術學：數術之學。

［11］【今注】公車：公家的車馬。漢代以公家的車馬接送被徵召者、應舉者以及上書者。　郎中：官名。在漢代，爲郎中令或光禄勳下屬的官員，無定員，掌持戟值班，宿衛殿門，出充車騎。秩比三百石。

［12］【李賢注】《漢官儀》："太史令屬太常，秩六百石也。"【今注】太史令：官名。先秦時期，太史主要負責起草文書，修編史書檔案，保管國家典籍等事務，亦兼管天文曆法，是非常重要的官職。秦漢以來，太史令的地位逐漸降低。至東漢，太史令變成了專司天文占候、編訂曆法的官員，已與史職無涉。秩六百石。

［13］【今注】研覈：精研審查。

［14］【今注】琁機：即"璇璣"。指古代天象儀器上能够轉動的部分。

［15］【今注】渾天儀：中國古代用來觀測天象的儀器名稱。它分爲渾儀和渾象兩部分。其中渾象是一個大圓球上標刻或鑲嵌以星宿、赤道、黄道、恒隱圈、恒顯圈等，類似天球儀；而渾儀則是觀測儀器，觀測者通過窺管來測定昏旦、天體坐標、黄道經度等數據。相傳渾天儀的發明者是西漢的落下閎，東漢的張衡對其有所改進。

［16］【今注】靈憲：東漢張衡所撰天文學論著。《四庫全書》子部類書類有明陳耀文《天中記》六十卷，《總目》卷一三六謂其"第一卷内篇目已畢，復綴以張衡《靈憲》一篇，編次亦無條理"。余嘉錫《四庫提要辯證》卷一六："此書（《天中記》）第一卷之後所附，乃張衡《周天大象賦》一篇，非《靈憲》也。衡所著《靈憲》，見於《續漢書·天文志注》，與此賦絶然不同。《提要》殆見此賦，題爲張衡，而平時所耳食以熟者，衹知衡有《靈憲》，不知有所謂《周天大象賦》，遂意擬此，殆即所謂《靈憲》，而姑妄言之，而不知《靈憲》於今尚存，不可混而爲一也。"案，余嘉錫所謂"《靈憲》於今尚存"，乃就此篇有佚文傳世言之。非謂

《靈憲》完整流傳至今。清人嚴可均集合補綴諸書所引《靈憲》佚文，收入《全後漢文》卷五五。　筭罔論：東漢張衡所撰數學論著，已佚。姚振宗《後漢藝文志》卷三："章懷太子曰：'《衡集》無《算罔論》，蓋網絡天地而算之，因名焉。'阮元《疇人傳論》曰：'章懷太子稱《衡集》無《算罔論》，蓋其《論》已亡失矣。《九章算術注》云"張衡《算》又謂立方爲質，立圓爲渾"，其《算罔論》之遺文與？'"

［17］【李賢注】《漢名臣奏》曰，蔡邕曰："言天體者有三家：一曰周髀，二曰宣夜，三曰渾天。宣夜之學絶，無師法。周髀術數具存，考驗天狀，多所違失，故史官不用。唯渾天者，近得其情，今史官所用候臺銅儀，則其法也。"《靈憲序》曰："昔在先王，將步天路，用定靈軌。尋緒本元，先準之于渾體，是爲正儀，故靈憲作興。"《衡集》無《筭罔論》，蓋網絡天地而筭之，因名焉。

順帝初，[1]再轉，復爲太史令。衡不慕當世，所居之官，輒積年不徙。[2]自去史職，五載復還，乃設客問，[3]作《應閒》以見其志云：[4]

［1］【今注】順帝：東漢順帝劉保，公元125年至144年在位。紀見本書卷六。

［2］【今注】積年不徙：很多年没有升職。

［3］【今注】設客問：古代文章的一種體式。以主客答問的形式謀篇行文，表達思想内容。

［4］【李賢注】閒，非也。《衡集》云："觀者，觀余去史官五載而復還，非進取之勢也（'復還非進取之勢'七字，底本糊，今據紹興本、大德本、殿本補）。唯衡内識利鈍，操心不改。或不我知者，以爲失志矣。用爲閒余（'志矣用爲閒'五字，底本糊，

今據紹興本、大德本、殿本補)。余應之以時有遇否，性命難求，因兹以露余誠焉（以露余誠，底本糊，今據紹興本、大德本、殿本補)，名之應閒云（閒，底本糊，今據紹興本、大德本、殿本補)。”【今注】應閒：張衡所作的一篇文章。閒，有非議、誹謗的意思。在這篇文章裏，張衡假託主客答問的形式，以回應他人的非議，表達自己的志向。

有閒余者曰：蓋聞前哲首務於下學上達，[1]佐國理民，有云爲也。[2]朝有所聞，則夕行之。立功立事，式昭德音。[3]是故伊尹思使君爲堯舜，[4]而民處唐虞，彼豈虚言而已哉，必旌厥素爾。[5]咎單、巫咸，寔守王家，[6]申伯、樊仲，實幹周邦，服衮而朝，[7]介圭作瑞。[8]厥跡不朽，垂烈後昆，[9]不亦丕歟![10]且學非以要利，[11]而富貴萃之。[12]貴以行令，富以施惠，惠施令行，故《易》稱以“大業”。[13]質以文美，實由華興，器賴彫飾爲好，人以輿服爲榮。吾子性德體道，篤信安仁，約己博蓺，無堅不鑽，以思世路，斯何遠矣![14]曩滯日官，今又原之。[15]雖老氏曲全，進道若退，然行亦以需。[16]必也學非所用，術有所仰，故臨川將濟，[17]而舟檝不存焉。徒經思天衢，内昭獨智，固合理民之式也?[18]故嘗見謗于鄙儒。[19]深厲淺揭，隨時爲義，[20]曾何貪於支離，而習其孤技邪?[21]参[22]輪可使自轉，木雕猶能獨飛，已垂翅而還故棲，盍亦調其機而銛諸?[23]昔有文王，自求多福。[24]人生在勤，不索何獲。[25]曷若卑體屈己，美言以相剋?[26]鳴于喬木，乃金聲而玉振之。[27]用後勳，雪前吝，[28]婞佷不柔，[29]以意誰靳也。[30]

[1]【今注】下學上達：典出《論語·憲問》，謂學習人情以至天理等方方面面的内容。

[2]【李賢注】《論語》曰，孔子曰："下學而上達。"注云："下學人事，上知天命也。"【今注】云爲：指言説與力行。《周易·繫辭下》"定天下之吉凶，成天下之亹亹者，是故變化云爲，吉事有祥，象事知器，占事知來"，孔穎達《正義》："或口之所云，或身之所爲也。"

[3]【李賢注】《尚書》曰："立功立事，可以永年。"《逸詩》曰："祈招之愔愔（祈招之愔愔，底本糊，今據紹興本、大德本、殿本補），式昭德音。"式，用也。昭，明也（'式用也昭明也'六字，底本糊，今據紹興本、大德本、殿本補）。【今注】式昭德音：（事迹和功德）用以彰顯有德者的聲音。《左傳》昭公十二年右尹子革説楚靈王，謂"昔穆王欲肆其心，周行天下，將皆必有車轍馬迹焉。祭公謀父作《祈招》之詩，以止王心，王是以獲没於祇宫"，"其詩曰：'祈招之愔愔，式昭德音。思我王度，式如玉，式如金。形民之力，而無醉飽之心。'"案，此詩，《毛詩》不載，故李賢注謂之《逸詩》。

[4]【今注】伊尹：殷商賢臣。湯用之，而國大治。

[5]【李賢注】《尚書》伊尹曰："予弗克俾厥后，惟堯舜其心，愧恥若撻于市。"旌，明也。素猶志也。【今注】旌厥素爾：表明他的志向。旌，表彰，明確。厥，其，他的。素，心志。《漢書》卷五一《鄒陽傳》載鄒陽以辭説吴王劉濞，謂"今人主誠能去驕傲之心，懷可報之意，披心腹，見情素"，顔師古注："素謂心所向也。"

［6］【李賢注】咎單、巫咸，並殷賢臣也。《尚書》曰：“咎單作明居。”又曰“巫咸保乂王家”也。【今注】案，寔，大德本、殿本作“實”。

［7］【今注】衮：古時帝王或上公所傳的繪有卷龍圖案的禮服。

［8］【李賢注】申伯，申國之伯也；樊仲，仲山甫也，爲樊侯：並周宣王之卿士。《詩·大雅》曰：“維申及甫，維周之翰。”注：“翰，幹也。服衮謂申伯爲冢宰，服衮冕之服也。”又曰：“錫爾介圭，以作爾寶。”注云“寶，瑞也。圭長尺二寸謂之介”也。

［9］【今注】後昆：後嗣子孫。昆，後裔、後代。

［10］【今注】丕：大。　歟：語氣詞。在此表示感歎。

［11］【今注】要：謀求，求取。

［12］【今注】萃：彙集、彙聚。

［13］【李賢注】《易·繫詞》曰“盛德大業，至矣哉！富有之謂大業，日新之謂盛德”也。【今注】易稱以大業：此處文意應理解爲《易·繫辭上》稱頌盛德爲大業。

［14］【李賢注】《論語》曰：“篤信好學。”又曰：“仁者安仁。”又曰：“鑽之彌堅。”“博我以文，約我以禮。”

［15］【李賢注】日官，史官也。《左傳》曰：“天子有日官。”《爾雅》曰：“原，再也。”【今注】曩滯日官今又原之：張衡於安帝時爲太史令，積年未遷；後去官五年，順帝時復爲太史令。此句就此而言，事詳本卷上文。

［16］【李賢注】《老子》曰：“曲則全，枉則正（正，殿本作‘直’）。”又曰：“夷道若纇，進道若退。”《易·雜卦》曰：“需，不進也。”【今注】曲全：以曲求全，委曲求全。

［17］【今注】濟：渡河。

［18］【今注】理民之式：猶言治民之法。理，原當作“治”，因避唐高宗李治諱改。

［19］【李賢注】天衢，天道也。言徒鋭思作《靈憲》、渾天儀等也。

［20］【今注】深厲淺揭隨時爲義：以渡河爲喻，説明人應當因時而爲，在不同的環境下采取合適的應對方式。《詩·邶風·匏有苦葉》"匏有苦葉，濟有深涉，深則厲，淺則揭"，毛傳："以衣涉水爲厲，謂由帶以上也。揭，褰衣也。遭時制，宜如遇水，深則厲，淺則揭矣。"厲，本來是涉水的意思，詩中指著衣而涉水。揭，提起。義，合適、合宜。

［21］【李賢注】揭，褰衣也，音丘例反（例，大德本作"厲"，殿本作"列"）。《詩·鄁風》曰（鄁，殿本作"邶"）："深則厲，淺則揭。"《爾雅》曰："由帶以上爲厲，由膝以下爲揭（膝，大德本、殿本作'膝'）。"言遭時制宜，遇深水則厲，淺則揭也。《易·隨卦》（大德本、殿本"卦"後有"曰"字）："隨時之義大矣哉！"《莊子》曰："朱泙曼學屠龍於支離益（益，殿本作'蓋'），單千金之家，三年技成而無所用。"技音渠綺反。責衡何獨妙思於機巧者也。

［22］【李賢注】音三。【今注】參：通"三"。

［23］【李賢注】垂翅故棲，謂再爲史官也。盍，何不也。銛，利也。諸，之也。聞者言衡作三輪木雕，尚能飛轉，已乃垂翅故棲，何不調其機關使利而高飛邪？《傅子》曰"張衡能令三輪獨轉"也。【今注】銛（xiān）：鋒利。

［24］【李賢注】《詩·大雅·文王篇》曰"永言配命，自求多福"也。

［25］【李賢注】《左傳》曰："人生在勤，勤則不匱。"又曰："不索何獲，吾欲求之。"（殿本無"左傳"以下二十一字）【今注】人生在勤不索何獲：《左傳》宣公十二年欒武子曰："箴之曰：民生在勤，勤則不匱"，又昭公二十七年吴公子光告鱄設諸曰："上國有言，曰'不索何獲'？我，王嗣也。吾欲求之。"案，人，《左

傳》作“民”。此處當係避唐太宗李世民諱改。

［26］【李賢注】剋，勝也。《衡集》作“美言以市”也。【今注】美言以相剋：指説好話以求得更好的地位。

［27］【李賢注】《詩·小雅》曰：“伐木丁丁，鳥鳴嚶嚶，出自幽谷，遷于喬木。”喻求仕遷於高位（仕，大德本作“任”），振揚德音，如金玉之聲。《孟子》曰：“金聲而玉振（大德本、殿本‘振’後有‘之’字）。”【今注】鳴于喬木乃金聲而玉振之：喻指占據高位，而最終聲名遠揚。

［28］【今注】吝：悔恥，遺憾。

［29］【今注】婞（xìng）佷（hěn）：剛强。婞，剛直、倔强。佷，不順服，不聽從。

［30］【李賢注】吝，恥也。《左傳》曰：“宋公靳之。”杜預注云：“戲而相愧曰靳。”【今注】以意：猶言我料想，我猜測。靳（jìn）：吝惜。

應之曰：是何觀同而見異也？君子不患位之不尊，而患德之不崇；不恥禄之不夥，[1]而恥智之不博。[2]是故藝可學，而行可力也。[3]天爵高懸，得之在命，[4]或不速而自懷，[5]或羨旃而不臻，[6]求之無益，故智者面而不思。[7]阽身以徼幸，固貪夫之所爲，未得而豫喪也。[8]枉尺直尋，[9]議者譏之，盈欲虧志，[10]孰云非羞？[11]於心有猜，[12]則簞飧饌餔猶不屑餐，旌瞀以之。[13]意之無疑，則兼金盈百而不嫌辭，孟軻以之。[14]士或解裋褐而襲黼黻，[15]或委臿築而據文軒者，[16]度德拜爵，量績受禄也。[17]輸力致庸，受必有階。[18]

［1］【今注】夥（huǒ）：多。

［2］【李賢注】《方言》曰："凡物盛而多，齊宋之郊謂之夥。"音和果反。

［3］【今注】行可力：行爲是可以做到的。力，盡力，努力。

［4］【李賢注】《孟子》曰："仁義忠信，樂善不倦，此天爵也。公卿大夫，此人爵也。"案：此謂天子高縣爵位，得者在命也。【今注】天爵：當從李賢注案語理解。《孟子》所謂"天爵"，指的是仁義忠信等美好的品行，與張衡此文所用異義。

［5］【今注】或不速而自懷：謂（爵位）有時不招而自來。

［6］【李賢注】速，召也。懷，來也。旃，之也。【今注】或羨旃（zhān）而不臻：有時渴求（爵位）却不能得到。旃，之焉。羨旃，指羨慕爵位。臻，至。

［7］【李賢注】面（殿本作"偭"），偝也。【今注】面：通"偭"，訓爲偝，背對着。《廣雅·釋詁》"偭，偝也"，王念孫《疏證》："《漢書·項籍傳》'馬童面之'，顔師古注云：'面謂背之，不面向也。面縛，亦謂反背而縛之。杜元凱以爲但見其面，非也。'面與偭通。"《漢書》卷四六《張歐傳》"上具獄事，有可卻，卻之；不可者，不得已，爲涕泣，面而封之"，顔師古注："面謂偝之也，言不忍視之，與吕馬童面之同義。"案，殿本作"偭"。

［8］【李賢注】阽，危也。【今注】阽（diàn）身以徼（yāo）幸：通過以身犯險來求取君主的恩倖（指爵禄）。阽，使危險。徼，通"邀"，求取，招致。　豫：預先，事先。

［9］【今注】枉尺直尋：典出《孟子·滕文公下》。一尋爲八尺。枉尺而直尋，意思是用一些小損失而换取大收益。枉，使彎曲。

［10］【今注】盈欲虧志：因滿足欲望而使自己的志節虧損。

［11］【李賢注】《孟子》陳代問孟子曰："枉尺而直尋，若可爲也？"孟子曰："昔齊景公田，招虞人以旌，不到（到，大德本、

殿本作‘至’），將殺之。志士不忘在溝壑，如不待招而往，何哉？且夫枉尺而直尋者，以利言也。如以利，則枉尋直尺而利，亦可爲歟？”趙岐注云：“志士，守義者也。君子困窮（困，殿本作‘固’），故虞人不得其招尚不往，如何君子不得其招而妄見也。尺小尋大，不可枉大就小，而以要利也。”

［12］【今注】猜：嫌惡，嫌棄。

［13］【李賢注】猜，嫌也。簋，食器也。飧音孫。《詩》云：“有蒙簋飧。”饌音仕卷反，餔音補故反，並謂食也。屑猶介也。以，用也。爰旌瞀，餓人也。一作“爰精目”。《列子》曰：“東方有人焉，曰爰旌目，將有適也，而餓於道。狐丘父之盜曰丘，見而下壺飧以餔之。爰旌目三餔而後能視（旌，大德本、殿本作‘精’，本注下同），曰：‘子何爲者也？’‘我狐父之人丘也。’爰旌目曰：‘譆，汝非盜邪？吾義不食子之食也。’兩手據地而歐之，不出，喀喀而死（大德本、殿本句末有‘之也’二字）。”【今注】旌瞀（mào）以之：有爰旌瞀這樣的人。以之，謂有之。

［14］【李賢注】《孟子》：“陳臻問曰：‘前於齊，王餽兼金一百而不受；於宋，餽七十溢而受（溢，紹興本、大德本、殿本作“鎰”，本條注文下同，不復出校）。前日之不受是，則今受之非也（受之非，大德本、殿本作“日受非”）？’孟子曰：‘皆是也。當在宋也，予將遠行，遠行者必以贐（大德本、殿本無“遠”字），予何爲不受？若於齊，則未有處也（大德本、殿本無“也”字），無處而餽之，是貨之也。焉有君子而可以貨取乎？’”趙岐注云：“兼金，好金也。價兼倍於惡者，故曰兼金。一百，百溢也。二十兩爲溢。贐，送行者贈賄之禮也。在齊時無事，於義未有所處也。義無所處而餽之，是以貨賄所取我，欲使我懷惠也。”

［15］【今注】裋褐：古代貧民所穿的粗布衣服。 黼（fǔ）黻（fú）：本是古代禮服上的紋飾。黼是黑白二色相間的斧形花紋，黻是黑青二色相間的亞型花紋。此處指貴族的服飾。

［16］【今注】委：丢棄，放下。　臿（chā）築：鍬與搗土的杵。泛指掘土與搗土的器具。　文軒：有紋飾的屋檐，指宫殿、朝廷。

［17］【李賢注】解袓褐謂甯戚也。委臿築謂傅説也。袓音常主反。《方言》曰“自關而西，謂襜褕短者謂之袓”也。

［18］【李賢注】“受”或作“爰”。【今注】輸力致庸受必有階：謂爲統治者效忠盡力，必然會按照功績授以合適的爵等。庸，功績。

渾元初基，[1]靈軌未紀，[2]吉凶紛錯，人用朣朦。[3]黄帝爲斯深慘。[4]有風后者，[5]是焉亮之，[6]察三辰於上，[7]跡禍福乎下，[8]經緯歷數，然後天步有常，[9]則風后之爲也。[10]當少昊清陽之末，[11]實或亂德，人神雜擾，不可方物，[12]重黎又相顓頊而申理之，[13]日月即次，[14]則重黎之爲也。[15]人各有能，因蓺授任，[16]鳥師别名，[17]四叔三正，[18]官無二業，事不竝濟。[19]晝長則宵短，[20]日南則景北。[21]天且不堪兼，況以人該之。[22]夫玄龍，迎夏則陵雲而奮鱗，[23]樂時也；涉冬則淈泥而潛蟠，[24]避害也。[25]公旦道行，[26]故制典禮以尹天下，[27]懼教誨之不從，有人不理。[28]仲尼不遇，故論六經以俟來辟，[29]恥一物之不知，有事之無範。[30]所考不齊，如何可一？[31]

［1］【今注】渾元初基：意謂天地初開。渾元，指天地之氣。

［2］【今注】靈軌未紀：日月星辰的運行還没有形成固定的

軌迹。

[3]【李賢注】膧朦言未晤也。【今注】用：行，做。 膧朦：蒙昧。

[4]【今注】爲斯深慘：對這樣的情形深感痛心。慘，痛。

[5]【今注】風后：傳説中黄帝之臣。《史記》卷一《五帝本紀》"（黄帝）舉風后、力牧、常先、大鴻以治民"，《集解》引鄭玄曰："風后，黄帝三公也。"

[6]【今注】是焉亮之：謂風后於萬物之事而獨明。亮，明察。

[7]【今注】三辰：指日、月、星。

[8]【今注】跡：追蹤，追尋。

[9]【今注】天步有常：謂天體的運行有規律。

[10]【李賢注】《史記》曰："黄帝迎日推策，舉風后、力牧以理人，順天地之紀，幽明之占。"又曰："旁羅日月星辰。"《春秋内事》曰："黄帝師於風后，風后善於伏羲氏之道，故推演陰陽之事。"《藝文志》陰陽流有《風后》十三篇也。

[11]【今注】少昊清陽：黄帝之子。傳説少昊繼黄帝之後而有天下。《史記·五帝本紀》"嫘祖爲黄帝正妃，生二子，其後皆有天下：其一曰玄囂，是爲青陽"，《索隱》引宋衷云："玄囂青陽是爲少昊，繼黄帝立者。"

[12]【今注】方物：識别，名狀。《國語·楚語下》"民神雜糅，不可方物"，韋昭注："方，猶别也；物，猶名也。"

[13]【今注】重黎：顓頊的二臣。《國語·楚語下》："顓頊受之，乃命南正重司天以屬神，命火正黎司地以屬民，使復舊常，無相侵瀆，是謂絶地天通。" 顓頊：傳説中的五帝之一，黄帝之曾孫。在少昊氏之後而有天下。

[14]【今注】即次：猶言就位、歸位。

[15]【李賢注】《帝王紀》曰："少昊字清陽。"《國語》楚觀

射父曰："少皞之衰也，九黎亂德，人神雜糅，不可方物。顓頊承之，乃命南正重司天以屬神，命火正黎司地以屬人。"重，少昊氏之子。黎，顓頊氏之子。

［16］【今注】案，授，大德本、殿本作"受"。

［17］【今注】鳥師别名：謂用鳥名以别官稱。師，官長。典出《左傳》昭公十七年。

［18］【今注】四叔三正：指少昊氏四叔，在死後成爲分掌金、木及水的神。典出《左傳》昭公二十九年。正，掌控。

［19］【李賢注】《左傳》郯子曰："少皞鳥師而鳥名。鳳鳥氏歷正也，玄鳥氏司分也，伯趙氏司至也，青鳥氏司啓也，丹鳥氏司閉也。"又晉蔡墨曰（墨，底本糊，今據紹興本、大德本、殿本補）："少皞氏有四叔，曰重，曰該，曰脩，曰熙，實能金木及水，使重爲句芒，該爲蓐收，脩及熙爲玄冥。"四叔分主三正，言其不兼業也。

［20］【今注】宵：夜晚。

［21］【李賢注】夏至日北極而影短，晝六十刻，夜四十刻。冬至日南極而影長，夜六十刻，晝四十刻也。《易·通卦》驗曰："冬至，晷長丈三尺。夏至，晷長尺五寸。"謂立八尺表之陰也。【今注】景：通"影"。陰影。

［22］【李賢注】該，備也。【今注】該：兼備。

［23］【今注】陵雲：超越雲層。　奮鱗：張開鱗甲。

［24］【今注】淈（gǔ）泥：鑽入泥漿。淈，攪渾。　潛蟠：指未升天的龍。《應閒》下文"龍德泥蟠"，李賢注引揚雄《方言》曰："未升天龍謂之蟠。"

［25］【李賢注】《説文》曰："龍，鱗蟲之長，能幽能明，能小能巨，能短能長，春分而登天，秋分而入川。"言出入有時也。賈逵注《國語》曰："淈，亂也。"淈音骨。

［26］【今注】公旦：周公，姓姬名旦。文王子，武王弟。輔

佐武王滅商，建立周朝，創設禮樂制度。

［27］【今注】尹：治理。

［28］【李賢注】尹，正也。道行言道得申也。流俗本作“行道”者，非也。

［29］【李賢注】辟，君也。《公羊傳》曰，孔子制《春秋》，以俟後聖也。【今注】六經：指《易》《書》《詩》《禮》《樂》《春秋》六部經典。但《樂經》是否實有，學界始終有争議。俟：等候。　來辟（bì）：將來的君主。《詩·大雅·文王有聲》“豐水東注，維禹之績；四方攸同，皇王維辟”，鄭玄箋：“辟，君也。”

［30］【今注】範：規範、典範。

［31］【李賢注】《衡集》“考”字作“丁”。丁，當也。【今注】所考不齊如何可一：指周公、孔子的際遇不同，怎麼可以用同一標準去看待。

夫戰國交争，[1]戎車競驅，[2]君若綴旒，[3]人無所麗。[4]燭武縣縋而秦伯退師，[5]魯連係箭而聊城弛柝。[6]從往則合，横來則離，安危無常，要在說夫。[7]咸以得人爲梟，失士爲尤。[8]故樊噲披帷，入見高祖；[9]高祖踞洗，以對酈生。[10]當此之會，乃黿鳴而鼈應也。[11]故能同心戮力，[12]勤恤人隱，[13]奄受區夏，[14]遂定帝位，皆謀臣之由也。故一介之策，各有攸建，[15]子長諜之，爛然有第。[16]夫女魃北而應龍翔，洪鼎聲而軍容息；[17]溽暑至而鶉火棲，寒冰沍而黿鼉蟄。[18]今也，皇澤宣洽，海外混同，萬方億醜，[19]并質共劑，若修成之不暇，尚何功之可立！[20]立事有三，言爲下列；[21]下列且不可庶矣，奚冀其二哉！[22]

［1］【今注】戰國：中國歷史時期。一般以公元前453年趙、魏、韓三家分晉作爲開端，至公元前221年秦滅六國結束。

［2］【今注】戎車：戰車。

［3］【今注】綴旒（liú）：原本是指君王冕冠前後懸垂的玉串，在此喻指君主衹是附屬性的裝飾物，而没有實權。典出《公羊傳》襄公十六年。

［4］【李賢注】麗，附也。《公羊傳》曰："君若贅旒然。"旒，旂旒也。言爲下所執持西東也。【今注】麗：附麗，依附。

［5］【李賢注】燭之武，鄭大夫也。縋，縣繩於城而下也。《左傳》曰，秦伯圍鄭，鄭伯使燭之武夜縋而出，説秦，秦伯爲之退師。【今注】燭武縣縋而秦伯退師：燭之武退秦，事見《左傳》僖公三十年。縣，懸掛。

［6］【李賢注】魯仲連，齊人也。時燕將守聊城，仲連爲書係箭射聊城中，燕將自殺。見《史記》。弛，廢也。柝，行夜木也。【今注】魯連係箭而聊城弛柝：魯仲連以書下聊城，事見《史記》卷八三《魯仲連鄒陽列傳》。弛柝，指防禦鬆懈。案，連，殿本作"仲"。

［7］【李賢注】張儀説諸侯連和事秦爲横，蘇秦説諸侯連兵拒秦爲從。蘇秦往則從合，張儀來則從離。【今注】要在説夫：關鍵在於游説之士。

［8］【李賢注】梟猶勝也，猶六博得梟則勝。【今注】梟：梟雄，豪强。　尤：錯誤，罪責。

［9］【李賢注】《前書》曰，樊噲，沛人也，封舞陽侯。高帝嘗病，惡見人，卧禁中，詔户者無得入。噲乃排闥直入（噲，大德本作"會"），流涕曰："獨不見趙高之事乎？"帝笑而起也。【今注】樊噲：沛（今江蘇沛縣）人。起先以屠狗爲業。從劉邦起

兵攻秦，屢立戰功，後位至相國，封舞陽侯。傳見《史記》卷九五、《漢書》卷四一。　高祖：西漢高祖劉邦，公元前206年至前195年在位。紀見《史記》卷八、《漢書》卷一。

［10］【李賢注】《前書》曰，沛公方踞牀，令兩女子洗足，而見酈食其，食其曰："必欲聚徒合義兵，誅無道，不宜踞見長者。"於是沛公輟洗謝之。【今注】酈生：秦末漢初人。曾爲劉邦説齊王田廣歸漢，被殺。傳見《史記》卷九七、《漢書》卷四三。

［11］【李賢注】喻君臣相感也。焦贛《易林》曰"黿鳴岐野，鼈應於泉"也。【今注】黿（yuán）：一種大鱉。

［12］【今注】同心戮力：謂齊心合力。戮，並、合。

［13］【李賢注】隱，病也。《國語》曰"勤恤人隱，而除其害"也。【今注】勤恤人隱：指竭心盡力地替人解決隱患病痛。

［14］【今注】奄受：意謂建立統治。《詩·大雅·韓奕》"王錫韓侯，其追其貊，奄受北國，因以其伯"，毛傳"奄，撫也"，鄭玄箋云："令撫柔其所受王畿北面之國。"　區夏：諸夏之地，指中國。

［15］【今注】攸建：猶言優長。攸，長。

［16］【李賢注】《前書音義》曰："諜，譜第也。"與"牒"通。司馬遷字子長，作《史記》，著功臣等傳，爛然各有第序也（爛，大德本、殿本作"粲"）。【今注】子長：司馬遷，子長是其字。傳見《漢書》卷六二。　諜：通"牒"。牒録。　第：順序。

［17］【李賢注】女魃，旱神也。北猶退也。應龍，能興雲雨者也。《山海經》曰："蚩尤作兵伐黄帝，黄帝乃令應龍攻之冀州之野。應龍蓄水，蚩尤請風伯、雨師從，大風雨。黄帝乃下天女曰妭，雨止，遂殺蚩尤。妭不得復上，所居不雨。"妭亦魃也，音步末反。"聲"或作"罄"，"容"或作"客"，《衡集》"容"作"害"，竝未詳也。

［18］【李賢注】棲，息也。《禮記·月令》曰："季夏土潤溽暑。"鶉火，午之宿也。三月在午，六月在酉。言當季夏之時，鶉火退於酉。冱，凝也。【今注】鶉（chún）火：南方朱雀七宿中的柳宿。　冱（hù）：凝結。　鼉（tuó）：揚子鱷。　蟄：蟄伏，指動物冬眠。

［19］【今注】億醜：億衆，大衆。醜，《禮記·曲禮》"在醜夷不争"，鄭玄注："醜，衆也。"

［20］【李賢注】質、劑猶今分支契也。并、共猶言交通也。《周禮》曰："凡賣買者質劑焉，大市以質，小市以劑。"鄭玄注云："兩書一札，同而别之，長曰質，短曰劑。"劑音子隨反。【今注】并質共劑：謂士人皆愿將己身售與漢室，即言人人欲爲當朝所用。

［21］【今注】立事有三言爲下列：典出《左傳》襄公二十四年。

［22］【李賢注】《左傳》魯叔孫豹曰："太上有立德，其次有立功，其次有立言。"杜預注云："立德，黄帝、堯、舜也。立功，禹、稷也。立言，史佚、周任、臧文仲。"【今注】下列且不可庶矣奚冀其二哉：立言雖爲立事三者之最下，但已不是普普通通便可以實現的，何況立德、立功這二者呢？案，冀，紹興本作"異"。

于兹縉紳如雲，[1]儒士成林，及津者風攄，[2]失塗者幽僻，遭遇難要，[3]趨偶爲幸。[4]世易俗異，事埶舛殊，[5]不能通其變，而一度以揆之，[6]斯契船而求劍，守株而伺兔也。[7]冒愧逞願，[8]必無仁以繼之，有道者所不履也。[9]越王句踐事此，[10]故厥緒不永。[11]捷徑邪至，[12]我不忍以投步；[13]干進苟容，[14]我不忍以歙肩。[15]雖有犀舟勁檝，猶人涉印否，有須者也。[16]姑亦奉順敦篤，守以忠信，得之不休，不獲不吝。[17]不見是而不惛，居下位而不憂，允上德之常服焉。[18]方將師天老而友地典，與之乎高睨而大談，孔甲且不足慕，焉稱殷彭及周聃！[19]與世殊技，固孤是求。[20]子憂朱泙曼之無所用，[21]吾恨輪扁之無所教也。[22]子覩木雕獨飛，愍我垂翅故棲，[23]吾感去鼁附鴟，[24]悲爾先笑而後號也。[25]

[1]【今注】縉紳：原意是指插笏於紳。紳是古代仕宦者和儒者圍於腰際的大帶。《周禮·春官·典瑞》“王晉大圭”，鄭玄注引鄭司農曰：“晉讀爲搢紳之搢，謂插於紳帶之間，若帶劍也。”後借指儒生。案，縉，紹興本作“搢”。

[2]【今注】及津者：比喻身處關鍵要路的人。　風摅：因風而騰躍，比喻飛黄騰達。摅，跳躍。

[3]【今注】遭遇難要：做大官這種事情很難求得。遭遇，指做大官。《漢書》卷七四《丙吉傳》“吉爲人深厚，不伐善。自曾孫遭遇，吉絶口不道前恩”，顔師古注：“遭遇謂升大位也。”要，求取。

[4]【今注】趨偶：指有機會迎合上位者，亦指升官。

[5]【今注】埶：古同“勢”。情勢。　舛（chuǎn）：差異，不同。

[6]【李賢注】《易·繫詞》曰“通其變，使人不倦”也。【今注】揆（kuí）：衡量，揣測。

[7]【李賢注】契猶刻也。《吕氏春秋》曰：“楚人有涉江者，其劍自舟中墜於水，遽契其舟，曰‘是吾劍所從墜也’（從，底本及大德本糊，今據紹興本、殿本補）。舟已行而劍不行，若此求

劍，不亦惑乎！”《韓子》曰“宋人有耕者（耕，底本糊，今據紹興本、大德本、殿本補），田中有株，兔走觸之，折頸而死，因釋耕守株，冀復得兔，爲宋國笑”也（宋，底本糊，今據紹興本、大德本、殿本補）。

［8］【今注】冒愧逞願：放縱自己的欲望而掩飾自己的愧疚。猶言不管不顧地去追逐名位。

［9］【今注】履：實踐，做。

［10］【今注】句踐：春秋末期越國國君。在被吴王夫差大敗後，卧薪嘗膽，任用范蠡、文種等賢臣治理國政，最終滅吴，成爲霸主。世家見《史記》卷四一。句，古同“勾”。

［11］【李賢注】《史記》曰，越王句踐先吴興師，吴王聞之，悉發精兵擊越，敗之於夫椒。越王乃以餘兵五千人保棲於會稽。此爲冒愧逞願，自取敗也。【今注】厥緒不永：意思是這樣的方式無法長久。這裏指的是越王勾踐即位後興兵伐吴，大敗吴軍於檇李，吴王闔閭被創而死。過三年，勾踐再次進攻吴國，卻爲吴軍大敗於夫椒，進而被圍於會稽。

［12］【今注】捷徑邪至：用不正當的方法走捷徑。

［13］【今注】投步：猶言邁步。投，置。

［14］【今注】干進苟容：以卑下的面貌求取進身。干，求。

［15］【李賢注】捷，疾也。歙，斂也（“捷疾也歙斂也”六字，底本糊，今據紹興本、大德本、殿本補），音翕。《孟子》曰：“阿意事貴，脅肩所尊，俗之情也。”歙亦脅也。【今注】歙肩：收縮肩膀，表示畏懼和謹慎。

［16］【李賢注】《前書》曰：“羌戎弓矛之兵器不犀利。”《音義》曰：“今俗謂刀兵利爲犀。犀，堅也。”《詩·衛風》曰：“招招舟子，人涉卬否。人涉卬否，卬須我友。”卬，我也。須，待也。鄭玄注云：“人皆涉，我友未至，我獨待而不涉。言室家之道，非得所適貞女不行，非得禮義婚姻不成，喻仕當以道，不求

妄進也。”【今注】雖有犀舟勁檝猶人涉卬（áng）否：即使有堅固的船和强力的槳，别人選擇渡河，我依然不會。以此比喻外部機遇很好，我仍堅持内心的操守。　有須：猶言有所守，有所待。謂内心的操守。

［17］【李賢注】姑，且也。休，美也。吝，恥也。

［18］【李賢注】惛猶悶也。《易》曰：“不見是而無悶，樂則行之，憂則違之。”又曰“居上位而不驕，在下位而不憂”也。【今注】不見是而不惛：典出《周易·文言》。　允：信，確實。　服：服侍，任職。

［19］【李賢注】《帝王紀》曰：“黄帝以風后配上台，天老配中台，五聖配下台，謂之三公。其餘知天、規紀、地典、力牧、常先、封胡、孔甲等，或以爲師，或以爲將。”《藝文志》陰陽有《地典》六篇。般彭即老彭，般賢人也。睨，視也。高視大談，言不同流俗。《衡集》作“矢談”，矢亦直也，義亦通也。【今注】孔甲：依李賢注，當爲黄帝賢臣，而非傳説中的夏王孔甲。　周聃：老聃，周守藏室之史，著《道德經》凡五千言。傳見《史記》卷六三。

［20］【李賢注】技，巧也，音伎。本或作“拔”，誤也。【今注】與世殊技固孤是求：我與世俗的才能不同，執著地追求孤獨的狀態。

［21］【今注】朱泙曼：傳説中學習掌握了屠龍之術的人。典出《莊子·雜篇·列禦寇》。詳見本卷上文“有閒余者曰”段注釋［21］李賢注所引。

［22］【李賢注】輪扁謂爲輪者名扁也。扁音皮殄反。《莊子》曰：“輪扁對齊桓公曰：‘斲輪之法，徐則甘而不固，疾則苦而不入。不疾不徐，得之於手而應之於心，口不能言也。臣不能以喻臣之子，臣子亦不能受之於臣。’”言泙曼屠龍既無所用，輪扁斲輪亦不能教人也。泙音匹萌反。【今注】輪扁之無所教也：典出

《莊子·外篇·天道》。借指内心透徹地明白道理却無法傳授别人。

［23］【今注】愍（mǐn）：哀憐。

［24］【今注】去鼃（wā）附鴟（chī）：《莊子·外篇·秋水》："（埳井之蛙）出跳梁乎井幹之上，入休乎缺甃之崖。赴水則接腋持頤，蹶泥則没足滅跗。還虷蟹與科斗，莫吾能若也。"同篇又云："南方有鳥，其名爲鵷鶵，子知之乎？夫鵷鶵發於南海而飛於北海，非梧桐不止，非練實不食，非醴泉不飲。於是鴟得腐鼠，鵷鶵過之，仰而視之。"蛙局於埳井，鴟珍護腐鼠，目光短淺，皆可笑也。（參見張震澤《張衡詩文集校注》，上海古籍出版社2009年版，第293頁）鼃，古同"蛙"。鴟，貓頭鷹。案，去，大德本疑作"鼃"。

［25］【李賢注】鼃，蝦蟇也，音胡媧反。《周易·旅》上九曰（大德本、殿本作"旅"後有"卦"字）："先笑而後號咷。"

斐豹以斃督燔書，禮至以掖國作銘；[1]弦高以牛餼退敵，墨翟以縈帶全城；[2]貫高以端辭顯義，蘇武以禿節效貞；[3]蒱且以飛矰逞巧，詹何以沈鉤致精；[4]弈秋以棊局取譽，王豹以清謳流聲。[5]僕進不能參名於二立，退又不能群彼數子。[6]愍《三墳》之既穨，惜《八索》之不理。[7]庶前訓之可鑽，聊朝隱乎柱史。[8]且韞櫝以待價，踵顔氏以行止。[9]曾不慊夫晉、楚，敢告誠於知己。[10]

［1］【李賢注】《左傳》曰，晉欒盈復入於晉，欒氏之力臣曰督戎，國人懼之。斐豹謂范宣子曰："苟焚丹書，我殺督戎。"宣子曰："而殺之，所不請於君焚丹書者有如日（有如日，底本糊，今據紹興本、大德本、殿本補）。"乃殺之。杜注曰："蓋豹犯罪，

没爲官奴，以丹書其罪。”《左傳》，衛伐邢，禮至與國子巡城，掖以赴外，殺之。禮至自爲銘曰：“余掖殺國子，莫余敢止。”國子，邢正卿。禮至本衛人，仕邢爲大夫。掖謂挾之而投於城外也。《衛集》“豹”字作“隸”也。【今注】斐豹以斃督燔書：典出《左傳》襄公二十三年。　禮至以掖國作銘：《左傳》僖公二十四“衛人將伐邢。禮至曰：‘不得其守，國不可得也。我請昆弟仕焉。’乃往，得仕”，僖公二十五年“春，衛人伐邢。二禮從國子巡城，掖以赴外，殺之。正月丙午，衛侯燬滅邢。同姓也，故名。禮至爲銘，曰：‘余掖殺國子，莫余敢止。’”

［2］【李賢注】《左傳》曰，秦師襲鄭及滑。鄭商人弦高將市於周，遇之，以牛十二犒師（犒，底本糊，今據紹興本、大德本、殿本補）。曰：“寡君聞吾子將出於獘邑，敢犒從者。”秦孟明曰：“鄭有備矣。”滅滑而還。《墨子》曰：“公輸般爲雲梯以攻宋，墨子解帶爲城，以牒爲械，公輸般九攻，墨子九拒。公輸之攻盡，墨子之守有餘。楚王曰：‘善哉，吾請無攻宋矣。’”【今注】弦高以牛餼（xì）退敵：典出《左傳》僖公三十三年。餼，贈送。　墨翟以縈帶全城：典出《墨子·公輸》。

［3］【李賢注】貫高，趙相也。端猶正也。獨正言趙王不反，高帝賢而赦之。蘇武使匈奴中，杖節卧起，節毛盡落。並見《前書》。【今注】貫高以端辭顯義：典出《史記》卷八九《張耳陳餘列傳》。　蘇武以禿節效貞：典出《漢書》卷五四《蘇武傳》。蘇武，字子卿。

［4］【李賢注】《列子》曰：“蒱且子之弋，弱弓纖繳，乘風振之，連雙鶬於青雲之際。”又曰：“詹何以獨繭絲爲綸，芒針爲鉤，荆篠爲竿，剖粒爲餌，引盈車之魚。”《周禮》曰：“矰矢用弋射。”鄭玄注云：“結繳於矢謂之矰。矰，高也。”【今注】蒱且以飛矰逞巧：典出《列子·湯問》。　詹何以沈鉤致精：典出《列子·湯問》。

［5］【李賢注】弈，圍局也，棊即所執之子。秋，名也。《孟子》曰："弈秋，通國之善弈者。"又曰"王豹處於淇而河西善謳"也。【今注】弈秋以棊局取譬：典出《孟子·告子上》。　王豹以清謳流聲：典出《孟子·告子下》。

［6］【李賢注】二立謂太上立德（太，殿本作"大"），其次立功也。上云"立事有三，言爲下列，下列且不可庶，況其二哉"，故言不能參名於二立也（大德本、殿本"二立"後多"之流"二字）。臣賢案：古本作"二立"，流俗本及《衡集》"立"字多作"匹"，非也。數子謂斐豹以下也。【今注】案，儯，殿本作"僕"。　不能參名於二立：謂自身不能立德、立功，而僅能立言。　群彼數子：與以上斐豹等十人爲伍。群，引以爲同類。

［7］【李賢注】《左傳》曰，楚左史倚相能讀《三墳》《五典》《八索》《九丘》。孔安國以爲《三墳》《五典》三皇之書，八卦之説謂之《八索》。此以下言不能立德立功，唯欲立言而已。【今注】穨：損壞的樣子。案，穨，大德本、殿本作"頽"。　不理：混亂的樣子。

［8］【李賢注】《前書》東方朔曰："首陽爲拙，柱下爲工。"應劭曰："老子爲周柱下史，朝隱終身無患，是爲上也。"【今注】朝隱乎柱史：像周柱下史老子一樣隱逸於朝廷。

［9］【李賢注】《論語》子貢曰："有美玉於斯，韞櫝而藏諸，求善賈而沽諸（賈，大德本、殿本作'價'）？"子曰："我待價者也。"又子謂顔回曰："用之則行，捨之則藏，唯我與爾有是夫。"【今注】韞（yùn）櫝以待價：典出《論語·子罕》。韞，藏。櫝，匣子。　踵顔氏以行止：效仿顔回的行爲舉止。《論語·雍也》："子曰：'賢哉，回也！一簞食，一瓢飲，在陋巷，人不堪其憂，回也不改其樂。賢哉，回也！'"顔氏，顔回，字子淵。孔子弟子。事見《史記》卷六七《仲尼弟子列傳》。

［10］【李賢注】《孟子》曾子曰："晉、楚之富，不可及也。

彼以其富，我以吾仁，彼以其爵，我以吾義，吾何慊也?”慊猶羡也，音苦簟反。【今注】不慊（qiè）夫晉、楚：典出《孟子·公孫丑下》。

陽嘉元年，[1]復造候風地動儀。以精銅鑄成，員徑八尺，[2]合蓋隆起，[3]形似酒尊，飾以篆文山龜鳥獸之形。[4]中有都柱，[5]傍行八道，施關發機。外有八龍，首銜銅丸，下有蟾蜍，張口承之。[6]其牙機巧制，[7]皆隱在尊中，覆蓋周密無際。[8]如有地動，尊則振龍機發吐丸，而蟾蜍銜之。振聲激揚，[9]伺者因此覺知。[10]雖一龍發機，而七首不動，尋其方面，[11]乃知震之所在。驗之以事，合契若神。[12]自書典所記，未之有也。嘗一龍機發而地不覺動，京師學者咸怪其無徵，後數日驛至，[13]果地震隴西，[14]於是皆服其妙。自此以後，乃令史官記地動所從方起。[15]

[1]【今注】陽嘉：東漢順帝劉保年號（132—135）。

[2]【今注】員徑：直徑。員，同“圓”。

[3]【今注】合蓋：器物的蓋子。

[4]【今注】篆文：漢字字體。秦統一中國後，實行“書同文”的政策。始皇命李斯以秦國已有篆書爲基礎，廢去六國古文中與秦文不合之異體字，删除某些籀文的繁複部分，改變某些籀文的書寫形式，創制出“小篆”，頒行全國。小篆筆劃簡約，結構固定，字形圓匀齊整，雖還保留有象形文字的一些特徵，但已徹底脱離圖畫文字而走上了符號化的道路。它的産生，是漢字發展中的長足進步。

[5]【今注】都柱：儀器中央的銅柱。

[6]【李賢注】蟾蜍，蝦蟇也。蟾音時占反，蜍音時諸反。

[7]【今注】牙機：機械的啓動開關。

[8]【今注】無際：没有間隙、縫隙。

[9]【今注】激揚：聲音激越昂揚。

[10]【今注】伺者：守候在旁的觀察者。

[11]【今注】方面：猶言方向。

[12]【今注】合契：合若符契，意謂非常準確。

[13]【今注】驛：驛使，傳遞公文訊息的人。

[14]【今注】隴西：郡名。治狄道縣（今甘肅臨洮縣南）。

[15]【今注】乃令史官記地動所從方起：本段記張衡製造地動儀事。當代對地動儀的復原，較早有王振鐸説（見氏著《介紹一千八百年前的張衡地震儀》，《文物》1976 年第 10 期）較爲經典。近年來，武玉霞等人利用學術新進展，對地震儀作了新的復原（參見《地動儀復原模型的造型設計》，《自然科學史研究》2011 年第 1 期）。此外，有關張衡地動儀，還可參看馮鋭等《張衡地動儀的發明、失傳與歷史繼承》（《中原文物》2010 年第 1 期）。

時政事漸損，權移於下，衡因上疏陳事曰："伏惟陛下宣哲克明，[1]繼體承天，[2]中遭傾覆，龍德泥蟠。[3]今乘雲高躋，[4]磐桓天位，[5]誠所謂將隆大位，[6]必先倥傯之也。[7]親履艱難者知下情，備經險易者達物僞。[8]故能一貫萬機，靡所疑惑，百揆允當，庶績咸熙。[9]宜獲福祉神祇，受譽黎庶。[10]而陰陽未和，灾眚屢見，[11]神明幽遠，冥鑒在兹。福仁禍淫，景響而應，[12]因德降休，[13]乘失致咎，天道雖遠，吉凶可見，近世鄭、蔡、江、樊、周廣、王聖，[14]皆爲效矣。[15]故恭儉畏忌，必蒙祉祚，奢淫諂慢，鮮不夷戮，前事不忘，後事之師也。夫情勝其性，流遯忘反，[16]豈唯不肖，中才皆然。[17]苟非大賢，不能見得思義，故積惡成釁，[18]罪不可解也。向使能瞻前顧後，援鏡自戒，則何陷於凶患乎！[19]貴寵之臣，衆所屬仰，其有愆尤，上下知之。褒美譏惡，有心皆同，故怨讟溢乎四海，[20]神明降其禍辟也。[21]頃年雨常不足，[22]思求所失，則《洪範》所謂'僭，恒陽若'者也。[23]懼群臣奢侈，昏踰典式，[24]自下逼上，用速咎徵。又前年京師地震土裂，[25]裂者威分，震者人擾也。君以静唱，臣以動和，威自上出，不趣於下，禮之政也。竊懼聖思厭倦，制不專己，[26]恩不忍割，與衆共威。威不可分，德不可共。《洪範》曰：'臣有作威作福玉食，害于而家，[27]凶于而國。'天鑒孔明，[28]雖疏不失，[29]灾異示人，前後數矣，而未見所革，以復往悔。[30]自非聖人，不能無過。願陛下思惟所以稽古率舊，勿令刑德八柄，不由天子。[31]若恩從上下，事依禮制，禮制脩則奢僭息，事合宜則無凶咎。[32]然後神望允塞，[33]灾消不至矣。"

[1]【今注】宣：廣大。　哲：智慧。　克明：猶言彰顯，發揚。

[2]【今注】繼體承天：承續天命即位爲君。《公羊傳》莊公四年"國君一體"，"國君以國爲體，諸侯世，故國君爲一體也"。故繼承人即國君之位，可稱繼體爲君。

[3]【李賢注】傾覆謂順帝爲太子時廢爲濟陰王。蟠音薄寒反。《廣雅》曰："蟠，曲也。"揚雄《方言》曰："未升天龍謂之

蟠。"【今注】傾覆：指順帝爲太子時廢爲濟陰王。事詳見本書卷六《順帝紀》。　龍德泥蟠：有天龍之德性却需要隱匿在泥淖之中，比喻順帝作爲太子被廢時的境況。

［4］【今注】躋（jī）：上升，登。

［5］【今注】磐桓：逗留，即指占據。

［6］【今注】隆大位：指即位爲君。隆，登上。

［7］【李賢注】倥音口弄反，傯音子弄反。《埤蒼》曰（埤，殿本作"理"）："倥傯，窮困也。"亦謂順帝被廢時也。

［8］【李賢注】《左傳》曰："晉侯在外十九年矣，險阻艱難備嘗之矣，人之情僞盡知之矣。"【今注】達：明達，通曉。　物僞：事物之情僞。僞，情況。

［9］【今注】庶績咸熙：猶言各方面情況都很好。庶，衆多。熙，光明，和悦。

［10］【今注】黎庶：黎民百姓。

［11］【今注】災眚（shěng）：災禍。眚，痛苦，疾苦。

［12］【今注】景響：如影隨形，如響應聲。比喻迅速地得到反饋。景，古同"影"。

［13］【今注】休：福。

［14］【今注】鄭蔡江樊：曹金華《後漢書稽疑》："《後漢紀》卷十九同，周天游《校注》云：'鄭，鄭衆；蔡，蔡倫；江，江革；樊，樊豐也。'余按：'江'乃江京，非江革也。江京、樊豐、王聖等並見《宦者傳》，而江革爲孝子，見《江革傳》也。"（中華書局2014年版，第756頁）案，曹説是也。鄭衆字季産，蔡倫字敬仲，傳見本書卷七八。江京、樊豐及下文的周廣、王聖，皆安帝末年弄權者。他們聯合構陷時爲太子的順帝，使之被廢爲濟陰王。　周廣：安帝時侍中。　王聖：安帝乳母。

［15］【李賢注】事具《宦者傳》（具，大德本、殿本作"見"）。

[16]【李賢注】性者生之質，情者性之欲。性善情惡，情勝則荒淫也。【今注】流遯忘反：流連忘返。遯，同“遁”。

[17]【今注】中才：中等才資的人。

[18]【今注】釁：禍亂。

[19]【李賢注】《楚辭》曰：“瞻前而顧後兮，援鏡自戒。”謂引前事以爲鏡而自戒勑也。《韓詩外傳》曰：“明鏡所以照形，往古所以知今。”

[20]【今注】怨讟（dú）：怨恨誹謗。

[21]【李賢注】辟，罪也，音頻亦反。

[22]【今注】頃年：近年以來。

[23]【李賢注】恒，常也。若，順也。孔安國注《洪範》云：“君行僭差則常陽順之，常陽則多旱也。”【今注】案，《洪範》所謂“僭，恒陽若”者也，今本《尚書·洪範》作“僭，恒暘若”，《漢書·五行志》引與本書同。僭，超越本分而行事。

[24]【今注】昏踰典式：因爲昏聵而逾越了法典制度。

[25]【李賢注】順帝永建三年正月，京師地震也。

[26]【今注】專己：謂由皇帝一人決斷。

[27]【今注】而：你的。

[28]【今注】孔：甚、很。

[29]【今注】雖疏不失：雖有疏漏但從不弄錯。

[30]【李賢注】革，改也。復，反也。【今注】未見所革以復往悔：（上天）没有見到世間有所變革，便會重複之前的災禍。悔，災難。

[31]【李賢注】《周禮》，太宰以八柄詔王馭群臣，一曰爵，二曰禄，三曰予，四曰置，五曰生，六曰奪，七曰廢，八曰誅。【今注】刑德八柄：代指天子以爵禄刑罰等駕馭群臣的種種手段。

[32]【今注】凶咎：災禍。

[33]【今注】允塞：滿足。

初，光武善讖，[1]及顯宗、肅宗因祖述焉。[2]自中興之後，[3]儒者争學圖緯，[4]兼復附以訞言。衡以圖緯虚妄，非聖人之法，乃上疏曰："臣聞聖人明審律歷以定吉凶，重之以卜筮，雜之以九宫，[5]經天驗道，本盡於此。或觀星辰逆順，寒燠所由，[6]或察龜策之占，[7]巫覡之言，[8]其所因者，非一術也。立言於前，有徵於後，故智者貴焉，謂之讖書。讖書始出，蓋知之者寡。自漢取秦，用兵力戰，功成業遂，可謂大事，當此之時，莫或稱讖。若夏侯勝、眭孟之徒，[9]以道術立名，其所述著，無讖一言。劉向父子領校祕書，[10]閲定九流，[11]亦無讖録。[12]成、哀之後，[13]乃始聞之。[14]《尚書》堯使鮌理洪水，[15]九載績用不成，鮌則殛死，禹乃嗣興。[16]而《春秋讖》云'共工理水'。[17]凡讖皆云黄帝伐蚩尤，[18]而《詩讖》獨以爲'蚩尤敗，然後堯受命'。《春秋元命包》中有公輸班與墨翟，[19]事見戰國，非春秋時也。[20]又言'别有益州'。[21]益州之置，在於漢世。[22]其名三輔諸陵，世數可知。至於圖中訖于成帝。一卷之書，互異數事，聖人之言，埶無若是，殆必虚僞之徒，以要世取資。往者侍中賈逵摘讖互異三十餘事，[23]諸言讖者皆不能説。至於王莽簒位，[24]漢世大禍，八十篇何爲不戒？則知圖讖成於哀、平之際也。且《河》《洛》《六蓺》，[25]篇録已定，後人皮傅，[26]無所容簒。[27]永元中，清河宋景遂以歷紀推言水灾，[28]而僞稱洞視玉版。[29]或者至於弃家業，入山林。後皆無效，而復采前世成事，以爲證驗。至於永建復統，[30]則不能知。[31]此皆欺世罔俗，以昧埶位，[32]情僞較然，[33]莫之糾禁。且律歷、卦候、九宮、風角，[34]數有徵效，世莫肯學，而競稱不占之書。[35]譬猶畫工，惡圖犬馬而好作鬼魅，誠以實事難形，而虚僞不窮也。[36]宜收藏圖讖，一禁絶之，則朱紫無所眩，典籍無瑕玷矣。"[37]

[1]【今注】光武：東漢開國皇帝劉秀，公元25年至57年在位。紀見本書卷一。

[2]【今注】顯宗：東漢明帝劉莊，公元57年至75年在位。顯宗是其廟號。紀見本書卷二。　肅宗：東漢章帝劉炟，公元75年至88年在位。肅宗是其廟號。紀見本書卷三。　祖述：繼承、效仿。

[3]【今注】中興：指東漢建國。

[4]【今注】圖緯：圖讖與緯書。讖言是預言性的神秘文字。它往往與同樣神秘的圖象相配。緯書則是方士化的儒生對經書的解釋，它以儒家經義附會吉凶禍福，治亂興衰。

[5]【李賢注】《易乾鑿度》曰："大一取其數以行九宫（大，紹興本、大德本、殿本作'太'，本注下同）。"鄭玄注云："太一者，北辰神名也。下行八卦之宫，每四乃還於中央。中央者，地神之所居（地，大德本、殿本作'北'），故謂之九宫。天數大分，以陽出，以陰入。陽起于子，陰起於午，是以大一下九宫，從坎宫始，自此而從於坤宫，又自此而從於震宫，又自此而從於巽宫，所以從半矣（從，大德本、殿本作'行'），還息於中央之宫。既又自此而從於乾宫，又自此而從於兑宫，又自此而從於艮宫，又自此而從於离宫（离，大德本、殿本作'離'，本注下同），行則周矣，上遊息於太一之星而反紫宫。行起從坎宫始，終於离宫也。"【今注】九宫：《易》緯家有"九宫八卦"之説，即

離、艮、兑、乾、坤、坎、震、巽八卦之宫，加上中央宫。宫，猶言方位。

［6］【今注】燠（yù）：暖，熱。

［7］【今注】龜策之占：古代占卜用龜甲或者蓍草（策），故言。

［8］【李賢注】《前書》曰："齊肅聰明者，神或降之。"在男曰覡，在女曰巫。覡音胡歷反。

［9］【今注】夏侯勝：字長公。西漢人。傳見《漢書》卷七五、卷八八。　眭（suī）孟：西漢人。名弘，以字行。傳見《漢書》卷七五。

［10］【今注】劉向父子領校祕書：西漢成帝時，朝廷命光禄大夫劉向率領步兵校尉任宏、太史令尹咸、侍醫李柱國等人分類校定官方藏書的系統工作。至哀帝時，劉向卒，其子劉歆接續父親的工作，並編撰了中國歷史上第一部圖書分類目録《七略》。劉向父子領校秘書事見《漢書·藝文志序》。劉向字子政，劉歆字子駿，二人傳見《漢書》卷三六。祕書，中秘藏書，即朝廷官方收藏的文書圖籍。

［11］【今注】九流：原指劉向、劉歆校書，所分諸子類十家除小説家之外的九個學術流派（儒、道、陰陽、法、名、墨、從横、雜、農）。流，派别。在此指各類書籍。《漢書》卷一〇〇下《叙傳下》："劉向司籍，九流以别。爰著目録，略序洪烈。"

［12］【今注】亦無讖録：録謂著録。指劉向父子校定秘書時，所編撰的目録上没有讖緯之書的記載。

［13］【今注】成哀：成，西漢成帝劉驁，公元前33至前7年在位。紀見《漢書》卷一〇。哀，西漢哀帝劉欣，公元前7年至前1年在位。紀見《漢書》卷一一。成、哀二帝在位的時期，是西漢急劇走向衰亡的階段。

［14］【李賢注】眭弘字孟，魯國蕃人也。昭帝時，以明經爲

議郎。夏侯勝字長公，東平人，好《洪範五行傳》說，宣帝時爲太子太傅。又成、哀時，有詔使劉向及子歆於祕書校定經、傳、諸子等。九流謂儒家、道家、陰陽家、法家、名家、墨家、縱橫家、雜家、農家，見《藝文志》，並無讖説也。

［15］【今注】案，鮌，大德本、殿本作"鯀"。本段下同，不復出校。鮌，即鯀（gǔn），是傳説中禹的父親。作爲有崇部落的首領，奉堯命治水，九年而水未治，被舜殺死在羽山。事詳見《史記》卷二《夏本紀》。

［16］【李賢注】殛，誅死也。【今注】禹：傳説中上古的治水英雄。奉舜命，繼承父業治水。功成之後，受舜禪讓，最終建立夏王朝。事見《史記·夏本紀》。

［17］【今注】共工：傳説中堯時的水官。《史記》卷一《五帝本紀》《集解》引鄭玄曰："共工，水官名。" 理：治。

［18］【今注】蚩尤：傳説中上古九黎部落的首領。與黄帝戰於涿鹿，失敗被殺。

［19］【今注】春秋元命包：《春秋緯》的一種。已佚，清人趙在翰有輯本。包，通常寫作"苞"。 公輸班：姓公輸，名班。先秦魯國的能工巧匠，故常稱"魯班"。 墨翟：墨子。先秦時期的思想家，提倡"兼愛""非攻""尚賢""明鬼""節葬"等思想。其學説結集爲《墨子》。他創立的墨子學派在當時影響很大，與儒學並稱"顯學"。

［20］【李賢注】《衡集》云"班與墨翟並當子思時，出仲尼後"也。

［21］【今注】益州：西漢武帝時所置十三刺史部之一，下轄漢中、巴郡、廣漢、蜀郡、犍爲、牂牁、越巂、益州、永昌九郡。

［22］【李賢注】《前書》武帝始置益州。

［23］【今注】侍中：官名。隸屬少府。職掌侍從左右，顧問應對等事務，秩比二千石。 賈逵：字景伯，扶風平陵（今陝西咸

陽市）人。傳見本書卷三六。

［24］【今注】王莽：字巨君，西漢末年大臣，新莽政權的建立者。傳見《漢書》卷九九。

［25］【今注】河洛：《河圖》和《洛書》。中國古代流傳下來的兩幅神秘圖案，有類數陣，以黑白子的形式串聯排列，古人認爲其中蘊含着精深的奥義。　六蓺：即《六經》。

［26］【今注】皮傅：皮相之附會。即以非常淺薄的言辭牽强附會。

［27］【李賢注】《衡集》上事云："《河》《洛》五九，《六蓺》四九，謂八十一篇也（謂，底本糊，今據紹興本、大德本、殿本補）。"傅音附。臣賢案：《衡集》云："後人皮傅，無所容竄。"又揚雄《方言》曰（揚，底本糊，今據紹興本、大德本、殿本補）："秦、晉言非其事謂之皮傅（秦，底本糊，今據紹興本、大德本、殿本補）。"謂不深得其情核，皮膚淺近，强相傅會也。後人不達皮膚之意，流俗本多作"頗傳"者，誤也。無所容竄謂不容妄有加增也。《莊子》曰："竄句籍辭。"《續漢書》亦作"竄"。本作"篡"者，義亦通也。

［28］【今注】清河：郡名。治青陽縣（今河北清河縣東南）。

［29］【李賢注】《遯甲開山圖》曰："禹遊於東海，得玉珪，碧色，長一尺二寸，圓如日月，以自照，自達幽冥。"言宋景歷紀推知水灾，非洞視玉版所見也。

［30］【今注】永建復統：指順帝即位前夕被廢爲濟陰王，經歷一番波折纔得以即位之事。詳見上文注釋。永建，東漢順帝劉保年號（126—132）。

［31］【李賢注】永建，順帝即位年也（順，底本糊，今據紹興本、大德本、殿本補）。復統謂廢而復立，言讖家不論也（讖，底本糊，今據紹興本、大德本、殿本補）。

［32］【今注】埶：同"勢"。

［33］【今注】較然：明白、明顯的樣子。

［34］【今注】卦候：即占卦。候，占卜，預測。　風角：中國古代占卜的一種方法，以五音占四方之風而定吉凶。本書卷三〇下《郎顗傳》“父宗，字仲綏，學《京氏易》，善風角、星筭、六日七分”，李賢注：“風角謂候四方四隅之風，以占吉凶也。”

［35］【李賢注】謂兢稱讖書也。

［36］【李賢注】《韓子》曰“客爲齊王畫者。問：‘畫孰難？’對曰：‘狗馬最難。’‘孰易？’‘鬼魅最易。’狗馬，人所知也（所，底本糊，今據紹興本、大德本、殿本補），故難；鬼魅無形，故易”也（也，底本糊，今據紹興本、大德本、殿本補）。

［37］【今注】瑕玷：玉石上的瑕疵，喻指事物的缺陷。

後遷侍中，帝引在帷幄，[1]諷議左右。嘗問衡天下所疾惡者。宦官懼其毁己，皆共目之，衡乃詭對而出。[2]閹豎恐終爲其患，[3]遂共讒之。

［1］【今注】帷幄：本指室内懸掛的帳幕，用以設置隱私空間。凡帝王居處，必設帷幄。故以此代言深宫。形容與皇帝關係密切。

［2］【今注】詭對：不直接回答，而是變異言辭以應對。

［3］【今注】閹豎：對宦官的蔑稱。

衡常思圖身之事，[1]以爲吉凶倚伏，[2]幽微難明，乃作《思玄賦》，[3]以宣寄情志。其辭曰：

［1］【今注】圖身：猶言謀身，爲自己的生命安危打算。

［2］【今注】倚伏：相互依存轉化。

［3］【李賢注】玄，道也，德也（“玄道也德也”五字，底本糊，今據紹興本、大德本、殿本補）。《老子》曰：“玄之又玄，衆妙之門。”

仰先哲之玄訓兮，雖彌高其弗違。[1]匪仁里其焉宅兮，匪義迹其焉追。[2]潛服膺以永靚兮，綿日月而不衰。[3]伊中情之信脩兮，慕古人之貞節。[4]竦余身而順止兮，遵繩墨而不跌。[5]志團團以應懸兮，誠心固其如結。[6]旌性行以制佩兮，佩夜光與瓊枝。[7]纗幽蘭之秋華兮，又綴之以江蘺。[8]美襞積以酷裂兮，允塵邈而難虧。[9]既姱麗而鮮雙兮，非是時之攸珍。[10]奮余榮而莫見兮，播余香而莫聞。幽獨守此仄陋兮，敢怠皇而舍勤。[11]幸二八之遻虞兮，喜傅説之生殷；[12]尚前良之遺風兮，恫後辰而無及。[13]何孤行之煢煢兮，[14]孑不群而介立？感鸞鷖之特棲兮，悲淑人之稀合。[15]

［1］【李賢注】玄訓，道德之訓也（“玄訓道德”四字，底本糊，今據紹興本、大德本、殿本補）。《論語》顏回曰：“仰之彌高。”【今注】玄訓：高深的教誨。

［2］【李賢注】《論語》孔子曰：“里仁爲美，宅不處仁，焉得知（知，大德本、殿本作‘智’）？”里、宅，皆居也。【今注】匪仁里其焉宅兮：不是仁者居住的地方便不在此安家。　匪義迹其焉追：指效仿前人的義行義舉。追，追步，跟隨。

［3］【李賢注】《説文》曰：“膺，匈也。”《禮記》曰：“服膺拳拳而不息。”靚音才性反。《前書音義》曰：“靚與‘静’同。”【今注】潛服膺以永靚兮綿日月而不衰：默默地銘記前賢的教誨，

長久地不忘懷。服膺，銘記在心，衷心信奉。

[4]【李賢注】脩謂自脩爲善也。《楚辭》曰：“苟中情其好脩兮。”【今注】伊：發語詞，無意義。　中情：心中的真實情感。　脩：美好，善良。

[5]【李賢注】竦，企立也。《禮記》曰：“爲人臣止於恭，爲人子止於孝，爲人父止於慈，與國人交止於信。”跌，蹉也，音徒結反。繩墨諭禮法也。《楚辭》曰：“遵繩墨而不頗。”【今注】竦：直立以示恭敬的樣子。　繩墨：比喻規矩、法度。　跌：犯過失。

[6]【李賢注】團團，垂皃也（皃，大德本、殿本作“貌”。本卷以下注文“皃”字皆同此例者，不復出校）。《詩》曰：“心之憂矣，如或結之。”【今注】志團團以應懸：謂我個人的心志懸繫在先哲的教訓之上，受其影響，便如繩動而物應。

[7]【李賢注】旌，明也。夜光，美玉。瓊枝，玉樹。以諭堅貞也。《楚辭》曰“折瓊枝以繼佩”也。【今注】旌：表彰。　性行：性情和行爲。　佩：佩飾。

[8]【李賢注】案：纗音租緩反。字書亦“纂”字也。纂，繫也。諸家音並户珪反，誤也。江蘺，香草也。《本草經》曰：“蘪蕪，一名江蘺。”即芎窮苗也（窮，紹興本、大德本、殿本作“藭”）。《楚辭》曰：“扈江蘺與薜芷兮，紉秋蘭以爲佩。”皆取芬芳以象德也。【今注】纗（zuī）：繫，結。　秋華：秋天的花。華，花。

[9]【李賢注】襞積，衣襵也。酷裂，香氣盛也。司馬相如曰：“酷裂淑郁。”又曰：“襞積褰縐。”允，信也。廛，久也。邈，遠也。虧猶歇也。衣服芬芳，久而不歇，以喻道德著美，幽而不屈也（大德本無此注）。【今注】襞（bì）積：衣服上的褶皺。　虧：氣不足爲虧，猶言香氣消散。案，大德本無“美襞積以酷裂兮允廛邈而難虧”十三字。

[10]【李賢注】姱音口瓜反。王逸注《楚詞》曰（詞，大德本、殿本作“辭”）：“姱，好也。”攸，所也。言德雖美好，而時人不珍也。【今注】姱（kuā）麗：美麗。 鮮（xiǎn）雙：猶言惟一。鮮，少。

[11]【李賢注】怠，惰也。皇，暇也。舍，廢也。【今注】仄陋：狹窄鄙陋的地方。 敢：哪敢。 怠皇：悠閑懈怠的狀態。皇，通“遑”。

[12]【今注】幸二八之遌（wù）虞兮喜傅説之生殷：對八元、八愷能够遇到虞舜而感到幸運，對傅説生當殷時（能够被商王武丁所用）而感到喜悦。張衡實際是在慨歎自己生不逢時，没能遭遇明君。八元、八愷，皆是傳説中的賢人。《左傳》文公十八年：“昔高陽氏有才子八人：蒼舒、隤敳、檮戭、大臨、尨降、庭堅、仲容、叔達，齊聖廣淵，明允篤誠，天下之民謂之‘八愷’。高辛氏有才子八人：伯奮、仲堪、叔獻、季仲、伯虎、仲熊、叔豹、季貍，忠肅共懿，宣慈惠和，天下之民，謂之‘八元’。”傅説，殷商時人。本是築墻的奴隸，後爲商王武丁所用，輔佐其開創了“武丁中興”。

[13]【李賢注】二八，八元、八愷也（愷，大德本、殿本作“凱”）。遌，遇也，音五故反。虞，虞舜也。尚，慕也。恫，痛也，音通。辰，時也。痛己後時而不及之也。

[14]【今注】煢煢：孤獨的樣子。

[15]【李賢注】《山海經》曰，女牀山有鳥，五采，名曰鸞，見則天下安寧。又曰，九疑山有五采之鳥，名鷖。淑，善也。特，獨也。言靈鳥既獨棲，善人亦少合也。【今注】鸞鷖（yī）：兩種鳳凰類的神鳥，借喻君子。 特：單個，單獨。

彼無合其何傷兮，[1]患衆僞之冒真。[2]旦獲讟于群弟兮，啓《金縢》而乃信。[3]覽蒸民之多僻兮，畏立辟以危身。[4]曾煩毒以迷或兮，羌孰可與言已？[5]私湛憂而深懷兮，思繽紛而不理。[6]願竭力以守義兮，雖貧窮而不改。執雕虎而試象兮，阽焦原而跟止。[7]庶斯奉以周旋兮，要既死而後已。[8]俗遷渝而事化兮，泯規矩之圜方。[9]珍蕭艾於重笥兮，謂蕙芷之不香。[10]斥西施而弗御兮，羈要裊以服箱。[11]行陂僻而獲志兮，循法度而離殃。[12]惟天地之無窮兮，何遭遇之無常！不抑操而苟容兮，譬臨河而無航。[13]欲巧笑以干媚兮，非余心之所嘗。襲温恭之黻衣兮，披禮義之繡裳。[14]辮貞亮以爲鞶兮，雜技藝以爲珩。[15]昭綵藻與雕琢兮，璜聲遠而彌長。[16]淹棲遲以恣欲兮，燿靈忽其西藏。[17]恃己知而華予兮，鶗鴂鳴而不芳。[18]冀一年之三秀兮，遒白露之爲霜。[19]時亹亹而代序兮，疇可與乎比伉？[20]咨妒嫮之難並兮，想依韓以流亡，[21]恐漸冉而無成兮，[22]留則蔽而不章。

［1］【今注】無合：指士人不遇。

［2］【今注】冒：頂替。

［3］【李賢注】旦，周公也。讟，謗也。信音申。成王立，周公攝政，其弟管叔、蔡叔等謗言，云公將不利於孺子，周公乃誅二叔。秋大孰未穫（孰，大德本、殿本作"熟"），天大雷電以風，禾盡偃。成王與大夫啓金縢之書，乃得周公所自以爲功代武王之策，方信周公忠於國家也。事見《尚書》。【今注】旦：周公姬旦。　金縢：金屬製作的匣子，用來收藏重要的文書。周公納

册於金縢之中，典出《尚書·金縢》。

［4］【李賢注】蒸，衆也。僻，邪也。辟，法也。《詩》曰“人之多僻，無自立辟”也。【今注】蒸民：百姓。　立辟：立法。

［5］【李賢注】曾，重也。羌，發語辭也。言己之志，無可爲言之也（爲，大德本、殿本作“與”）。【今注】煩毒：煩惱，憂煩。

［6］【李賢注】湛音沈。繽紛，亂皃也。【今注】私：我。　湛憂：深沉的憂慮。　不理：猶言混亂。理，條理，有頭緒。

［7］【李賢注】雕虎，有文也。阽，臨也。焦原，原名也。跟，足踵也。《尸子》曰：“中黄伯曰：‘我左執太行之獶，右執雕虎，唯象之未試，吾或焉。有力者則又願爲牛，與象，自謂天下之義人也。惡乎試之？曰，夫貧窮，太行之獶也；迹賤者，義之彫虎也。吾日試之矣。’”又曰：“莒國有名焦原者，廣尋，長五十步，臨百刃之谿，莒國莫敢近也。有以勇見莒子者，獨却行劑踵焉，此所以服莒國也。夫義之爲焦原也高矣，此義所以服一世也。”衡言躬履仁義，不避險難，亦足以服一代之人也。（李賢注此條，底本漫漶，文字大半不可辨識，今據紹興本、大德本、殿本補齊）【今注】執雕虎而試象兮阽焦原而跟止：此二句典出《尸子》，見李賢注所引。《尸子》，《漢書·藝文志》著録二十篇。至宋時亡佚，今僅存兩篇。李賢注引文皆不見於今本。

［8］【李賢注】《左傳》史克曰：“奉以周旋，不敢失墜。”《論語》孔子曰：“死而後已，不亦遠乎？”

［9］【李賢注】化，變也。泯，滅也。【今注】遷渝：變化，變遷。

［10］【李賢注】蕭，蒿也。笥，篋也。蕙、芷，並香草也。貴蕭艾，喻任小人。謂蕙芷爲不香，喻弃賢人也。【今注】蕭艾：皆是氣味不好的草，用來比喻品質不好的人。　重笥（sì）：兩層的竹篋。置物其間，表示珍重。

［11］【李賢注】斥，遠也。西施，越之美女也。要音於皎反。裊音奴了反（裊，紹興本作“褭”）。《吕氏春秋》曰：“要裊，古之駿馬也。”服，駕也。箱，車也。言踈遠美女，又以駿馬駕車，並喻不能用賢也。【今注】御：交合。　要裊：即“要褭（niǎo）”，古代的一種良馬。《吕氏春秋·離俗》“飛兔、要褭，古之駿馬也”，高誘注：“飛兔、要褭，皆馬名也，日行萬里。”案，裊，紹興本作“褭”。

［12］【李賢注】陂，不正也。離，被也。【今注】陂僻：邪辟不正。　獲志：獲君上之志。　離殃：遭災。離，遭遇。

［13］【李賢注】航，船也。《孫卿子》曰：“偷合苟容以持禄。”《周書·陰符》曰：“四輔不存，若濟河無舟矣。”

［14］【李賢注】襲，重也。《周禮》黑與青謂之黻，五色備曰繡。

［15］【李賢注】《説文》曰：“辮，交織也。”音蒱殄反。《禮記》曰：“男鞶革，女鞶絲（女，紹興本作‘革’）。”鄭玄注云：“鞶，小囊，盛帨巾也。”珩，佩玉也。【今注】貞亮：堅貞忠誠。亮，忠信。

［16］【李賢注】璜，佩玉也。《爾雅》曰：“半璧曰璜。”言佩服之美，喻道德之盛也。【今注】綵藻：五彩絲綫與花紋。案，與，底本糊，今據紹興本、大德本、殿本補。

［17］【李賢注】淹，久也。棲遲，遊息也。燿靈，日也。《楚辭》曰（楚，底本糊，今據紹興本、大德本、殿本補）：“燿靈安藏。”言年歲之蹉跎也（年，底本糊，今據紹興本、大德本、殿本補）。

［18］【李賢注】己知猶知己也。華，榮也。予，衡自謂也。鶗鴂，鳥名，喻讒人也。《廣雅》曰：“鷤鴂，布穀也。”《楚辭》曰：“恐鷤鴂之先鳴兮，使夫百草爲之不芳。”王逸注云：“以喻讒言先至，使忠直之士被罪也。”言恃知己以相榮，反遇讒而見害

也。【今注】鶗（tí）鴂（guī）：即“鷤鴂”，杜鵑。案，予，紹興本作“子”。

[19]【李賢注】三秀，芝草也。《楚辭》曰：“采三秀於山閒。”《説文》曰：“遒，迫也。”方秀遇霜，喻似賢被讒也（似，大德本、殿本作“以”）。【今注】三秀：靈芝。傳聞靈芝一年開花三次，故云。案，遒，紹興本作“道”。

[20]【李賢注】亹亹，進貌也。謂四時更進而代序。疇，誰也。伉，偶也。伉，協韻音苦郎反。【今注】亹（wěi）亹：勤勉不倦，引申爲連續不斷。

[21]【李賢注】咨，歎也。妒，忌也。嫮，美也，音胡故反。《楚辭》曰：“嫮目宜笑。”言嫉妒者，憎惡美人，故難與並也。韓謂齊仙人韓終也（終，殿本作“衆”）。爲王採藥，王不肯服，終自服之，遂得仙。《楚辭》曰：“羡韓衆之得一。”流亡謂流遁亡去也。【今注】並：並列，並位。

[22]【今注】澌冉：（時光）逐漸流逝。

心猶與而狐疑兮，即岐阯而攄情。[1]文君爲我端蓍兮，利飛遁以保名。[2]歷衆山以周流兮，翼迅風以揚聲。[3]二女感於崇岳兮，或冰折而不營。[4]天蓋高而爲澤兮，誰云路之不平！[5]勔自强而不息兮，蹈玉階之嶢峥。[6]懼筮氏之長短兮，鑽東龜以觀禎。[7]遇九皋之介鳥兮，怨素意之不逞。[8]遊塵外而瞥天兮，據冥翳而哀鳴。[9]鵰鶚競於貪婪兮，我脩絜以益榮。[10]子有故於玄鳥兮，歸母氏而後寧。[11]

[1]【李賢注】岐阯，山足也。周文王所居也。【今注】猶

與：即猶豫。　阯：基址，底部。　攄（shū）情：抒情。

［2］【李賢注】文君，文王也。端，正也。《楚辭》曰："詹尹端策拂龜。"《周易·遁卦》上九曰："肥遁無不利。"《淮南九師道訓》曰（九，大德本作"也"）："遁而能飛，吉孰大焉？"【今注】端蓍：正卜，猶言借卜筮以指點迷津。

［3］【李賢注】《遁卦》艮下乾上，艮爲山，故曰歷衆山。從二至四爲巽，巽爲風，故曰翼迅風也。

［4］【李賢注】遁上九變而爲咸。咸，感也。咸卦艮下兑上，從二至四爲巽，與兑爲二女也。崇岳謂艮也。從三至五爲乾。《易·説卦》曰："乾爲冰，兑爲毁折。"陽不求陰，故曰冰折而不營也。【今注】營：縈繞。

［5］【李賢注】乾變爲兑，乾爲天，兑爲澤，故曰天爲澤（天，紹興本、大德本作"夫"）。言天高尚爲澤，誰云路之不平？言可行也。

［6］【李賢注】勔，勉也。乾爲金玉，故曰玉階。嶢峥，高峻皃（皃，殿本作"貌"）。嶢音堯。峥音士耕反。

［7］【李賢注】《左傳》晉卜人曰："筮短龜長，不如從長。"言筮之未盡，復以龜卜之也。《周禮》"龜人掌六龜之屬，東龜曰果屬，其色青"也。【今注】筮氏之長短：指卜筮的結果不確知。　禎：祥。

［8］【李賢注】《詩·小雅》曰："鶴鳴九皋。"注云："皋，澤中溢水出所爲也。自外數至九，喻深遠也。"介，耿介也。《龜經》有棲鶴兆也。言卜得鶴兆也。逞，快也，協韻音丑貞反。【今注】九皋：指極幽深的沼澤。　素：平素。

［9］【李賢注】瞥，視也，音孚列反（孚，紹興本、大德本、殿本作"普"）。冥翳，高遠也。

［10］【李賢注】鵰、鶚，鷙鳥也，以喻讒佞也。【今注】鵰鶚：都是猛禽，比喻奸佞小人。　益榮：增加（自己的）榮光。

［11］【李賢注】子謂衡也。有故於玄鳥謂卜得鶴兆也。《易》曰："鳴鶴在陰，其子和之。我有好爵，吾與汝縻之（縻，大德本、殿本作'靡'）。"言子歸母氏然後得寧，猶臣遇賢君方享爵禄。勸衡求聖君以仕之也。【今注】玄鳥：指鶴。李賢注謂"（張衡）卜得鶴兆"，乃據上文"懼筮氏之長短兮，鑽東龜以觀禎。遇九皋之介鳥兮，怨素意之不逞"而言。　母氏：母親。

占既吉而無悔兮，簡元辰而俶裝。[1]旦余沐於清原兮，晞余髮於朝陽。[2]漱飛泉之瀝液兮，咀石菌之流英。[3]翾鳥舉而魚躍兮，將往走乎八荒。[4]過少皞之窮野兮，問三丘乎句芒。[5]何道真之淳粹兮，去穢累而票輕。[6]登蓬萊而容與兮，鼇雖抃而不傾。[7]留瀛洲而採芝兮，聊且以乎長生。[8]憑歸雲而遐逝兮，夕余宿乎扶桑。[9]噏青岑之玉醴兮，餐沆瀣以爲糧。[10]發昔夢於木禾兮，穀崐崘之高岡。[11]朝吾行於湯谷兮，從伯禹於稽山。[12]集群神之執玉兮，疾防風之食言。[13]

［1］【李賢注】悔，惡也。元辰，吉辰也。俶，整也。【今注】簡：挑選。

［2］【李賢注】晞，乾也。朝陽，日也。《爾雅》曰："山東曰朝陽。"《楚辭》曰"朝濯髮於陽谷，夕晞余身乎九陽"也。【今注】晞：曬乾。

［3］【李賢注】瀝液，微流也。咀，嚼也。石菌，芝也。英，華也。【今注】咀：咀嚼。　石菌：靈芝。　之：和。　流英：飄落的花瓣。

［4］【李賢注】翾（翾，大德本作"翺"），飛也，音許緣

反。走猶赴也，音奏。八荒，八方荒遠地也。《淮南子》曰："登大山，履石封，以望八荒。"【今注】迂：急行的樣子。案，翺，大德本作"鷃"；迂，紹興本、大德本、殿本作"往"。

［5］【李賢注】《帝王紀》曰："少昊邑于窮桑，都曲阜，故或謂之窮桑帝。"地在魯城北。衡欲往東方，故先過窮桑之野。三丘，東海中三山也，謂蓬萊、方丈、瀛洲。句芒、木正，東方之神也。【今注】少皞：即少昊。傳説中的西方之神。　問：訪問。

［6］【李賢注】道真謂道德之真。班固《幽通賦》曰："矧沈躬於道真。"不澆曰淳，不雜曰粹。票音匹妙反，猶飄颻也。【今注】票輕：即輕飄、輕盈的樣子。

［7］【李賢注】鼇，大龜也。《列子》曰："勃海之東有大鼇焉（鼇，紹興本、大德本、殿本作'壑'），其中有五山，一曰岱輿，二曰員嶠，三曰方壺，四曰瀛洲，五曰蓬萊。隨波上下往還，不得暫峙。仙聖訴於帝，使巨鼇十五舉首而戴之，迭爲三番，六萬歲一交焉，五山始不動。"抃音皮媛反。《楚辭》曰："鼇戴山抃。"《説文》曰："抃，拊手也。"【今注】容與：容貌喜悦的樣子。與，通"豫"，喜悦。　抃（biàn）：拍手而舞蹈的樣子。屈原《天問》"鼇戴山抃"，王逸注："擊手曰抃。《列仙傳》曰：有巨靈之鼇，背負蓬萊之山而抃舞，戲滄海之中，獨何以安之乎？"

［8］【李賢注】東方朔《十洲記》曰"瀛洲，在東海之東，上生神芝仙草，有玉石膏出泉如酒味，名之爲玉酒，飲之令人長生"也。

［9］【李賢注】扶桑，日所出，在湯谷中，其桑相扶而生。見《淮南子》。

［10］【李賢注】《爾雅》曰："山小而高曰岑（岑，底本糊，今據紹興本、大德本、殿本補）。"郭璞注曰："言岑崟也（岑崟，底本糊，今據紹興本、大德本、殿本補）。"《楚辭》曰："餐六氣而飲沆瀣。"王逸注云："沆瀣，夜半氣也。""糧"或作"粻"。

【今注】噏（xī）：吮吸。　玉醴：指山上的甘泉。

［11］【李賢注】《山海經》曰："崐崘墟在西北，方八百里，高萬仞，上有木禾，長五尋，大五圍。"昔，夜也。穀，生也。衡此夜夢禾生於崐崘山之上，即下文云"抨巫咸作占夢（作，殿本作'以'），含嘉秀以爲敷"是也。《衡集》注及近代注解皆云"昔日夢至木禾，今親往見焉，是爲發昔夢也"。臣賢案：衡之此賦，將往走乎八荒以後，即先往東方，次往南方，乃適西方，此時正在湯谷、扶桑之地（湯，大德本作"暘"，殿本作"陽"），崐崘乃西方之山，安得已往崐崘見木禾乎？良由尋究不精，致斯謬耳。【今注】木禾：《山海經·海内西經》"昆侖之虚，方八百里，高萬仞，上有木禾，長五尋，大五圍"，郭璞注："木禾，穀類也。生黑水之阿，可食。"

［12］【李賢注】湯谷（湯，大德本、殿本作"暘"），日所出也。孔安國注《尚書》曰："禹代鮌爲崇伯（鮌，大德本、殿本作'鯀'），故稱伯。"《吴越春秋》曰："禹登茅山，大會計理國之道，故更名其山曰會稽"也。【今注】稽山：即會稽山。在今浙江紹興市南。　案，湯，大德本、殿本作"暘"。

［13］【李賢注】《左傳》曰："禹合諸侯於塗山，執玉帛者萬國。"《國語》仲尼曰："昔禹致群神於會稽之山，防風氏後至，禹殺而戮之。"客曰："敢問誰爲神？"仲尼曰："山川之守，足以紀綱天下者，其守爲神。"食言謂後至也。《爾雅》曰："食，僞也。"【今注】疾：討厭，痛恨。

指長沙以邪徑兮，存重華乎南鄰。[1]哀二妃之未從兮，翩儐處彼湘濒。[2]流目覜夫衡阿兮，睹有黎之圮墳；[3]痛火正之無懷兮，託山陂以孤魂。[4]愁蔚蔚以慕遠兮，越印州而愉敖。[5]躋日中于昆吾兮，憩炎天之所陶。[6]揚芒熛而絳天兮，水泫沄而涌濤。[7]温風翕其增熱兮，惄鬱邑其難聊。[8]顫羈旅而無友兮，余安能乎留玆？[9]

[1]【李賢注】長沙，今潭州也。從稽山西南向長沙，故云邪徑。存猶問也。重華，舜名。葬於蒼梧，在長沙南，故云"南鄰"也。【今注】長沙：郡名。治臨湘縣（今湖南長沙市）。

[2]【李賢注】二妃，舜妻堯女娥皇、女英。翩，連翩也。儐，弃也。瀕，水涯也。劉向《列女傳》曰："舜陟方，死於蒼梧，二妃死於江、湘之閒，俗謂之湘君、湘夫人也。"《禮記》云"舜葬蒼梧，二妃不從"也。

[3]【今注】流目：目光流動。 覜：遠眺。 衡阿：即衡山。阿，山。 圮（pǐ）：塌陷，毁壞。

[4]【李賢注】衡阿，衡山之曲也。黎，顓頊之子祝融也，爲高辛氏之火正，葬於衡山。圮，毁也。盛弘之《荆州記》云："衡山南有南正重黎墓。楚靈王時山崩，毁其墳，得營丘九頭圖焉。"【今注】無懷：指墳墓坍塌，没有歸處。

[5]【李賢注】《河圖》曰："天有九部八紀，地有九州八柱。東南神州曰晨土，正南卬州曰深土，西南戎州曰滔土，正西弇州曰開土，正中冀州曰白土，西北柱州曰肥土，北方玄州曰成土，東北咸州曰隱土，正東揚州曰信土。"愉，樂也。敖，游也。【今注】蔚蔚：本義是茂盛的樣子，引申爲憂愁深重。

[6]【李賢注】《淮南子》曰："日至于昆吾，是謂正中。"高誘注云："昆吾，丘名，在南方。"憩，息也。東方朔《神異經》曰："南方有火山，長四十里，廣四五里，晝夜火然。"陶猶炎熾也。（李賢注此條，底本漫漶，文字大半不可辨識，今據紹興本、大德本、殿本補齊）

[7]【李賢注】芒，光芒也。《字林》曰："熛，飛火也。"音必遥反。泫音胡犬反（犬，殿本作"大"），淈音户昆反，並水

流皃也。【今注】絳天：指爲光芒和火焰映染得通紅的天空。

[8]【李賢注】温風，炎風也。《淮南子》曰："南方之極，自北户之外，南至委火、炎風之野，二萬二千里。"惄音奴覿反。《爾雅》曰"惄，思也"。【今注】惄（nì）：憂思，憂傷。　鬱邑：即鬱悒，憂愁煩悶的樣子。　其難聊：難有所依靠。聊，依靠，依賴。

[9]【李賢注】顝，獨也，音苦骨反。不能留此，將復西行也。【今注】顝（kū）：孤獨的樣子。　羈旅：指客居他鄉。

顧金天而歎息兮，吾欲往乎西嬉。[1]前祝融使舉麾兮，纚朱鳥以承旗。[2]纏建木於廣都兮，拓若華而躊躇。[3]超軒轅於西海兮，[4]跨汪氏之龍魚；[5]聞此國之千歲兮，曾焉足以娛余？[6]

[1]【李賢注】金天氏，西方之帝少皞也。嬉，戲也。

[2]【李賢注】纚，繫也，音山綺反。朱鳥，鳳也。《楚辭》曰"凰皇翼其承旗"也。【今注】祝融：傳説中的古帝，亦爲南方之神。　麾：旗幟。　纚（lí）：繫，繩。

[3]【李賢注】躔，次也。拓猶折也。《淮南子》曰："建木在廣都，若木在建木西，末有十日，其華照地。"《山海經》曰，廣都之野，后稷葬焉。《楚辭》曰："折若木以拂日。"躊躇猶俳回也（回，大德本、殿本作"徊"）。躊音直流反。躇音直余反。【今注】纏（chán）：通"躔"。足迹，引申爲到達。紹興本、大德本、殿本作"躔"。　拓：攀折。　若華：若木的花。《楚辭·天問》"羲和之未揚，若華何光"，王逸注："言日未出之時，若木何能有明赤之光華乎。"

[4]【今注】軒轅：神話中的國名。

[5]【今注】汪氏之龍魚：汪氏，用典不明。《山海經·海外

西經》龍魚“一曰鰲魚，在夭野北”，郝懿行《箋疏》：“（《文選》）《思玄賦》注引此經云‘在汪野北’。又云：‘汪氏國在西海外，此國足龍魚也。’疑‘汪氏’當爲‘沃民’，‘汪野’當爲‘沃野’，並字形之譌也。《張衡傳》及注亦並作‘汪’，譌與《文選》注同。”存疑。

[6]【李賢注】《山海經》曰“軒轅之國，在窮山之際，其不壽者八百歲。龍魚在其北，一曰蝦魚，有神巫乘此以行九野。一曰鼈魚，在汪野北，其爲魚也如鯉魚。白人之國在龍魚北”也。

思九土之殊風兮，從蓐收而遂徂。[1]欻神化而蟬蜕兮，朋精粹而爲徒。[2]蹶白門而東馳兮，云台行乎中野。[3]亂弱水之潺湲兮，逗華陰之湍渚。[4]號馮夷俾清津兮，櫂龍舟以濟予。[5]會帝軒之未歸兮，悵相佯而延佇。[6]啁河林之蓁蓁兮，偉關雎之戒女。[7]黄靈詹而訪命兮，摎天道其焉如。[8]曰近信而遠疑兮，六籍闕而不書。[9]神逵昧其難覆兮，疇克謨而從諸？[10]牛哀病而成虎兮，雖逢昆其必噬。[11]鼈令殪而尸亡兮，取蜀禪而引世。[12]死生錯而不齊兮，雖司命其不晰。[13]竇號行於代路兮，後膺祚而繁廡。[14]王肆侈於漢庭兮，卒銜恤而絶緒。[15]尉厖眉而郎潛兮，逮三葉而遘武。[16]董弱冠而司衮兮，設王隧而弗處。[17]夫吉凶之相仍兮，恒反側而靡所。[18]穆負天以悦牛兮，豎亂叔而幽主。[19]文斷袪而忌伯兮，閹謁賊而寧后。[20]通人闇於好惡兮，豈愛惑之能剖？[21]嬴擿讖而戒胡兮，備諸外而發内。[22]或輂賄而違車兮，孕行産而爲對。[23]愼竈顯於言天兮，占水火而妄誶。[24]梁叟患夫黎丘兮，丁厥子而事刃，親所睇而弗識兮，矧幽冥之可信。[25]毋綿攣以涬己兮，思百憂以自疢。[26]彼天監之孔明兮，用棐忱而佑仁。[27]湯蠲體以禱祈兮，蒙厖褫以拯人。[28]景三慮以營國兮，熒惑次於它辰。[29]魏顆亮以從理兮，鬼亢回以敏秦。[30]咎繇邁而種德兮，德樹茂乎英、六。[31]桑末寄夫根生兮，卉既雕而已毓。[32]有無言而不讎兮，又何往而不復？[33]盍遠迹以飛聲兮，孰謂時之可蓄？[34]

[1]【李賢注】九土，九州也。蓐收，西方神也。徂，往也。欲還中土也。【今注】殊風：不同的風俗。

[2]【李賢注】欻，疾貌也，音許勿反。蛻音稅。《説文》曰："蟬虵蛻所解皮也（殿本無'虵'字）。"言去故就新，若蟬之蛻也（大德本、殿本無"之"字）。朋猶侶也。粹（大德本、殿本"粹"前有"精"字），美也。【今注】欻（xū）：《文選》李善引舊注謂輕舉貌。而李賢注謂之迅疾。案，兩説皆是，快速而輕盈的樣子。

[3]【李賢注】蹶音厥。鄭玄注《禮記》云："蹶，行處之貌也。"《淮南子》曰："自東北方曰方土之山，曰蒼門；東方曰東極之山，開明之門（大德本、殿本'開'前有'曰'字）；東南方曰波母之山，曰陽門；南方南極之山，曰暑門；西南方曰編駒之山，曰白門；西方曰西極之山，曰閶闔之門；西北方曰不周之山，曰幽都之門；北方曰北極之山，曰寒門。凡八極之雲，是雨天下，八門之風，是節寒暑。"《爾雅》曰："台，我也。"野，協韻音神渚反。【今注】蹶：疾跑。　云：句首語助詞，無意義。　台

(yí)：我。

［4］【李賢注】正絶流曰亂。《山海經》曰："崐崘之丘，其下有弱水之川環之。"注云："其水不勝鳥毛。"潺湲，流貌也。逗，止也。華陰，華山之北也。臨河，故云"湍渚"。【今注】逗：逗留，停止。 湍：湍急的水流，引申指河流。 渚：水中的小塊陸地。

［5］【李賢注】號，呼也。《聖賢冢墓記》曰："馮夷者，弘農華陰潼鄉隄首里人，服八石，得水仙，爲河伯。"《龍魚河圖》曰："河伯姓呂名公子，夫人姓馮名夷。"俾，使也。清，静也。津，濟度處。静之使無波濤也。櫂，檝也。《淮南子》曰："龍舟，鷁首，浮吹以虞。"予，我也。（李賢注此條，底本漫漶，文字大半不可辨識，今據紹興本、大德本、殿本補齊）

［6］【李賢注】帝軒，黄帝也。鑄鼎於湖，在今湖城縣（湖，紹興本、大德本作"胡"），與河、華相近。未歸謂黄帝得仙升天（升，底本糊，今據紹興本、大德本、殿本補），神靈未歸。相佯猶俳回也。【今注】帝軒：黄帝號軒轅氏，故稱帝軒。 悵：失意遺憾的樣子。 延佇（zhù）：久久停留，不願離去。

［7］【李賢注】呬音許吏反。《爾雅》曰："呬，息也。"蓁蓁，茂盛貌。《山海經》云："北望河林，其狀如蒨。"偉，美也。《詩·國風》曰："關關雎鳩，在河之洲。窈窕淑女，君子好仇。"衡覩河洲而思之也。【今注】呬（xì）：休息。 戒女：《詩序》謂《關雎》所以風天下而正夫婦也，故言戒女。戒，諷戒，勸誡。

［8］【李賢注】黄靈，黄帝神也。《爾雅》曰："詹，至也。訪，謀也。摎，求也。"【今注】案，詹，大德本作"居"。 訪命：探問命運前途。

［9］【李賢注】曰，黄帝答言也（大德本、殿本無"也"字）。六籍，六經也。

［10］【李賢注】逵，道也。《爾雅》曰："覆，審也。疇，誰

也。謨，謀也。”【今注】神逵昧其難覆兮：神冥之道四方交通而難以揣摩。　克：能。　諸：之。

［11］【李賢注】昆，兄也。《淮南子》曰：“昔公牛哀病七日，化而爲虎。其兄覘之，虎搏而殺之，不知其兄也。”【今注】牛哀病而成虎：典出《淮南子·俶真》。

［12］【李賢注】鼈令，蜀王名也。令音靈。殪，死也。禪，傳位也。引，長也。揚雄《蜀王本紀》曰：“荆人鼈令死，其尸流亡，隨江水上至成都，見蜀王杜宇，杜宇立以爲相。杜宇號望帝，自以德不如鼈令，以其國禪之，號開明帝。下至五代，有開明尚，始去帝號，復稱王也。”【今注】引世：指延長壽命，死而復生。

［13］【李賢注】錯，交錯也。司命，天神也。《春秋佐助期》曰：“司命，神，名爲滅黨，長八尺，小鼻，望羊，多髭，癯瘦，通於命運期度。”晰，明也，協韻音之逝反。【今注】死生錯而不齊兮雖司命其不晰：人的生命有長有短，參差不齊，即使是司命也不能弄清楚。晰，同“晰”。清楚，明白。

［14］【李賢注】竇謂孝文竇皇后也。繁廡，茂盛也。吕太后時，出宫人以賜諸王（賜，底本糊，今據紹興本、大德本、殿本補），竇姬家在清河，願如趙近家，遺宦者吏，必置我趙伍中。宦者忘之，誤置代伍中，姬涕泣不欲往，相强乃行。至代，代王獨幸竇姬，生景帝，後立爲皇后。景帝生十四子，後至光武中興也。【今注】後膺：猶言後輩。　祚：流傳。

［15］【李賢注】王謂孝平王皇后，莽之女也。《前書》聘以黄金二萬斤，遣劉歆奉乘輿法駕，迎后于第。及莽篡位，后常稱疾不朝，會莽誅，后自投火中而死。恤，憂也。《詩·小雅》曰：“出則銜恤。”絶緒言無後也。【今注】卒：最終。　銜恤：含哀。

［16］【李賢注】尉謂都尉顔駟也。尨，蒼雜色也。遘，遇也。《漢武故事》曰：“上至郎署，見一老郎，鬢眉皓白，問：‘何時爲郎？何其老也？’對曰：‘臣姓顔，名駟，以文帝時爲郎。文

帝好文而巳好武（巳，紹興本、大德本、殿本作“臣”，是），景帝好老而臣尚少，陛下好少而臣已老，是以三葉不遇也。’上感其言，擢爲會稽都尉”也。【今注】尨眉：白眉。　葉：世。

[17]【李賢注】董賢字聖卿，哀帝時爲大司馬，年二十二（二十二，大德本、殿本作“二十”）。衮，三公服也。時哀帝令爲賢起冢，至尊無以加。及帝崩，王莽殺賢於獄中。《左傳》曰，晉侯請隧，曰：“王章也。”《禮記》曰“二十曰弱冠”也。【今注】董：董賢，字聖卿，雲陽（今陝西淳化縣西北）人。傳見《漢書》卷九三。

[18]【今注】仍：沿襲。　反側：反復無常。　靡所：没有固定之所在。

[19]【李賢注】穆，魯大夫叔孫豹也，謚曰穆。牛謂豎牛，豹之子也。幽，閉也。大夫稱主。《左傳》曰，叔孫豹奔齊，宿於庚宗，遇婦人而私焉。至齊，夢天壓己，弗勝，顧而見人，號之曰“牛，助余”，乃勝之。及後還魯，庚宗之婦人獻以雉，曰：“余子長矣。”召而見之，則所夢也。遂使爲豎，有寵。及穆子遇疾，豎牛欲亂其室，曰：“夫子疾病，不欲見人。”牛不進食，穆子遂餓而死。【今注】幽：幽囚。

[20]【李賢注】文，晉文公也。袪，袂也。忌，怨也。伯謂伯楚也。謁，告也。賊謂吕甥、冀芮等。寧，安也。后，文公也。初，晉獻公使寺人勃鞮伐公於蒲城，公踰垣，勃鞮斬其袪。及公入國，吕生、冀芮謀作亂（生，殿本作“甥”），伯楚知之，以告公。公會秦伯于王城，殺吕、郄。伯楚，勃鞮字也。事見《國語》也（殿本無“也”字）。【今注】后：王。指晉文公。

[21]【李賢注】通人謂穆子、文公等。闇於好惡謂初悦豎牛，後以餓死；始怨勃鞮，終能告賊。剖，分也。言通人尚闇於好惡，況愛寵昏惑者豈能分之？

[22]【李賢注】嬴，秦姓也。擿猶發也。謂始皇發讖，云

“亡秦者胡”，乃使蒙恬北築長城，以爲外備，而不知胡亥竟爲趙高所殺，秦氏遂亡，是發内。【今注】擿（tī）：揭露，發布。

［23］【李賢注】輂，運也。違，避也。車謂張車子也。有夫婦夜田者，天帝見而矜之，問司命曰：“此可富乎?”司命曰：“命當貧，有張車子財可以借而與之期。曰，車子生，急還之。”田者稍富，及期，夫婦輂其賄以逃（逃，底本糊，今據紹興本、大德本、殿本補）。同宿有婦人，夜生子，問名於其父，父曰：“生車間，名車子。”其家自此之後遂大貧敝（家，底本糊，今據紹興本、大德本、殿本補）。見《搜神記》。【今注】輂：運載，運送。

［24］【李賢注】《爾雅》曰：“誶，告也。”《左傳》曰：“日有食之。梓慎曰：‘將水。’叔孫昭子曰：‘旱也。’後果大旱。”又曰“宋、衞、陳、鄭將火，鄭大夫裨竈請瓘斝、玉瓚禳火，子産弗予。竈曰：‘不用吾言，鄭又將火。’子産曰：‘天道遠，人道邇，非爾所及。’遂不與，亦不復火”也。【今注】顯：明白、直接。

［25］【李賢注】梁叟，梁國之老人也。丁，當也。睇，視也。矧，況也。《吕氏春秋》曰：“梁北有黎丘鄉，鄉有丈人往市，醉而歸者，黎丘奇鬼效其子之狀而道苦之。丈人醒，謂其子曰：‘吾爲而父，我醉，女道苦我，何故?’其子泣曰：‘必奇鬼也。’丈人明日之市，醉，其真子迎之，丈人拔劍而刺之。”事音側利反。《前書音義》曰“江東人以物插地中爲事”也。【今注】案，“梁叟患夫黎丘兮”至“矧（shěn）幽冥之可信”，典出《吕氏春秋·疑似》。

［26］【李賢注】綿攣猶牽制也。涬音胡鼎反。《衡集》注云：“涬，引也。言勿牽制於俗，引憂於己。”《詩》曰：“無思百憂，秖自重兮。”【今注】疢（chèn）：憂傷，痛苦。

［27］【李賢注】監，視也，孔，甚也。棐，輔也。忱，誠也。佑，助也。言天之視人甚明，唯輔誠信而助仁德也。《尚書》

曰："天監厥德。"又曰："天威棐忱。"

［28］【李賢注】蠲，絜也。祈，求也。《爾雅》曰："厖，大也。褫，福也。"《帝王紀》曰："湯時大旱七年，殷史卜曰：'當以人禱。'湯曰：'必以人禱，吾請自當。'遂齋戒，翦髮斷爪，以己爲牲，禱於桑林之社，果大雨。"言蒙天大福以拯救人。《衡集》"祈"字作"祊"。祊，祭也。褫音斯。【今注】蠲：去除。

［29］【李賢注】景，宋景公也。三慮謂三善言也。景公有疾，司馬子韋曰："熒惑守心。心，宋之分野。君當祭之，可移於相。"公曰："相，股肱也。除心腹之疾而寘之股肱，可乎？"曰："可移於民。"公曰："民所以爲國，無民何以爲君？"曰："可移於歲。"公曰："歲，所以養人也。歲不登，何以畜人乎？"子韋曰："君善言三，熒惑必退三舍。"見《吕氏春秋》也。【今注】景三慮以營國兮熒惑次於它辰：典出《吕氏春秋·季夏紀》。熒惑，火星。辰，星宿。

［30］【李賢注】魏顆，魏武子之子也。亮，信也。《左傳》曰，晉魏顆敗秦師於輔氏，獲杜回。杜回，秦之力人也。初，魏武子有嬖妾，武子疾，命顆曰："必嫁是妾。"疾病，則曰："必以爲殉（以，底本糊，今據紹興本、大德本、殿本補）。"及卒，顆嫁之，曰："疾病則亂，吾從其治也。"輔氏之役，顆見老人結草以亢杜回，躓而顛，故獲之。夜夢之曰："余，而所嫁婦人之父也。爾用先人治命，余是以報也。"【今注】亢：抗，抵擋。 案，敏，紹興本、大德本、殿本作"敝"，是。敝，損害，使失敗。

［31］【李賢注】《尚書》曰："咎繇邁種德。"注云："邁，行也。種，布也。"英、六，並國名。咎繇能行布道德，子孫茂盛，封於英、六。《帝王紀》："皋陶卒，葬之於六，禹封其少子於六，以奉其祀。"六故城在今壽州安豐縣南也。【今注】英六：皆古國名。《史記》卷二《夏本紀》："（禹）封皋陶之後於英、六。"英，在今安徽金寨縣東南。六，在今安徽六安市北城北鄉。

[32]【李賢注】根生謂寄生也。言百草至寒皆雕落，唯寄生獨榮於桑之末。《本草經》："桑上寄生，一名寄屑，一名寓木（木，紹興本作'末'），一名宛童。"以喻咎繇封於英、六，餘國先滅，英、六獨存也。【今注】毓：孕育。

[33]【李賢注】言咎繇布德行仁，慶流後裔，《詩》曰："無言不讎。"《易》曰："無往不復"也。

[34]【李賢注】盍，何不也。蓄猶待。言何不遠遊以飛聲譽，誰謂時之可待？言易逝也。

仰矯首以遥望兮，魂懺惘而無疇。[1]偪區中之隘陋兮，將北度而宣遊。[2]行積冰之磑磑兮，清泉沍而不流。[3]寒風淒而永至兮，拂穹岫之騷騷。玄武縮於殼中兮，騰蛇蜿而自糾。[4]魚矜鱗而并凌兮，鳥登木而失條。[5]坐太陰之屏室兮，慨含欷而增愁。[6]怨高陽之相寓兮，伷顓頊之宅幽。[7]庸織絡於四裔兮，斯與彼其何瘳？[8]望寒門之絶垠兮，縱余緤乎不周。[9]迅飆潚其媵我兮，鶩翩飄而不禁。[10]趨谽嘲之洞穴兮，摽通淵之碄碄。[11]經重陰乎寂寞兮，愍墳羊之潛深。[12]

[1]【李賢注】懺惘猶敞怳也。【今注】矯首：高昂的頭顱。懺惘：失意的樣子。　疇：同類。

[2]【李賢注】偪，迫也。宣，徧也。【今注】區中：區宇之中，指人間。

[3]【李賢注】《淮南子》曰："北方之極，自九澤窮大海之極，有凍寒積水雪雹群冰之野（水，殿本作'冰'）。"磑音牛哀反。《世本》云："公輸作石磑。"《説文》曰："皚皚，霜雪之貌

也。”蓋古字“磑”與“皚”通。沍音胡故反。杜預注《左傳》云：“沍，閉也。”

［4］【李賢注】玄武謂龜、蛇也。《曲禮》曰：“前朱爵而後玄武（爵，大德本、殿本作‘雀’）。”觳，龜甲也。《爾雅》曰：“螣，螣蛇。”蜿，屈也。糾，纏結也。騷騷，協韻音脩（協，大德本、殿本作“叶”）。糾音古由反。【今注】螣蛇：傳説中一種能飛的蛇。

［5］【李賢注】矜，竦也。并猶聚也。凌，冰也，音力澄反。失條言寒也。【今注】矜：奮張。　并凌：破冰前行。并，屏退，抑制。　失條：指鳥因寒冷而失足從枝條上墜落。

［6］【李賢注】太陰，北方極陰之地也。《楚詞》曰：“選鬼神於太陰。”【今注】欷（xī）：歎息。

［7］【李賢注】高陽氏，帝顓頊也。《山海經》曰：“東北海之外，附禺之山，帝顓頊與九嬪葬焉。”相，視也。寓，居也。倔，屈也，音乞鳳反。宅幽謂居北方幽都之地。《尚書》曰：“宅朔方曰幽都。”

［8］【李賢注】痡，勞也。織絡猶經緯往來也。瘳，愈也。言勞於往來四方，經積冰炎火之地，彼此亦何差也。“織”或作“識”，“絡”或作“駱”。

［9］【李賢注】《淮南子》曰：“北極之山，曰寒門。”《楚辭》曰：“踔絶垠乎寒門。”垠音五巾反（五，大德本、殿本作“玉”）。《廣雅》曰：“垠，咢也。”緤，馬韁也，音思列反。不周，西北方山也。“垠”或作“限”也。【今注】絶垠：没有邊界，指極遠的地方。

［10］【李賢注】飄（飄，殿本作“飈”），風也。潚，疾也，音肅。媵，送也。翩飄亦疾皃也（皃，大德本、殿本作“貌”）。禁，協韻音金。【今注】騖：疾馳，馳騁。　不禁：忍受不住。

［11］【李賢注】谽啁，深皃也（皃，大德本、殿本作

“貌”)。谽音呼含反(呼,大德本作“乎”)。谺音呼加反。𥓓音林,亦深貌也。既遊四方,又入地下。【今注】摽(piāo):通“漂”。漂浮。 通淵:深淵。

[12]【李賢注】重陰,地中也。《國語》曰:“魯季桓子穿井,獲土缶,中有蟲若羊焉,使問仲尼。仲尼對曰:‘土之怪曰墳羊。’”

追慌忽於地底兮,軼無形而上浮。[1]出右密之闇野兮,不識蹊之所由。[2]速燭龍令執炬兮,過鍾山而中休。[3]瞰瑶谿之赤岸兮,弔祖江之見劉。[4]聘王母於銀臺兮,羞玉芝以療飢;[5]戴勝慭其既歡兮,又誚余之行遲。[6]載太華之玉女兮,召洛浦之宓妃。[7]咸姣麗以蠱媚兮,增嫮眼而蛾眉。[8]舒妙婧之纖腰兮,揚雜錯之袿徽。[9]離朱脣而微笑兮,顔的礫以遺光。[10]獻環琨與璵縭兮,申厥好以玄黄。[11]雖色豔而賂美兮,志浩盪而不嘉。[12]雙材悲於不納兮,並詠詩而清歌。[13]歌曰:天地烟熅,[14]百卉含蘤。[15]鳴鶴交頸,雎鳩相和。[16]處子懷春,精魂回移。[17]如何淑明,忘我實多。[18]

[1]【李賢注】慌忽,無形貌也。【今注】追:追隨。 慌忽:模糊不明的樣子。 軼:超越。

[2]【李賢注】右謂西方也。密,山名也。《山海經》曰,西北曰密山(北,紹興本作“方”)。黄帝取密山之玉策,投之鍾山之陰。闇,幽隱也。蹊,路也。【今注】由:謂路徑,方向。

[3]【李賢注】速,召也。燭龍,北方之神也。《山海經》曰:“西北海之外有神,人面蛇身,而赤其眼,及晦視乃明,不食

不寝，是燭九陰，是謂燭龍。”炬，可以照明（照，紹興本作“昭”）。【今注】燭龍：《山海經·大荒北經》：“西北海之外，赤水之北有章尾山。有神，人面蛇身而赤，直目正乘，其瞑乃晦，其視乃明。不食，不寢，不息，風雨是謁。是燭九陰，是謂燭龍。”　過：過訪。　鍾山：郝懿行《山海經箋疏》謂《山海經·大荒北經》之章尾山即《海外北經》之鍾山，章、鍾聲近而轉也。

[4]【李賢注】瑶谿，瑶岸也。《山海經》曰：“鍾山之東曰瑶岸。”又曰：“鍾山，其子曰鼓，其狀人面而龍身，是與欽䲹殺祖江于崐崘之陽。”䲹音邳。《爾雅》曰：“劉，殺也。”【今注】瑶谿：《山海經·西山經》：“鍾山之東，曰嶢崖。”　祖江：“祖”又作“葆”。《山海經·西山經》：“殺葆江于昆侖之陽。”

[5]【李賢注】王母，西王母也。銀臺，仙人所居也。羞，進也。《本草經》曰：“白芝，一名玉芝。”

[6]【李賢注】《山海經》曰：“崐崘之丘，有人戴勝虎齒，有尾，穴處，名曰西王母。”慭，相傳音宜覲反。杜預注《左傳》：“慭，發語之音也。”臣賢案：張揖《字詁》，慭，笑貌也，嗚之别體，音許近反，與此義合也。【今注】戴勝：原指玉制的華勝。《山海經·西山經》“西王母其狀如人，豹尾虎齒而善嘯，蓬髮戴勝”，郭璞注“勝，玉勝也”，郝懿行《箋疏》：“郭云‘玉勝’者，蓋以玉爲華勝也。”在此指西王母。《文選》李善注：“戴勝，謂西王母也。”華勝，一種花形的首飾。《釋名·釋首飾》：“華勝：華，象草木之華也；勝，言人形容正等，一人著之則勝，蔽髮前爲飾也。”　慭：《文選》李善注：“慭，笑貌。”

[7]【李賢注】《詩含神霧》曰：“太華之山，上有明星王女（王，大德本、殿本作‘玉’，是），主持玉漿，服之神仙（神，殿本作‘成’，是）。”宓妃，洛水神也。

[8]【李賢注】姣，好也，音古巧反。蠱音野，謂妖麗也。嫮音胡故反，好貌也。《楚辭》曰“嫮目宜笑”也。【今注】蠱：

通“冶”。妖冶。

［9］【李賢注】婧音財性反，謂姸婧也。袿音圭，婦人之上服。《爾雅》曰：“婦人之徽謂之縭（縭，底本糊，今據紹興本、大德本、殿本補）。”郭璞注云：“即今之香纓也（纓，底本糊，今據紹興本、大德本、殿本補）。”

［10］【李賢注】的皪，明也。遺光言光彩射人也。【今注】離：分離，引申爲開啓。

［11］【李賢注】環、琨，並玉佩也。《白虎通》曰“修道無窮即佩環，能本道德即佩琨”也。玄黄謂繒綺也。《尚書》曰：“厥篚玄黄。”言玉女、宓妃等既獻環佩，又贈以繒綺也。（李賢注此條，底本漫漶，文字大半不可辨識，今據紹興本、大德本、殿本補齊）【今注】環琨：環，玉環，圓圈形玉器。琨，玉璧。《白虎通·衣裳》：“所以必有佩者，表德見所能也。故循道無窮則佩環。能本道德則佩琨。能決嫌疑則佩玦。是以見其所佩即知其所能。”　璵縭：上繫美玉的帶子。璵，美玉。縭，《文選》李善注：“縭，今之香纓……《韓詩章句》曰：‘縭，帶也。’”

［12］【李賢注】賂或作“貽”。浩蕩，廣大也。言不以玉女及贈遺爲美也。《楚辭》曰：“怨靈脩之浩蕩。”（李賢注此條，底本漫漶，文字大半不可辨識，今據紹興本、大德本、殿本補齊）

［13］【李賢注】雙材謂玉女、宓妃也（玉女，底本糊，今據紹興本、大德本、殿本補），即上文所謂“二女感於崇岳”也。

［14］【今注】烟熅：煙火繚繞的樣子。

［15］【今注】蘤（huā）：古同“花”。《文選》作“葩”。

［16］【今注】雎鳩：一種水鳥，頭頂有冠羽，上體暗褐，下體白色。以捕魚爲食。《詩·周南·關雎》“關關雎鳩，在河之洲”，朱熹《集傳》：“雎鳩，水鳥，一名王雎，狀類鳧鷖，今江淮間有之。”

［17］【李賢注】烟熅，氣也。《易·繫辭》曰：“天地烟熅。”

張揖《字詁》曰："蘤，古花字也。"處子，處女也。懷，思也。《莊子》曰："綽約若處子。"《詩》曰："有女懷春。"

［18］【李賢注】淑，善也。《詩》曰："如何如何，忘我實多。"【今注】如何：數落責備之辭。　淑明：《文選》李善注："謂衡也。"

將答賦而不暇兮，爰整駕而亟行。[1]瞻崐崘之巍巍兮，臨縈河之洋洋。伏靈龜以負坻兮，亘螭龍之飛梁。[2]登閬風之曾城兮，搆不死而爲牀。[3]屑瑶蘂以爲粻兮，斟白水以爲漿。[4]抨巫咸以占夢兮，迺貞吉之元符。[5]滋令德於正中兮，含嘉秀以爲敷。[6]既垂穎而顧本兮，爾要思乎故居。[7]安和静而隨時兮，姑純懿之所廬。[8]

［1］【李賢注】賦謂玉女所歌詩也。亟，疾也，音紀力反。即上所謂"冰折不營"也。【今注】爰：於是。　整駕：準備車馬。

［2］【李賢注】《山海經》曰："河出崐崘西北嵎。"縈，曲也。《爾雅》曰："小沚曰坻。"謂水中高地，以龜負之，可以架橋也。亘猶横度也。《廣雅》曰"無角曰螭龍"也。【今注】負：恃，猶言占據。

［3］【李賢注】閬風，山名，在崐崘山上。《楚詞》曰："登閬風而緤馬。"《淮南子》曰："崐崘山有曾城九重，高萬一千里，上有不死樹在其西（西，大德本作'四'）。"今以不死木爲牀也。【今注】搆：製作。　牀：坐具。《説文解字·木部》："牀，安身之几座。"

［4］【李賢注】瑶，瓊也。《楚辭》曰："屑瓊蘂以爲粻。"

粻，糧也。䠞音居于反，謂酌也。《河圖》曰："崐山出五色流水，其白水東南流入中國，名爲河也。"【今注】屑：使成小末。　縈（ruǐ）：同"蕊"。　漿：古時的一種微微發酵而帶酸味的飲料。

［5］【李賢注】抨，使也，音普耕反，又補耕反。巫咸，神巫也。《山海經》曰，太荒之中有靈山（太，紹興本、大德本、殿本作"大"），巫咸、巫彭、巫謝等十巫。衡既夢木禾，今故令巫咸占之也。元，善也。【今注】貞吉：謂受正道而不亂。《周易·履》"九二，履道坦坦，幽人貞吉。象曰：幽人貞吉，中不自亂也"，孔穎達《正義》："幽人貞吉者，既無險難，故在幽隱之人，守正得吉。"　符：符兆，徵兆。

［6］【李賢注】滋，茂也。《淮南子》曰："昏張中則務種穀（種穀，底本糊，今據紹興本、大德本、殿本補）。"《説文》曰："禾，嘉穀也。至二月始生，八月而孰，得時之中（時，底本糊，今據紹興本、大德本、殿本補），故謂之禾。"【今注】滋：滋生，滋長。　敷：茂盛。

［7］【李賢注】穎，穟也。本，禾本也。言禾既垂穟顧本，人亦當思故居也。《淮南子》曰："孔子見禾三變，始於粟，生於苗，成於穟（成，底本糊，今據紹興本、大德本、殿本補），乃歎曰：'我其首禾乎？'"高誘注云："禾穟向根，君子不忘本也。"【今注】本：根。

［8］【李賢注】姑，且也。懿，美也。廬猶居也。

戒庶寮以夙會兮，僉恭職而並迓。[1]豐隆軯其震霆兮，列缺曄其照夜。[2]雲師䨴以交集兮，涷雨沛其灑塗。[3]轙琱輿而樹葩兮，擾應龍以服輅。[4]百神森其備從兮，屯騎羅而星布。[5]振余袂而就車兮，脩劍揭以抵昂。[6]冠咢咢其映蓋兮，佩綝纚以煇煌。[7]僕夫儼其正策兮，八乘攄而超驤。[8]氛旄溶以天旋兮，蜺旌飄而飛揚。[9]撫軨軹而還眺兮，心灼藥其如湯。[10]羨上都之赫戲兮，何迷故而不忘?[11]左青琱以揵芝兮，右素威以司鉦。[12]前長離使拂羽兮，委水衡乎玄冥。[13]屬箕伯以函風兮，澂淟涊而爲清。[14]曳雲旗之離離兮，鳴玉鸞之譻譻。[15]涉清霄而升遐兮，浮蔑蒙而上征。[16]紛翼翼以徐戾兮，焱回回其揚靈。[17]叫帝閽使闢扉兮，覿天皇于瓊宫。[18]聆廣樂之九奏兮，展洩洩以彤彤。[19]考理亂於律鈞兮，意建始而思終。[20]惟盤逸之無斁兮，懼樂往而哀來。[21]素撫弦而餘音兮，大容吟曰念哉。[22]既防溢而静志兮，迨我暇以翱翔。[23]出紫宫之肅肅兮，集大微之閬閬。[24]命王良掌策駟兮，踰高閣之鏘鏘。[25]建罔車之幕幕兮，獵青林之芒芒。[26]彎威弧之撥剌兮，射嶓冢之封狼。[27]觀壁壘於北落兮，伐河鼓之磅硠。[28]乘天潢之汎汎兮，浮雲漢之湯湯。[29]倚招摇、攝提以低回劉流兮，察二紀、五緯之綢繆遹皇。[30]偃蹇夭矯娩以連卷兮，雜沓叢顇颯以方驤。[31]戫汨飂戾沛以罔象兮，爛漫麗靡藐以迭逷。[32]凌驚雷之砊礚兮，弄狂電之淫裔。[33]踰庬澒於宕冥兮，貫倒景而高厲。[34]廓盪盪其無涯兮，[35]乃今窮乎天外。

[1]【李賢注】僉，皆也。迓，迎也。【今注】庶寮：百官。夙：早。

[2]【李賢注】豐隆，雷也。軯，聲也，音普耕反。震霆，

霹靂也。霆音庭。列缺，電也。曄，光也。

［3］【李賢注】雲師，屏翳也。黮，陰皃，音徒感反。《爾雅》曰："暴雨謂之涷。"沛，雨皃也。塗，協韻音徒故反。《楚辭》曰："使涷雨兮灑塵。"【今注】黮（dàn）：濃雲密布的樣子。

［4］【李賢注】轙音魚綺反。《爾雅》曰："載轡謂之轙。"郭璞注云："轙，軛上環也，轡所貫也。"琱，以玉飾車也。樹，立也。葩，華也，於車上建華蓋。擾，馴也。《廣雅》曰"有翼曰應龍"也。【今注】服：任，使。　輅（lù）：帝王乘坐的大車。

［5］【李賢注】《周頌》曰："懷柔百神。"森，衆皃也。屯，聚也。【今注】羅：羅致。　星布：如衆星分布在天。

［6］【李賢注】脩，長也。揭，低昂皃也。　【今注】揭：舉起。

［7］【李賢注】咢音五各反。一作"岌"，並冠高皃也。映蓋謂冠與車蓋相映也。綝音林，纚音離，盛皃也。煇音胡本反。光皃也。【今注】綝纚：盛裝貌。

［8］【李賢注】八乘，八龍也。《楚辭》曰："駕八龍之蜿蜿。"攄猶騰也。【今注】儼：莊重，嚴肅。　策：以鞭趕車。　攄：騰躍。　驤：右後足爲白色的馬，此處指良馬。

［9］【李賢注】氛，天氣也。旌，羽旌也。溶音勇。王逸注《楚辭》曰："溶，廣大皃也。"蜺，雌虹也。

［10］【李賢注】軨音零。《説文》曰："車轎間横木也（轎，紹興本、大德本、殿本作'輜'，是）。"《楚辭》曰："倚結軨兮太息。"軹音之是反。杜子春注《周禮》云："軹，兩轊也。"《説文》云："車輪小穿也。"還睨，顧瞻也。爍音鑠，熱皃也。言顧瞻鄉國而心熱也。（李賢注此條，底本漫漶，文字大半不可辨識，今據紹興本、大德本、殿本補齊）【今注】軨：車欄，也就是車厢前面和左右兩面横直交結的欄木。　軹：車軸頭。　爍（shuò）：熱的樣子。

［11］【李賢注】上都謂天上也。赫戲，盛皃也。衡既遍歷四海，方欲遊於天上，故云何不忘其故居，而苦迷惑思之。（李賢注此條，底本漫漶，文字大半不可辨識，今據紹興本、大德本、殿本補齊）

［12］【李賢注】青琱，青文龍也。揵，堅也，音巨偃反。芝，蓋也。素威，白武也（武，殿本作“虎”，本注下同）。《禮記》曰：“左青龍而右白武。”《説文》曰“鉦，鐃也，似鈴”也。（李賢注此條，底本漫漶，文字大半不可辨識，今據紹興本、大德本、殿本補齊）【今注】素威：白虎。李賢注所謂“白武”者，避唐高祖李淵祖父李虎諱。

［13］【李賢注】長離，即鳳也。水衡，官名，主水官也。玄冥，水神也。司馬相如《大人賦》曰“前長離而後矞皇”也。（李賢注此條，底本漫漶，文字大半不可辨識，今據紹興本、大德本、殿本補齊）

［14］【李賢注】箕伯，風師也。函猶含也。澂，清也。淟音它典反。涊音乃典反。《楚辭》曰：“切淟涊之流俗。”王逸注曰：“淟涊，垢濁也。”（李賢注此條，底本漫漶，文字大半不可辨識，今據紹興本、大德本、殿本補齊）【今注】屬：囑咐，委託。澂：古同“澄”。

［15］【李賢注】鸞，鈴也，在鑣。嚶，聲也，音嚶。《楚辭》曰“鳴玉鸞之啾啾”也。【今注】離離：旗幟飄揚的樣子。嚶嚶：《楚辭》謂“啾啾”，二者音近相通。

［16］【李賢注】霄，雲也。蔑蒙，氣也。蒙音莫孔反。上征，上於天也。揚雄《甘泉賦》曰：“浮蔑蒙而撇天。”（李賢注此條，底本漫漶，文字大半不可辨識，今據紹興本、大德本、殿本補齊）【今注】升遐：升天。

［17］【李賢注】翼翼，飛皃。戾，至也。回回，光皃。《楚辭》曰：“皇剡剡其揚靈。”王逸注云：“揚其光靈也。”【今注】焱

(yàn)：光華，火焰。

［18］【李賢注】閽，主門者。天皇，天帝也。揚雄《甘泉賦》曰："選巫咸兮叫帝閽。"（李賢注此條，底本漫漶，文字大半不可辨識，今據紹興本、大德本、殿本補齊）【今注】闢（pì)：開啓（門户)。　扉：門扇。半門曰扉。　覿（dí)：見。

［19］【李賢注】《史記》曰，趙簡子曰："我之帝所甚樂，與百神游于鈞天，廣樂九奏。"《左傳》，鄭莊公賦"大隧之中，其樂也融融"。姜出，賦"大隧之外，其樂也洩洩"。"肜"與"融"同也。【今注】展：顯示。　以：與。

［20］【李賢注】《詩序》曰："太平之音安以樂，其政和。亂世之音怨以怒，其政乖。"律，十二律也。《樂叶圖徵》曰："聖人承天以立均。"宋均注曰："均長八尺，施絃以調六律也。"建，立也。衡言聽九奏之樂，考政化之得失，而思其終始也。【今注】理亂：治亂。　律鈞：樂律，指音樂。

［21］【李賢注】盤，樂也。逸，縱也。斁，厭也，音亦，又音徒故反，古"度"字也。《莊子》曰："樂未畢也，哀又繼之。"【今注】斁（yì)：厭倦，滿足。

［22］【李賢注】素，素女也。《史記》曰："太帝使素女鼓五十絃琴。"大容，黄帝樂師也。念哉，戒逸樂也。【今注】餘音：謂有餘音迴響。

［23］【李賢注】溢，満也。迨，及也。翱翔，將遠逝也。【今注】迨（dài)：及，待，趁着。

［24］【李賢注】紫宫、太微，並星名也。肅肅，清也。闐闐，明大也。【今注】紫宫：即紫微垣。古代中國人將天空中的恒星按照多少不等組合起來，每組稱爲星官。紫微垣是天極附近的星官，古人認爲是天帝居所，故而十分重要。《史記·天官書》："中宫天極星，其一明者，太一常居也；旁三星三公，或曰子屬。後句四星，末大星正妃，餘三星後宫之屬也。環之匡衞十二星，藩臣。

皆曰紫宫。”　大微：太微垣。與紫微垣、天市垣合稱“三垣”。位於北斗之南，軫、翼之北，大角之西，軒轅之東。諸星以五帝座爲中心，作屏藩狀。古人認爲是天庭所在。《史記·天官書》：“衡，太微，三光之廷。匡衛十二星，藩臣：西，將；東，相；南四星，執法；中，端門；門左右，掖門。”案，大，大德本、殿本作“太”。

[25]【李賢注】《史記》曰：“天駟旁一星曰王良。”高閣，閣道星也。《史記》曰：“絶漢抵營室曰閣道。”鏘鏘，高皃也。【今注】王良：星官名。屬奎宿，又在仙后座内。《史記·天官書》“漢中四星，曰天駟，旁一星，曰王良”，《正義》：“王良五星，在奎北河中，天子奉御官也。”　高閣：星官名。在王良星北，同屬奎宿，亦同在仙后座内。《史記·天官書》：“紫宫左三星曰天槍，右五星曰天棓，後六星絶漢抵營室，曰閣道”，《正義》：“閣道六星在王良北，飛閣之道。”

[26]【李賢注】罔車，畢星也。幕幕，罔皃。青林，大苑也（大，紹興本、大德本、殿本作“天”）。【今注】罔車：畢宿。二十八宿之一，古人認爲主兵主雨。在此主要取義罔車本象，以啓下句在青林逐獵之事。　青林：即天苑星。屬昴宿，又在江波座内。《史記·天官書》：“其西有句曲九星，三處羅：一曰天旗，二曰天苑，三曰九游”，《正義》：“天苑十六星，如環狀，在畢南，天子養禽獸所。”此處取其青林本象。

[27]【李賢注】弧，星名也。《易》曰：“弧矢之利以威天下。”撥音方割反。剌音力達反。撥剌，張弓皃也。嶓冢，山也。封，大也。狼，星名。河圖曰：“嶓冢之精，上爲狼星。”【今注】弧：弧矢。屬井宿，在天狼星東南，分屬於大犬、南船兩星座。　狼：天狼星。屬井宿，在大犬座。是夜空中最亮的恒星。

[28]【李賢注】壁，東壁也。《史記》曰，羽林天軍西爲壁壘，旁大星爲北落。牽牛北爲河鼓。磅硠，聲也。磅音普郎反。

琅音郎（琅，紹興本、大德本、殿本作“硠”，是）。【今注】壁壘：壘壁陳。星官名。屬室宿。《史記·天官書》“其南有衆星，曰羽林天軍。軍西爲壘”，《正義》：“壘壁陳十二星，横列在營室南，天軍之垣壘。占：五星入，皆兵起，將軍死也。”　北落：北落師門。屬室宿，南魚座α星。夜空最亮恒星第18位。　伐：攻伐。　河鼓：星名。屬牛宿。《史記·天官書》“牽牛爲犧牲。其北河鼓，河鼓大星，上將；左右，左右將”，《索隱》引孫炎曰：“河鼓之旗十二星，在牽牛北。或名河鼓爲牽牛也。”

［29］【李賢注】《史記》曰，王良旁有八星絶漢曰天潢，雲漢曰天河也。【今注】汎：同“泛”。　湯（shāng）湯：水勢浩蕩的樣子。

［30］【李賢注】招摇、攝提，星名也。刭音居流反，低回刭流回轉之皃。二紀，日月也。五緯，五星也。綢繆，相次之皃也。遹皇，行皃也。【今注】五緯：水、金、火、木、土五星。

［31］【李賢注】嬔音孚萬反，卷音拳，並翶翔自恣之皃也。【今注】偃蹇夭矯嬔以連卷兮雜沓叢顇颯以方驤：言天象之紛繁複雜。偃蹇，屈曲。夭矯，恣縱的樣子。《文選》李善注：“自縱恣貌也。”雜沓，紛繁多雜。叢顇（cuì），衆多而雜亂的樣子。颯，迅疾。方驤，《文選》六臣注張銑曰：“乍合乍離貌。”

［32］【李賢注】䬌音一六反，汩音于筆反，飂音遼，沛音普蓋反，並疾皃也。藐（藐，大德本、殿本作“藐”。本注下同，不復出校），小也。藐音亡小反。逿，徒郎反。【今注】䬌汩飂戾沛以罔象兮爛漫麗靡藐以迭逿：言天象變化不可琢磨。䬌、汩、飂、戾、沛，皆疾速之義。罔象，即仿像，隱隱約約、模模糊糊的意思。爛漫，分散的樣子。麗靡，連綿不絶的樣子。藐，《文選》作“藐”，遠。迭逿，（星光）閃爍的樣子。案，藐，大德本、殿本作“藐”。

［33］【李賢注】硠磕，雷聲也。硠音康。磕音苦蓋反（殿本

無“音”字)。淫裔，電皃也（也，殿本作“之”）。狂，疾也。【今注】淩：迎，乘。大德本無“淩”字。　弄：把弄。

［34］【李賢注】庬音亡孔反。澒，胡孔反。《孝經援神契》曰：“天度濛澒。”宋均注云：“濛澒，未分之象也。”《説文》曰：“宕，過也。”冥，幽冥也。貫，穿也。《前書》谷永上書曰：“登遐倒景。”《音義》曰：“在日月之上，日月反從下照，故其景倒也。”厲，陵厲也。【今注】庬澒：天地未分的樣子。　高厲：高高升起。

［35］【今注】廓：寥廓，空曠深遠的空間。　盪盪：無邊無際的樣子。

據開陽而頫盼兮，臨舊鄉之暗藹。[1]悲離居之勞心兮，情悁悁而思歸。[2]魂眷眷而屢顧兮，馬倚輈而俳回。[3]雖遨游以媮樂兮，豈愁慕之可懷。[4]出閶闔兮降天塗，乘颷忽兮馳虚無。[5]雲霏霏兮繞余輪，風眇眇兮震余旟。繽聯翩兮紛暗曖，儵眩眃兮反常閭。[6]

［1］【李賢注】《春秋運斗樞》曰：“北斗弟六星爲開陽（弟，大德本、殿本作‘第’）。”頫音俯。暗藹，遠皃也。暗音烏感反。

［2］【李賢注】《説文》曰：“悁悁，憂也。”音於緣反。《詩·國風》曰“勞心悁悁”也。【今注】勞：憂。

［3］【李賢注】輈，轅也。【今注】俳回：徘徊。

［4］【李賢注】媮音通侯反。懷，安也。【今注】媮樂：《文選》作“偷樂”，苟且而作樂。

［5］【李賢注】閶闔，天門。【今注】颷：狂風，旋風。

［6］【李賢注】倏，忽也。眩音縣，眃音混，疾皃也。常閭，故里（殿本句末有“也”字）。【今注】繽：紛亂。　聯翩：連續不斷的樣子。　暗曖：昏暗不明。

收疇昔之逸豫兮，卷淫放之遐心。[1]脩初服之娑娑兮，長余珮之參參。[2]文章焕以粲爛兮，美紛紜以從風。御六蓺之珍駕兮，遊道德之平林。[3]結典籍而爲罟兮，歐儒、墨而爲禽。[4]玩陰陽之變化兮，詠雅、頌之徽音。[5]嘉曾氏之歸耕兮，慕歷陵之欽崟。[6]共夙昔而不貳兮，[7]固終始之所服也；夕惕若厲以省諐兮，懼余身之未勑也。[8]苟中情之端直兮，莫吾知而不恧。[9]墨無爲以凝志兮，與仁義乎消揺。[10]不出户而知天下兮，何必歷遠以劬勞？[11]

［1］【李賢注】謂初遊於四方天地之閒以自淫放，今改悔也。【今注】疇昔：過去。　逸豫：逸樂。　卷：收。　遐心：閑心。

［2］【李賢注】《楚辭》曰：“退將復修吾初服。”王逸注曰：“修吾初始清絜之服也。”娑娑，衣皃。參參，長皃。

［3］【李賢注】以六蓺爲車而駕之也。以道德爲林而遊之也。

［4］【李賢注】罟，網也，音古。儒家，子思、孟軻、孫卿等。墨家謂墨翟、胡非、尹佚等。【今注】歐：驅趕。

［5］【今注】徽音：美德之音。《詩·大雅·思齊》“大姒嗣徽音，則百斯男”，鄭玄箋：“徽，美也。”

［6］【李賢注】《琴操》曰：“歸耕者，曾子之所作也。曾子事孔子十餘年，晨覺，眷然念二親年衰，養之不備，於是援琴鼓之曰：‘往而不反者年也，不可得而再事者親也。歔欷歸耕來日！

安所耕歷山盤乎!’”欽崟，山皃。崟音吟。【今注】歷陵：《文選》作“歷阪”。舜曾躬耕歷山之下。舜與曾子皆以孝聞名。

[7]【今注】不貳：無二心。

[8]【李賢注】共音恭。《易》曰：“君子終日乾乾，夕惕若，厲。”惕，懼也。厲，病也。勑，整也。【今注】諐（qiān）：古同“愆”。罪過。 勑：整，治。

[9]【李賢注】忸，慙也，音女六反。【今注】莫吾知：没有人能理解我。

[10]【李賢注】《老子》曰：“上德無爲。”【今注】墨：通“默”。静默，謙退。 消揺：逍遥。安然自在、悠游自得的様子。

[11]【李賢注】《老子》曰：“不出户而知天下。”【今注】歷遠：謂出游遠方。 劬（qú）勞：勞累，勞苦。劬，勞。

系曰：[1]天長地久歲不留，俟河之清祇懷憂。[2]願得遠度以自娱，上下無常窮六區。[3]超踰騰躍絶世俗，飄颻神舉逞所欲。天不可階仙夫希，柏舟悄悄吝不飛。[4]松、喬高跱孰能離？結精遠遊使心攜。[5]回志朅來從玄諆，[6]獲我所求夫何思！

[1]【今注】系：辭賦類文體提示結尾之辭的標識，又稱“亂”。

[2]【李賢注】系，繫也。《老子》曰：“天長地久。”《左氏傳》曰“俟河之清，人壽幾何”也。【今注】歲不留：猶言時間不停止。 俟河之清祇懷憂：典出《左傳》襄公八年。猶言如果人想長壽世間，祇能是徒增煩惱。案，衹，大德本、殿本作“祇”。

[3]【李賢注】六區謂四方上下也。【今注】無常：變化不定。

[4]【李賢注】階，升也。《論語》曰：“夫子之不可及，猶

天之不可階而升。”仙夫，仙人也。《詩·邶風》曰（邶，殿本作“鄁”）：“柏舟言仁而不遇也。”其詩曰：“汎彼柏舟，亦汎其流。憂心悄悄，愠于群小。静言思之，不能奮飛。”鄭玄注云：“舟，載度物者也。今不用，而與衆物汎汎然俱流水中，諭仁人不用，而與群小並列。”悄悄，憂皃也。臣不遇於君，猶不忍奮翼而飛去。吝，惜也。衡亦不遇其時，而爲宦者所讒，故引以自諭也。

［5］【李賢注】松，赤松子也。喬，王子喬也。《列仙傳》曰：“赤松子，神農時雨師，服水玉，教神農，能入火自燒。至崐崘山上，常止西王母石室，隨風上下。王子喬，周靈王太子晉也。好吹笙作鳳鳴，遊伊洛閒。道士浮丘公接上嵩高山，三十餘年。後來於山上，見桓良曰：‘告我家，七月七日待我緱氏山頭。’果乘白鵠住山顛（住，大德本、殿本作‘往’，是），望之不得到，舉手謝時人，數日去。”《字林》曰：“峙（峙，殿本作‘跱’），踞也。”謂得仙高踞也。離，附也。攜，離也。【今注】精：精神。攜：將，領。

［6］【李賢注】朅，去也，音丘列反。“諆”或作“謀”。諆亦謀也，音基，字從“其”。【今注】回志：回心轉念。《文選》六臣注吕向曰：“回其志情，以從玄聖之道而復行之，亦可謀獲我所求之事，夫復何思慮也？”

永和初，[1]出爲河閒相。[2]時國王驕奢，不遵典憲；[3]又多豪右，[4]共爲不軌。衡下車，治威嚴，整法度，陰知姦黨名姓，一時收禽，[5]上下肅然，稱爲政理。視事三年，上書乞骸骨，[6]徵拜尚書。[7]年六十二，永和四年卒。

［1］【今注】永和：東漢順帝劉保年號（136—141）。

［2］【李賢注】河間王名政。【今注】河閒：漢諸侯國。西漢文帝二年（前 178）改河閒郡置。東漢初併入信都國。和帝永元二年（90）復置，治樂成縣（今河北獻縣東南）。　相：官名。漢侯國之令長稱相，其秩各如本縣。由朝廷任命，主治民，不臣諸侯王。

［3］【今注】典憲：法令制度。

［4］【今注】豪右：豪强大户。本書卷二《明帝紀》“濱渠下田，賦與貧人，無令豪右得固其利”，李賢注：“豪右，大家也。”

［5］【今注】禽：古同“擒”。

［6］【今注】乞骸骨：猶言告老致仕。

［7］【今注】尚書：官名。即尚書令。東漢時，尚書令爲少府屬官，掌凡選署及奏下尚書曹文書衆事。秩千石。

著《周官訓詁》，[1]崔瑗以爲不能有異於諸儒也。又欲繼孔子《易》説《彖》《象》殘缺者，[2]竟不能就。所著詩、賦、銘、七言、《靈憲》、《應閒》、《七辯》、《巡誥》、《懸圖》凡三十二篇。[3]

［1］【今注】周官訓詁：亡佚較早，《隋書·經籍志》即不著録。姚振宗《後漢藝文志》卷一引余蕭客《古經解鉤沈》曰：“宋本《春秋疏》二十八引張衡《解詁》。”

［2］【今注】彖象：《彖辭》與《象辭》，各兩篇，是對《易》經文的解説，與《繫辭》兩篇、《文言》、《序卦》、《説卦》、《雜卦》等合稱《易傳》“十翼”。相傳它們皆是孔子所作。

［3］【李賢注】《衡集》作“玄圖”，蓋玄與懸通。【今注】七言：七言詩。今存《四愁詩》四首，收《文選》雜詩類。　七辯：張衡仿枚乘《七發》而作的一篇賦文，通過設置主客辯難，表達張衡積極入世的心態。《文選》李善注、《北堂書鈔》、《藝文類

聚》等存其大體，清人嚴可均有輯佚。　巡誥：《東巡誥》。東漢安帝延光三年（124）春二月丙子，東巡狩。張衡作誥文，以曉諭天下，稱頌皇帝功德。此文今見《藝文類聚》卷三九。　懸圖：其文已佚，不可詳考。姚振宗《後漢藝文志》卷二著録張衡《地形圖》一卷，其下按語云："范《書》本傳言衡所著有《懸圖》，章懷注云《衡集》作《玄圖》，謂玄與懸通。竊謂懸圖者，衡常所懸之圖。凡靈憲、地形、渾天、地動諸儀象，胥在其中，而《玄圖》亦其中之一。後人以其圖不止一端，故綜而名之曰《懸圖》。此雖臆説，或亦近似。"存疑。

永初中，[1]謁者僕射劉珍、校書郎劉騊駼等著作東觀，[2]撰集《漢記》，[3]因定漢家禮儀，上言請衡參論其事，會並卒，而衡常歎息，欲終成之。[4]及爲侍中，上疏請得專事東觀，收撿遺文，畢力補綴。[5]又條上司馬遷、班固所叙與典籍不合者十餘事。[6]又以爲王莽本傳但應載篡事而已，至於編年月，紀災祥，宜爲元后本紀。[7]又更始居位，[8]人無異望，光武初爲其將，然後即真，[9]宜以更始之號建於光武之初。書數上，竟不聽。及後之著述，多不詳典，時人追恨之。

[1]【今注】永初：東漢安帝劉祜年號（107—113）。

[2]【今注】謁者僕射：官名。隸屬光禄勳，統領諸謁者，負責朝會司儀，傳達策書，引導皇帝出行等事務。秩比千石。　劉珍：字秋孫，又作"秘孫"，一名寶，南陽蔡陽（今湖北棗陽市西南）人。傳見本書卷八〇上。　校書郎：官名。以郎官典校宫廷秘籍圖書。　著作東觀：在雒陽皇宫南宫的東觀修編當朝國史。

[3]【今注】漢記：即《東觀漢記》。《東觀漢記》是東漢官方

修編的紀傳體國史。其編撰自明章時期班固等人在蘭臺修史起，至安帝劉珍等人續修始移至東觀。隨後此書又幾經遞修，最終在靈帝朝由蔡邕等人修成。其修纂經過，可參見曹之《〈東觀漢記〉編撰考》(《圖書館論壇》1998年第6期)。《東觀漢記》大約在唐宋之後亡佚。今人吴樹平在清人基礎上，輯有《東觀漢記校注》（中華書局2008年版）。

[4]【今注】案，終，大德本作“絡”。

[5]【李賢注】衡表曰“臣仰幹史職，敢徼官守，竊貪成訓，自忘頑愚，願得專於東觀，畢力於紀記，竭思於補闕，俾有漢休烈，比久長於天地，並光明於日月，炤示萬嗣，永永不朽”也。

[6]【李賢注】《衡集》其略曰：“《易》稱宓戲氏王天下，宓戲氏没，神農氏作，神農氏没，黄帝、堯、舜氏作。史遷獨載五帝，不記三皇，今宜并録。”又一事曰：“《帝系》，黄帝産青陽、昌意。《周書》曰：‘乃命少皞清。’清即清陽也（清，殿本作“青”），今宜實定之。”

[7]【今注】元后：漢元帝王皇后，王莽之姑。傳見《漢書》卷九八。

[8]【今注】更始：指更始帝劉玄。傳見本書卷一一。

[9]【今注】即真：即位。

論曰：崔瑗之稱平子曰“數術窮天地，制作侔造化”。[1]斯致可得而言歟！[2]推其圍範兩儀，天地無所蘊其靈；[3]運情機物，有生不能參其智。[4]故智思引淵微，[5]人之上術。《記》曰：“德成而上，藝成而下。”[6]量斯思也，豈夫藝而已哉？[7]何德之損乎！[8]

[1]【李賢注】瑗撰平子碑文也（碑，大德本作“卑”）。【今注】制作侔造化：指張衡的發明（渾天儀、地動儀等）非常精

巧，猶如造物主的創作一般。侔，齊等，等同。

［2］【今注】斯致可得而言歟：這大概算是貼切的評價了吧。

［3］【李賢注】《易·繫辭》曰："範圍天地之化。"王弼注云："擬範天地而周備其理也。"謂作渾天儀也。（李賢注此條，底本漫漶，文字大半不可辨識，今據紹興本、大德本、殿本補齊）【今注】圍範兩儀：張衡的製作同時涉及了天地，意指他發明渾天儀和地動儀。兩儀，陰陽兩極。李賢注不確，下釋"機物"同。

［4］【李賢注】機物謂作候地動儀等。（李賢注此條，底本漫漶，文字大半不可辨識，今據紹興本、大德本、殿本補齊）【今注】運情：運用心志性情。　機物：同樣指渾天儀和地動儀。

［5］【今注】智思引淵微：人的智力思考能夠探索到深遠精妙的事物之理。引，發。淵微，精深微妙。

［6］【李賢注】《禮記》文也。【今注】記曰德成而上蓺成而下：典出《禮記·樂記》。意思是有德者應當處上位，而有一技之長的人應當處下位。

［7］【今注】量斯思也豈夫蓺而已哉：張衡這樣的材質思維，難道祇屬於技藝的範圍麽？案，夫，大德本作"天"。

［8］【李賢注】損，減也。言蓺不減於德也（紹興本、大德本"也"前有"一"字）。

贊曰：三才理通，人靈多蔽。[1]近推形筭，遠抽深滯。不有玄慮，孰能昭晣？[2]

［1］【李賢注】二才（二，紹興本、大德本、殿本作"三"，是），天、地、人。言人雖與天地通爲三才，而性靈多蔽，罕能知天道也。【今注】蔽：擁塞。

［2］【李賢注】玄猶深也。晣音制。【今注】昭晣（zhé）：明晣的樣子。

後漢書　卷六〇上

列傳第五十上

馬融　蔡邕

馬融字季長，扶風茂陵人也，[1]將作大匠嚴之子。[2]爲人美辭貌，[3]有俊才。初，京兆摯恂以儒術教授，隱于南山，不應徵聘，名重關西，[4]融從其遊學，博通經籍。恂奇融才，以女妻之。

［1］【李賢注】《融集》云：“茂陵成懽里人也。”【今注】扶風：右扶風。三輔之一，東漢治槐里縣（今陝西興平市東南）。茂陵：茂陵縣。治所在今陝西興平市東北。

［2］【李賢注】嚴，援兄余之子。【今注】將作大匠：官名。秦稱將作少府，掌治宫室。西漢景帝中六年（前144）改稱將作大匠。東漢沿置，秩二千石，掌修作宗廟、路寢、宫室、陵園土木工程等。本書《百官志四》：“將作大匠一人，二千石。本注曰：承秦，曰將作少府，景帝改爲將作大匠。掌修作宗廟、路寢、宫室、陵園木土之功，并樹桐梓之類列于道側。”　嚴：馬嚴，字威卿，扶風茂陵（今陝西咸陽興平市）人。馬援兄子。傳見本書卷二四。

［3］【今注】辭貌：言語與姿態。

［4］【李賢注】《三輔決録注》曰："恂字季直，好學善屬文，隱於南山之陰。"【今注】京兆：京兆尹。三輔之一，治長安縣（今陝西西安市西北）。　摯恂：東漢學者。惠棟《後漢書補注》引皇甫謐《高士傳》曰："恂，伯陵十二世孫也。明《禮》《易》，遂治《五經》，博通百家之言。又善屬文，詞論清美。渭濱弟子扶風馬融、沛國桓驎自遠方至者十餘人。嘗慕其先人之高，遂隱于南山之陰。恂以女妻融，後果爲大儒，文冠當世，以是服恂之知人。永和中，公車徵，不詣。大將軍竇武舉賢良，不就。以壽終，三輔稱焉。"　南山：終南山。在今陝西西安市鄠邑區、周至縣一帶。　關西：指函谷關、潼關以西地區。

永初二年，[1]大將軍鄧騭聞融名，[2]召爲舍人，[3]非其好也，遂不應命，客於涼州武都、漢陽界中。[4]會羌虜飆起，[5]邊方擾亂，米穀踊貴，自關以西，道殣相望。[6]融既飢困，乃悔而歎息，謂其友人曰："古人有言：'左手據天下之圖，右手刎其喉，愚夫不爲。'[7]所以然者，生貴於天下也。今以曲俗咫尺之羞，[8]滅無貲之軀，[9]殆非老莊所謂也。"故往應騭召。

［1］【今注】永初：東漢安帝劉祜年號（107—113）。

［2］【今注】鄧騭：字昭伯，南陽新野（今河南新野縣）人。傳見本書卷一六。

［3］【今注】舍人：這裏指鄧騭的私人賓客。

［4］【今注】涼州：西漢武帝時所置十三刺史部之一。下轄安定郡、隴西郡、天水郡、酒泉郡、張掖郡、敦煌郡等。東漢治隴縣（今甘肅張家川回族自治縣）。　武都：郡名。東漢治下辨縣（今

甘肅成縣西三十里)。 漢陽：郡名。東漢改天水郡置，治冀縣(今甘肅甘谷縣東)。

[5]【今注】羌：古族名。秦漢時期部落衆多，總稱西羌，以游牧爲主。其後逐漸與西北地區的漢族及其他民族融合。傳見本書卷八七。 飆(biāo)起：暴起。飆，同"飈"。

[6]【李賢注】《左傳》曰："叔向云：'道殣相望。'"杜注云"餓死爲殣"也。音覲。【今注】殣：餓死。

[7]【李賢注】《莊子》曰："言不以名害其生者。"

[8]【今注】曲俗：鄙陋的習俗。這裏指東漢清高隱逸之風。

[9]【今注】無貲：無價。

四年，拜爲校書郎中，[1]詣東觀典校秘書。[2]是時鄧太后臨朝，[3]騭兄弟輔政。而俗儒世士，以爲文德可興，武功宜廢，遂寢蒐狩之禮，[4]息戰陳之法，故猾賊從横，[5]乘此無備。融乃感激，[6]以爲文武之道，聖賢不墜，五才之用，無或可廢。[7]元初二年，[8]上《廣成頌》以諷諫。其辭曰：[9]

[1]【李賢注】《謝承書》及《續漢書》並云爲校書郎，又拜郎中也。【今注】校書郎中：官名。東漢置，掌在東觀校秘書。案，周天游《八家後漢書輯注》指出，"范書本傳作'校書郎中'，注引《續漢書》與謝書同。《集解》引洪頤輯曰：'《騭傳》"郎中馬融"，《龐參傳》"校書郎中馬融"，並不稱校書郎。'又袁《紀》亦曰：'轉爲中郎，校書東觀十餘年。'然《文獻通考》曰：'以郎居其任則謂之校書郎，以郎中居其任則謂之校書郎中。'此説甚是。校書郎中一職始於東漢，范書《文苑傳》曰：'建初中，肅宗博召文學之士，以毅爲蘭臺令史，拜郎中，與班固、賈逵共典校書。'

則至遲章帝時已有校書郎中一職。又校書郎一職亦始於東漢。范書《賈逵傳》載，永平中，逵‘拜爲郎，與班固並校秘書’。又《漢書·叙傳》亦曰，永平中，班固‘爲郎，典校秘書’。則至遲明帝時即有校書郎一職。據《謝承書》《續漢書》，則馬融當先爲校書郎，複爲校書郎中。此二職至漢末喪亂之際，始廢不復置。”（上海古籍出版社 1986 年版，第 102 頁）

［2］【今注】東觀：東漢藏書、校書、撰修國史的重要機構，興建於東漢光武帝末或明帝初年，在雒陽南宫（參見朱桂昌《後漢雒陽東觀考》，《洛陽大學學報》1996 年第 1 期）。　秘書：宫禁中的藏書。案，周天游《八家後漢書輯注》輯謝承《後漢書》卷四："馬融字季長，年十三，明經，爲太子舍人，校書東觀。"周天游指出："按袁、范書皆言融拜校書郎中後，始校書東觀。疑《書鈔》有脱文。"（第 101、102 頁）

［3］【今注】鄧太后：鄧綏。紀見本書卷一〇上。

［4］【今注】寖：止，息。　蒐狩：春獵爲蒐，冬獵爲狩，此泛指狩獵講武之禮。

［5］【今注】猾賊：狡黠的人。　從横：同"縱横"。肆意横行，無所顧忌。

［6］【今注】感激：感奮激發。

［7］【李賢注】五才，金、木、水、火、土也。《左傳》曰："宋子罕曰‘天生五材，人並用之，廢一不可，誰能去兵’也。"

［8］【今注】元初：東漢安帝劉祜年號（114—120）。

［9］【李賢注】廣成，苑，在今汝州梁縣西。【今注】廣成：漢代皇家苑囿。西漢置。在今河南汝州市西。東漢安帝永初元年（107）以廣成游獵地，借給貧民耕種；延熹元年（158）桓帝校獵廣成。亦作廣城。案，惠棟《後漢書補注》引《文章流别論》曰："頌者，詩之美也。若馬融《廣成》《上林》之屬，純爲今賦之體，而謂之頌，失之遠矣。"

臣聞孔子曰："奢則不遜，儉則固。"[1]奢儉之中，以禮爲界。[2]是以《蟋蟀》《山樞》之人，並刺國君，諷以太康馳驅之節。[3]夫樂而不荒，憂而不困，[4]先王所以平和府藏，頤養精神，致之無疆。[5]故戞擊鳴球，載於《虞謨》；《吉日》《車攻》，序於周詩。[6]聖主賢君，以增盛美，豈徒爲奢淫而已哉！

［1］【今注】案，語見今本《論語·述而》。

［2］【李賢注】界猶限也。

［3］【李賢注】《詩·國風·序》曰："蟋蟀，刺晉僖公也。儉不中禮。"其《詩》曰："無已太康，職思其居。"毛萇注云："已，甚也。"鄭箋云："君雖當自樂，亦無甚太樂，欲其用禮以爲節也。"又《序》曰："山有樞，刺晉昭公也。有才不能用。"其《詩》曰："子有車馬，弗馳弗驅。宛其死矣，佗人是愉（佗，殿本作'他'）。"言僖公以太康貽戒，昭公以不能馳驅被譏，言文武之道須折衷也。樞音謳。【今注】太康：夏代國君，啓之子。即位後耽於游獵，不恤民事，爲后羿所逐，史稱太康失國。

［4］【李賢注】《左傳》曰："吴季札聘於魯，魯爲之歌頌。季札曰：'樂而不荒。'爲之歌衛。曰：'憂而不困。'"【今注】荒：沉溺。

［5］【李賢注】《韓詩外傳》曰："人有五藏六府。何謂五藏？精藏於腎，神藏於心，魂藏於肝，魄藏於肺，志藏於脾，此之謂五藏也。何謂六府？喉咽者，量腸之府也；胃者，五穀之府也；大腸者，轉輸之府也；小腸者，受成之府也；膽者，積精之府也；旁光者，湊液之府也。《詩》曰：'天生蒸民，有物有則。'"【今注】府藏：通"腑臟"。

［6］【李賢注】戛，敔也，音古八反。形如伏獸，背上有二十七刻，以木長尺櫟之，所以止樂。擊，柷也，象桶，中有雄柄（雄，紹興本、殿本作"椎"，是），連底搖之，所以作樂。見《三禮圖》。球，玉磬也。《虞謨》，《舜典》也。《詩·小雅》曰："吉日維戊，既伯既禱。田車既好，四牡孔阜。"又曰："我車既攻，我馬既同。"【今注】戛（jiá）：敲擊。

伏見元年已來，遭值戹運，[1]陛下戒懼災異，躬自菲薄，[2]荒弃禁苑，廢弛樂懸，[3]勤憂潛思，十有餘年，[4]以過禮數。重以皇太后體唐堯親九族篤睦之德，[5]陛下履有虞烝烝之孝，[6]外舍諸家，[7]每有憂疾，聖恩普勞，遣使交錯，稀有曠絕。時時寧息，又無以自娛樂，殆非所以逢迎太和，[8]裨助萬福也。

［1］【李賢注】元年謂安帝即位年也。戹運謂地震、大水、雨雹之類。【今注】戹運：同"厄運"。

［2］【今注】菲薄：刻苦儉約。

［3］【今注】樂懸：懸掛的鐘磬，這裏指音樂。

［4］【今注】案，曹金華《後漢書稽疑》指出，融元初二年（115）上《廣成頌》，而永初元年至元初二年前後不過九年，非"十餘年"（中華書局2014年版，第775頁）。

［5］【今注】篤睦：淳厚和睦。案，《尚書·堯典》："克明俊德，以親九族。九族既睦，平章百姓。"

［6］【今注】烝烝：孝德之厚美。案，《尚書·堯典》："克諧以孝，烝烝乂，不格姦。"

［7］【今注】外舍：外戚。

［8］【今注】太和：指人之精神、元氣。

臣愚以爲雖尚頗有蝗蟲，今年五月以來，雨露時澍，[1]祥應將至。方涉冬節，農事閒隙，宜幸廣成，覽原隰，[2]觀宿麥收藏，[3]因講武校獵，使寮庶百姓，[4]復覩羽旄之美，聞鍾鼓之音，歡嬉喜樂，鼓舞疆畔，[5]以迎和氣，招致休慶。小臣螻蟻，不勝區區。[6]職在書籍，謹依舊文，重述蒐狩之義，作頌一篇，并封上。淺陋鄙薄，不足觀省。

［1］【今注】時澍：謂雨露降落正當時。

［2］【今注】原隰（xí）：廣大平坦和低窪潮溼的地方。這裏泛指原野。

［3］【今注】宿麥：秋天種植，隔年成熟的麥子。　案，殿本“收”前有“勸”字。

［4］【今注】寮庶百姓：百官。

［5］【李賢注】孟子對齊宣王曰：“今王頗鼓樂於此，百姓聞王鍾鼓之聲，舉欣欣然有喜色而相告曰：‘吾王庶幾無疾病歟？何以能鼓樂也！’今王田獵於此，百姓見羽旄之美，欣欣有喜色而相告曰：‘吾王庶幾無疾病歟？何以能田獵也？’此無佗，與人同樂也。”【今注】羽旄（máo）：因鳥羽和旄牛尾常做旗飾，故亦爲旌旗的代稱。此指天子出獵之儀仗。　案，嬉，殿本作“欣”。

［6］【今注】區區：小，自謙之辭。

臣聞昔命師於鞬櫜，偃伯於靈臺，或人喜而稱焉。[1]彼固未識夫雷霆之爲天常，金革之作昏明也。[2]自黄炎之前，傳道罔記；[3]三五以來，[4]越可略聞。且區區之酆郊，猶廓七十里之囿，盛春秋之苗。[5]《詩》詠圃草，樂奏《騶虞》。[6]

［1］【李賢注】鞬以藏箭，櫜以藏弓。鞬音紀言反。櫜音高。《禮記》孔子曰：武王剋殷，倒載干戈，包以獸皮，名之曰建櫜。鄭注云“建讀爲鍵”，音其蹇反，謂藏閉之也，此馬鄭異義（義，大德本、殿本作“議”）。《司馬法》曰：“古者武軍三年不興，則凱樂凱歌，偃伯靈臺，答人之勞，告不興也。”偃，休也。伯謂師節也。靈臺，望氣之臺也。【今注】鞬櫜：音 jiàn gāo。　偃伯：休戰。　案，喜，紹興本、大德本、殿本作“嘉”。

［2］【李賢注】《左傳》鄭子太叔曰：“爲刑罰威獄，以類天之震燿殺戮。”杜注曰（大德本、殿本“杜”後有“預”字）：“雷霆震燿，天之威也。聖人作刑獄以象類之（大德本‘之’後有‘矣’字）。”又宋子罕曰：“兵之設久矣，所以威不軌而昭文德也。聖人以興，亂人以廢，廢興存亡昏明之術，皆兵之由也。”【今注】天常：天之常道。

［3］【今注】傳道：傳聞。　罔：無。

［4］【今注】三五：三皇五帝。

［5］【李賢注】酆，周文王所都。《孟子》曰：“文王之囿方七十里。”《爾雅》曰：“春獵爲蒐，夏曰苗，秋曰獮，冬曰狩。”【今注】酆：在今陝西西安市長安區西灃河西岸客省莊、馬王村一帶。

［6］【李賢注】《韓詩》曰：“東有圃草，駕言行狩。”《毛詩》曰：“彼茁者葭，一發五豝，于嗟乎騶虞。”毛萇注云：“騶虞，義獸也，白虎黑文，不食生物。有至信之德則應之。”《周禮·大司樂》：“王大射則奏《騶虞》。”【今注】圃草：《詩·小雅·車攻》作“甫草”。

是以大漢之初基也，宅兹天邑，總風雨之會，交陰陽之和。[1]揆厥靈囿，營于南郊。[2]徒觀其坰場區宇，[3]烋胎曠蕩，[4]藐夐勿罔，寥豁鬱泱，[5]騁望千里，天與地莽。[6]

[1]【李賢注】《周禮》曰："風雨之所會也，陰陽之所和也，乃建王國焉。"天邑謂洛陽也。

[2]【李賢注】揆，度也。《詩·大雅》曰："王在靈囿。"言作廣成苑以比之。

[3]【今注】坰（jiōng）場：遠郊場所。坰，同"垧"。 區宇：宫殿。

[4]【今注】烋胎：廣大貌。 曠蕩：遼闊。

[5]【李賢注】藐音眇，泱音烏朗反（泱，大德本、殿本作"泱"），並廣大貌。【今注】藐（miǎo）夐（xiòng）：廣大貌。 勿罔：猶恍惚。 寥豁：廣大貌。 鬱泱：泱，紹興本、大德本、殿本作"泱"。廣大貌。

[6]【今注】莽：廣大，遼闊。

於是周阹環瀆，右矕三塗，左概嵩嶽，[1]面據衡陰，箕背王屋，浸以波、溠，貪以滎、洛。[2]金山、石林，殷起乎其中，峨峨磑磑，鏘鏘崔崔，隆穹槃回，嵎峗錯崔。[3]神泉側出，丹水涅池，怪石浮磬，燿焜于其陂。[4]

[1]【李賢注】阹音欺於反。《上林賦》曰："江河爲阹。"郭璞注曰："因山谷遮禽獸曰阹。"《廣雅》曰（廣，大德本、殿本作"爾"）："矕，視也。"音馬板反。三塗，山名，在陸渾縣西

南。【今注】阹（qū）：利用山谷等有利地形圍獵禽獸。　𥲤：音mǎn。　三塗：三塗山。在今河南嵩縣西南、伊河北岸。　概：王念孫《讀書雜志餘編上》以爲是"枕"之誤。　嵩嶽：嵩山。在今河南中部，主體在登封市。

［2］【李賢注】衡陰，衡山之北。《山海經》曰："雉山，灃水出焉。東曰衡山，多青䨼。"《地里志》云："雉縣衡山，灃水所出。"在今鄧州向城縣北。王屋，山，在今王屋縣北。《周禮》曰："豫州，其浸波、溠，其川滎、洛。"《水經注》云"溠水出黄山"。在今隨州棗陽縣東北。又云"波水出歇馬嶺"，即應劭所謂孤山波水所出者。在今汝州魯山西北（在今，大德本、殿本作"今在"）。滎水在滎陽縣東是也（大德本無"滎水"二字）。【今注】衡：雉衡山。在今河南南召縣東。　箕背：王念孫《讀書雜志餘編上》以爲當作"背箕"。箕，通"基"。　王屋：王屋山。在今河南濟源市西北。　波：波水。在今河南魯山縣西。　溠（zhà）：在今湖北隨州市西。　賁：通"濆"。水潛行地中。　滎：滎澤。在今河南鄭州市西北。東漢時已淤塞爲平地。　洛：今河南洛河。

［3］【李賢注】金山，金門山也。《水經注》云在澠池縣南。石林，大石山也，一名萬安山，在河南郡境，《薄》云"洛陽縣南大石山中有雜樹木，有祠名大石祠，山高二百丈"也。殷音於謹反，磑音五來反，嶉音徂回反，嵎音隅，峞音魚軌反，並高峻皃。【今注】金山：金門山。在今河南洛寧縣南。　石林：大石山。在今河南偃師市西南。　磑：音ái。　嶉：同"崔"。　隆穹：高聳貌。　嵎峞：音yú wéi。

［4］【李賢注】《爾雅》曰："氿泉穴出（氿，大德本作'泥'）。穴出，側出也。"丹水、涅水在今鄧州。怪石（大德本無"怪石"二字），怪異好石似玉者。浮磬，若泗水中石，可以爲磬也。燿焜，光也。【今注】丹水涅池：在今河南鄧州市。　燿

焜：輝耀。

其土毛則摧牧薦草，芳茹甘荼，[1]茈萁、芸蒩，昌本、深蒲，[2]芝栭、堇、荁，蘘荷、芋渠，[3]桂荏、鳧葵，格、韭、菹、于。[4]其植物則玄林包竹，藩陵蔽京，珍林嘉樹，建木叢生，[5]椿、梧、栝、柏，柜、柳、楓、楊，[6]豐形對蔚，崟領槮爽。[7]翕習春風，[8]含津吐榮，鋪于布濩，蓶扈蘳熒，惡可殫形。[9]

［1］【李賢注】毛，草也。《左傳》云楚芋尹無宇曰："食土之毛，誰非君臣?"摧，相傳音角。摧牧，未詳。《莊子》曰："麋鹿食薦。"一曰，草稠曰薦（大德本無"薦"字）。茹，菜也。《爾雅》曰："荼，苦菜也。"《詩》曰："堇荼如飴。"飴亦甘也。

［2］【李賢注】茈音紫。萁音其。《爾雅》曰："幕（幕，大德本、殿本作'綦'），月爾。"郭璞注曰："即紫綦也，似蕨可食。"芸，香草也。《説文》云："似苜蓿。"蒩音資都反。《廣雅》曰："蕺，蒩也。其根似茅根，可食。"昌本，昌蒲根也。深蒲謂蒲白生深水之中（白，大德本誤作"曰"）。【今注】蒩：音 zū。

［3］【李賢注】芝栭，草也。《禮記》曰："芝栭蔆椇。"栭音而。堇，菜，花紫，菜可食而滑（菜，大德本、殿本作"葉"，是）。荁音户官反。《禮記》曰："堇荁枌榆。"鄭注云："荁，堇類也。"蘘荷，苗似薑，根色紅紫似芙蓉，可食。芋渠即芋魁也，一名蹲鴟，大葉，根可食也（根，大德本、殿本作"其根亦"）。【今注】芝栭：靈芝與木耳。亦作"芝檽""芝茾"。

［4］【李賢注】《爾雅》曰："蘇，桂荏。"《方言》曰："蘇亦荏也。"《爾雅》曰："茆，鳧葵。"葉團似蓴，生水中，今俗名水

葵。《爾雅》曰："茖，山葱。""格"與"茖"古字通。苴音子閭反，即巴苴，一名芭蕉（芭，大德本作"巴"）。于，軒于也，一名蕕，生於水中矣（矣，殿本作"涘"）。

[5]【李賢注】玄猶幽也。包，叢生也。《爾雅》曰："大阜曰陵，絶高曰京。"藩亦蔽也。建木，長木也。

[6]【李賢注】並木名也。柜音矩。楊，叶韻音以征反（叶，大德本、殿本作"協"）。

[7]【李賢注】並林木貌也。對音徒對反。崟音吟。槮音所金反。爽，叶韻音主（主，紹興本、大德本、殿本作"生"，是）。【今注】崟：音 yín。

[8]【今注】翕（xī）習：風吹拂貌。

[9]【李賢注】鋪音敷。蓶音以揆反。郭璞注《爾雅》云："草木花初出爲笋。"與蓶通，其字從"唯"，本作從"荏"者，誤也。扈音户。蘳音胡瓦反，字從"圭"，並花葉貌。本或作"黊"（大德本、殿本無"或"字）。《説文》云："蘳，黄花也。"《廣雅》曰："好色也。"熒，光也。惡，何也，音烏（大德本無"音烏"二字）。【今注】布濩：散布。　蘳：音 huī。

至于陽月，陰慝害作，百草畢落，林衡戒田，焚萊柞木。[1]然後舉天網，頓八紘，[2]擥斂九藪之動物，繯橐四野之飛征。[3]鳩之乎兹囿之中，山敦雲移，群鳴膠膠，鄙駭譟讙，子野聽聳，離朱目眩，隸首策亂，陳子籌昏。[4]於時營圍恢廓，[5]充斥川谷，罦罝羅羉，彌綸阬澤，皋牢陵山。[6]校隊案部，[7]前後有屯，甲乙相伍，戊己爲堅。[8]

[1]【李賢注】《爾雅》曰："十月爲陽。"孫炎注曰："純陰

用事，嫌於無陽，故以名云。”《左傳》曰：“唯正月之朔，慝未作。”杜注云：“慝，陰氣也。害作言陰氣肅殺，害於百草也。”《周禮》曰：“林衡掌巡林麓之禁令。”又曰：“牧師掌牧地，凡田事贊焚萊。”除草也。柞音士雅反，邪斫木也。《周禮》：“柞氏掌攻草木及林麓。”【今注】柞（zé）：砍。

［2］【今注】八紘（hóng）：天下。

［3］【李賢注】揫，聚也，音子由反（殿本無“音”字）。《周禮》職方氏掌九藪：楊州具區，荆州雲夢，豫州圃田，青州孟諸，兖州大野（大，大德本作“泰”），雍州弦蒲，幽州貕養，冀州楊紆，并州昭余祁。鄭玄注云：“澤無水曰藪。”動物謂禽獸也。繯音胡犬反，又胡串反。《説文》曰：“繯，落也。”《國語》曰：“繯於山有罕。”賈逵注云：“繯，還也。”橐，囊也，音託。四野，四方之野。飛征，飛走也。【今注】揫：音 jiū。　繯橐（tuó）：網羅。　飛征：飛禽走獸。

［4］【李賢注】鳩，聚也。敦音屯，亦積聚也。鄙騃，獸奮迅貌也。鄙音普美反，騃音俟。《韓詩》曰：“駓駓俟俟，或群或友。”眩，亂也，叶韻音玄。隸首，黄帝時善筭者也。陳子，陳平，善於籌策也。昏，亂也。言禽獸多不可筭計。【今注】膠膠：形容禽鳥的鳴聲。　子野：師曠。字子野。春秋時晉國樂師，故稱師曠。目盲，善辨音律，能以聲音辨吉凶。　離朱：或作“離婁”“離珠”。傳説中遠古時人。目力極强，能於百步之外，望見秋毫之末。

［5］【今注】營圍：狩獵的圍場。　恢廓：寬闊。

［6］【李賢注】罦音浮，雉網也。罝，兔罟也。羉，彘網也（大德本無“彘”字），音力官反。並見《爾雅》。阬音苦庚反。《蒼頡篇》曰：“阬，壑也。”皋牢，猶“牢籠”也（籠，大德本作“龍”）。《孫卿子》曰“皋牢天下而制之，若制子孫”也。諸本有作牢栅者，非也。

［7］【今注】校隊：列隊。　部：軍隊編制單位，五人爲伍，二伍爲部。

［8］【李賢注】《周禮·司馬》職曰："前後有屯。"甲乙謂相次也。伍，伍長也。戊己居中爲中堅也。

乘輿乃以吉月之陽朔，登于疏鏤之金路，六驌驦之玄龍，建雄虹之旍夏，揭鳴鳶之脩橦。[1]曳長庚之飛髾，載日月之大常，棲招搖與玄弋，注枉矢於天狼。[2]羽毛紛其影鼬，揚金爨而抛玉瓖。[3]屯田車於平原，播同徒於高岡，旃旝摻其如林，錯五色以摛光。[4]

［1］【李賢注】陽朔，十月朔也。疏鏤，謂雕鏤也。周遷《輿服雜記》曰："玉路，重較也（較，殿本作'輅'）。金路、玉路形制如一。六，駕六馬也。"《續漢志》曰："天子五路，駕六馬。"驌驦，馬名。《左傳》云，唐成公有兩驌驦馬。《周禮》曰："馬高八尺曰龍。"《禮記》曰："孟冬，乘玄輅，駕鐵驪。"今此亦順冬氣而乘玄也。郭璞注《爾雅》云："虹雙出色鮮盛者爲雄。"《左傳》云："舞師題以旌夏。"杜預注云："旌夏，大旌也。"揭，舉也，音渠列反。《禮記》曰："前有塵埃，則載鳴鳶。"鳶，鴟也，音緣。鳴則風動（鳴，大德本作"鳥"），故畫之於旌旗以候埃塵也。橦者，旗之竿也，音直江反。

［2］【李賢注】長庚即太白星。髾音所交反，即旌旗所垂之羽毛也。太常，天子所建大旗也，畫之日月。《周禮》云："日月爲常。"招搖、玄弋、天狼，並星名也。枉矢，妖星，蛇行有尾目，亦畫於旌旗也。【今注】髾：音 shāo。　案，大，殿本作"太"。　棲：擱置。　招搖：即北斗第七星搖光。　玄弋：亦作

"玄戈"。 天狼：大犬星座的主星。爲不吉祥、貪殘的象徵。

[3]【李賢注】髟䚕，羽旌飛揚自也（自，紹興本作"皃"，殿本作"貌"，是。大德本誤作"我"）。髟音必由反。䚕音羊救反。蔡邕《獨斷》曰："金鍐者，馬冠也，高廣各四寸，在馬鬉前。"鍐音無犯反，一音子公反。瓖，馬帶以玉飾之，音襄。【今注】髟：音 biāo。 鍐：音 zōng。

[4]【李賢注】《詩·小雅》曰："我車既好。"又曰："射夫既同。"言徒衆齊同也。旝亦旃也，音古會反。《左傳》曰："旝動而鼓。"掺音所金反，與"森"字同。【今注】旃旝（kuài）：皆旗幟名。 摛光：放射光芒。

清氛埃，埽野場，誓六師，搜儁良。[1]司徒勒卒，司馬平行，車攻馬同，教達戒通。[2]伐咎鼓，撞華鍾，獵徒縱，赴榛叢。[3]徽嫿霍奕，別騖分奔，騷擾聿皇，往來交舛，紛紛回回，南北東西。[4]風行雲轉，匈礚隱訇，黄塵勃滃，闇若霧昬。[5]日月爲之籠光，列宿爲之翳昧，僄狡課才，勁勇程氣。[6]狗馬角逐，鷹鸇競鷙，[7]驍騎旁佐，輕車横厲，相與陸梁，[8]聿皇于中原。

[1]【李賢注】野場謂除其草萊，令得驅馳也。《左傳》曰："天子六軍。"儁良，馬之善者。【今注】氛埃：塵埃。 搜：檢閱。

[2]【李賢注】《周禮》曰："司徒若將有軍旅、會同，田役之戒，則受法于司馬，以作其衆。"又曰："司馬狩田，以旌爲左右和之門。前後有屯，百步有司，巡其前後。"鄭注云："正其士之行列。"《詩·小雅》曰："我車既攻，我馬既同。"毛萇注曰

（曰，大德本、殿本作“云”）：“攻，堅也。同，齊也。戎事齊力，尚强也。田獵齊足，尚疾也。”

［3］【李賢注】咎鼓，大鼓也，音公刀反。《周禮》：“鼛鼓長尋有四尺。”

［4］【李賢注】嚍音呼獲反，並奔馳貌。【今注】徽嚍：亦作“徽繣”。乖戾貌。　霍弈：奔馳貌。　騷擾：擾亂。　聿皇：輕快迅捷的樣子。

［5］【李賢注】磕音苦蓋反，訇音火宏反，並聲也。滃音烏董反。【今注】匈磕（kē）：亦作“匈溘”。形容大聲。　隱訇（hōng）：轟然大聲貌。

［6］【李賢注】僄狡，勇捷。僄音疋妙反（大德本、殿本無“音”字；疋，大德本、殿本作“匹”）。【今注】課：評議考核。　程：衡量。

［7］【今注】鸇（zhān）：鷂屬猛禽。　鷙（zhé）：鳥擊。

［8］【今注】陸梁：橫行無阻。

絹猑䮠，鏦特肩，脰完羝，撝介鮮，散毛族，梏羽群。[1]然後飛鋋電激，流矢雨墜，各指所質，不期俱殪，竄伏扔輪，發作梧轊。[2]祋殳狂擊，頭陷顱碎，獸不得猭，禽不得瞥。[3]或夷由未殊，顛狽頓躓，蝡蝡蟫蟫，充衢塞隧，葩華䕷布，不可勝計。[4]

［1］【李賢注】絹，繫也，與“罥”通，音工犬反（殿本無“音”字）。猑䮠，野馬也。《爾雅》曰：“猑䮠研，善升甗。”猑音昆。鏦猶撞也。楊雄《方言》曰：“吴楚之閒，或謂矛爲鏦。”音楚江反。《韓詩·齊風》曰：“並驅從兩肩兮。”薛君傳曰：“獸

三歲曰肩。”脰，頸也，謂中其頸也。脰音豆。完羝，野羊也。臣賢案：字書作“羦”，音户官反，與“完”通。梏，諸家並古酷反。案字書“梏”從“手”，即古文“攪”字，謂攪擾也。【今注】蹏：音 tí。 鏦（cōng）：用矛刺殺。 特：公牛。 羝：音 dī。 搗：破開。 介鮮：鱗介。

[2]【李賢注】鋋，矛也，音市延反（大德本、殿本無“音市延反”四字）。《周禮》曰：“王弓以授射甲革、椹質者。”鄭注云（注，大德本、殿本作“玄”）：“質，正也。”正音征。扔音人證反。《聲類》曰：“扔，摧也。”言爲輪所摧也。梧，支梧也，音悟。謂支著車也。轊，車軸頭也，音衞，謂車軸轥而殺之。【今注】鋋：音 chán。 質：箭靶。這裏指目標。 殪：死。

[3]【李賢注】祋亦殳也，音丁外反。顱，額也，音盧。豫，走也，音丑戀反。瞥，視也，叶韻音例反。殳音殊。【今注】祋（duì）殳（shū）：皆古代杖屬兵器，有棱而無刃。

[4]【李賢注】夷由，不行也。《楚詞》曰：“君不行兮夷由。”未殊，謂未死。蝡音而兖反。《説文》曰：“動也。”蟫音似林反，亦動貌也。【今注】顛狽：顛沛。 頓躓：顛僕。 蝡蝡蟫蟫：爬行貌。 蓱布：分散。蓱，同“萍”。

若夫鷙獸毅蟲，[1]倨牙黔口，大匈哨後，緼巡歐紆，負隅依阻，莫敢嬰禦。[2]乃使鄭叔、晉婦之徒，睽孤刲刺，裸裎袒裼。[3]冒櫟柘，槎棘枳，窮浚谷，底幽嶰，暴斥虎，搏狂兕，獄䰀熊，抾封狶。[4]或輕訬趬悍，廋疏嶁領，犯歷嵩巒，陵喬松，履脩樠，踔𡠝枝，杪摽端，尾蒼蜼，掎玄猨，木產盡，寓屬單。[5]罕罔合部，罾弋同曲，類行並驅，星布麗屬，曹伍相保，各有分局。[6]矰碆飛流，纖羅絡縸，遊雉群驚，晨凫輩作，翬然雲起，雪爾雹落。[7]

［1］【今注】鷙：凶猛。　毅：同“毅”。

［2］【李賢注】《爾雅》曰：“駮如馬，倨牙食虎豹。”黔，黑也。《周禮·考工記》曰：“大匈，燿後，有力而不能走。”鄭玄注曰：“燿，讀曰哨。”哨，小也，音稍。緼巡，並行貌也。緼音於粉反。《孟子》曰：“有衆逐虎，虎負隅，莫之敢攖。”攖，迫也。禦，扞也。【今注】倨牙：曲牙。　大匈哨後：皆獸名。　毆紆：曲繞。毆，大德本、殿本作“歐”。

［3］【李賢注】鄭叔，鄭莊公弟太叔段也，《詩·鄭風》曰：“大叔于田，乘乘馬，襢裼暴虎，獻于公所。”《孟子》曰：“晉人有馮婦者，善搏虎，攘臂下車，衆皆悦之。”睽，離也。孤，獨也。謂挺身刺獸。刲亦刺也，音苦圭反。《爾雅》曰：“袒裼，肉袒也。”《孟子》曰：“袒裼裸裎於我側。”《説文》曰：“裎，袒也（袒，大德本、殿本作‘裸’）。”其字從“衣”。【今注】刲：音 kuī。

［4］【李賢注】《爾雅》曰：“檿，山桑也。”音一染反。槎，斫也，音仕雅反。嶰謂山澗也。《蒼頡篇》曰“斥，大也”。猘亦狂也，音吉曳反。《説文》曰：“兕，似野牛而青色。”抾音劫，古字通。封，大也。狶，猪也，虚起反。【今注】棘枳：兩種有刺的木。　暴：空手搏擊。　獄：指將野獸關起來。　猘：音 jiē。

［5］【李賢注】訬，輕捷也，音初稍反。趬音丘昭反。《説文》曰：“趬，行輕貌。”庱疏，猶搜索也。庱音所由反。《字林》曰：“蔞，山顛也（顛，大德本、殿本作‘巔’）”，音力于反。《爾雅》曰：“山大而高曰嵩，山小而高鋭曰巒。”樠音莫寒反。踔，跳也，音勑教反。橝音尋，謂長枝也。杪音亡小反，摽音必遥反（摽，殿本作“標”），並木末也。蜼音以蘂反。《爾雅》

曰："蜼，卬鼻而長尾。"郭璞注曰："似獮猴而大，黄黑色，尾長數尺，末有兩歧，雨則自懸於樹，以尾塞鼻。"零陵、南康人呼之音"餘"，建平人呼之音"相贈遺"之"遺"也，又音余救反，皆土俗輕重不同耳。掎音居螳反。《説文》曰："偏引一足也。"木産謂巢栖之類也。寓屬謂穴居之屬也。【今注】樠（mán）：一種像松的樹。　案，摽，大德本、殿本作"標"。　掎（jǐ）：射。

［6］【李賢注】罘亦網也。相如《上林賦》曰："載雲罕。"《續漢志》曰："將軍有部，部下有曲。"罾，魚網也，音增。弋，繳射也。分音扶問反。【今注】麗屬：附屬。

［7］【李賢注】矰，弋矢也。"碆"與"磻"同，音補何反，又補佐反。《説文》曰："以石著隿繳也。"絡縸，張羅貌也。"縸"與"幕"通。翬，飛也，音揮。雭音素洽反。《廣雅》曰："雭，雨也。"言鳥中繳如雹之落（雹，殿本作"雨"）。【今注】碆：石製箭頭。　翬作：群飛。　雭：音 zhà。

爾乃藐觀高蹈，改乘回轅，泝恢方，撫馮夷，策句芒，超荒忽，出重陽，厲雲漢，橫天潢。[1]導鬼區，徑神場，詔靈保，召方相，驅厲疫，走蜮祥。[2]捎罔兩，拂游光，枷天狗，緤墳羊。[3]然後緩節舒容，裴回安步，[4]降集波籞，川衡澤虞，矢魚陳罟。[5]茲飛、宿沙，田開、古蠱，[6]翬終葵，揚關斧，刊重冰，撥蟄户，測潛鱗，踵介旅。[7]逆獵湍瀨，淬薄汾橈，淪滅潭淵，左挈夔龍，右提蛟鼉，春獻王鮪，夏薦鼈黿。[8]

［1］【李賢注】藐，遠也，音名小反。田獵既罷，故改乘回轅也。《左傳》曰："改乘轅而北之。"泝，上也。恢，大也。馮夷，

河伯也。句芒，東方之神也。荒忽，幽遠也。重陽，天也。雲漢，天河也。天潢，星也。

［2］【李賢注】靈保，神巫也。《楚辭·九歌》曰“思靈保兮賢姱”。《周禮》：“方相氏掌執戈揚楯，帥百隸以歐疫（歐，大德本、殿本作‘毆’）。”《洪範五行傳》曰：“蜮，射人，生於南越，謂之短狐。”《詩蟲魚疏》曰“一名射景，如鼈三足，今俗謂之水弩”也。【今注】鬼區：陰森鬼集之地。　祥：災異。

［3］【李賢注】捎音所交反。鄭玄注《周禮》曰“捎，除也”（大德本、殿本無“玄”字）。《國語》曰：“木石之怪曰夔、罔兩。”游光，神也，兄弟八人。天狗，星名也。《春秋元命包》曰：“天狗主守財。”緤，繫也，音息列反。墳羊，土之怪，其形似羊。見《家語》。【今注】緤：音 xiè。

［4］【今注】裴回：同“徘徊”。

［5］【李賢注】波籞，池籞也。《前書音義》曰：“籞，在池中作室，可用栖鳥，入則捕之。”又曰“折竹以繩綿連，禁禦使人不得往來”也。《周禮》“川衡，掌川澤之禁令。澤虞，掌國澤之政令”也。《左傳》曰：“魯隱公矢魚于棠。”矢亦陳也。《國語》曰：“魯宣公夏濫罟於泗川，里革斷其罟而弃之，曰：‘古者大寒降，水虞於是登川禽而嘗之於廟，行諸國助宣氣也。今魚方孕，又行罟，貪無藝也。’公曰：‘吾之過也。’”籞音圉。

［6］【李賢注】音治。

［7］【李賢注】玆飛即佽飛也。《吕氏春秋》曰：“荆人佽飛，涉江中流，兩蛟繞其船。佽飛拔劍赴江，刺蛟殺之。”《魯連子》曰：“古善漁者宿沙渠子，使漁山側，雖十宿沙子不得魚焉。宿沙非暗於漁道也，彼山者非魚之所生也。”《晏子春秋》曰：“公孫捷、田開强、古冶子事景公以勇，晏子勸景公餽之二桃，曰：‘計功而食之。’公孫捷（大德本‘捷’後有‘曰捷’二字）：‘持楯而再搏乳虎，若捷之功，可以食桃。’田開强曰：‘吾仗兵而禦三

軍者再（殿本無“而”字），可以食桃。’古冶子曰：‘吾嘗濟河，黿銜左驂以入砥柱之流，吾逆而百步，順流九里，得黿頭，鶴躍而出，可以食桃矣。’二子皆反其桃，契領而死。古冶子曰：‘二子死之，吾獨生，不仁。’亦契領而死。”“蠱”與“冶”通。翬亦揮也。《廣雅》曰：“終葵，椎也。”關斧，斧名也。刊，除也。踵猶尋也。介謂鱗蟲之屬也。旅，衆也。【今注】蟄户：指蟄藏的水生生物。

[8]【李賢注】滂音蒲艮反；橈，奴教反：並入水皃也。淪滅，謂没於水中也。鼉音壇。鮪、鱣屬也，大者爲王鮪，小者爲叔鮪。《禮記》“季春之月，天子始乘舟，薦鮪於寢廟。季夏之月，令漁師取黿”也。【今注】挈：提。　夔：一種龍形異獸。鼉（tuó）：揚子鱷。　黿：大鱉。

於是流覽徧照，殫變極態，上下究竟，山谷蕭條，原野嵺愀，上無飛鳥，下無走獸，虞人植旍，獵者効具，車弊田罷，旋入禁囿。[1]棲遲乎昭明之觀，休息乎高光之榭，以臨乎宏池。[2]鎮以瑶臺，純以金堤，樹以蒲柳，被以緑莎，瀇瀁沆漭，錯紾槃委，天地虹洞，固無端涯，大明生東，月朔西陂。[3]乃命壺涿，驅水蠱，逐罔、螭，滅短狐，簎鯨、鯢。[4]

[1]【李賢注】流覽，謂周流觀覽也。《周禮》曰：“植虞旌以屬禽。”鄭注曰：“植猶樹也。田上樹旗（田，紹興本作‘曰’），令獲者皆致其禽也。”又曰：“車弊獻禽以享礿。”注曰：“車弊，車止也。”嵺音力救反，愀音七救反，亦蕭條皃也。【今注】旍：同“旌”。

[2]【李賢注】宏，大也。【今注】棲遲：休息。

[3]【李賢注】純，緣也，音之尹反。蒱亦柳也（蒱，大德本、殿本作“蒲”，是）。瀇音胡廣反，瀁音養，沆音胡朗反，漭音莽，並水皃也。錯紾，交結也。紾音之忍反。委音於危反。虹洞，相連也。虹音胡貢反。朔，生也。《禮記》曰：“大明生於東，月生於西。”鄭注曰：“大明，日也。”言池水廣大，日月出於其中也。【今注】案，蒱，大德本、殿本作“蒲”，是。　瀇瀁沆漭：皆水勢浩大貌。

[4]【李賢注】《周禮》：“壺涿氏掌除水蟲。”涿音丁角反。蠱音公户反。罔謂罔兩也。螭，龍屬。短狐即蜮也。簎音七亦反。《説文》曰：“刺也。”《周禮》：“鼈人掌以時簎魚鼈龜蜃。”鄭衆注云：“簎謂以杖刺泥中搏取之。”【今注】簎：音 cè。

然後方餘皇，連舼舟，張雲帆，施蜺幬，靡颸風，陵迅流，發櫂歌，縱水謳，淫魚出，蓍蔡浮，湘靈下，漢女游。[1]水禽鴻鵠，鴛鴦、鷗、鷖，鶬鴰、鸕、鷁，鷺、鴈、鷿鷈，乃安斯寢，戢翮其涯。[2]魴、鱮、鱏、鯿，鰋、鯉、鱨、魦，樂我純德，騰踊相隨，雖靈沼之白鳥，孟津之躍魚，方斯蔑矣。[3]然猶詠歌於伶蕭，載陳於方策，豈不哀哉！[4]

[1]【李賢注】方猶並也。餘皇，吴之船名也。見《左傳》。舼，小舟也，音渠恭反。《淮南子》曰：“越舼、蜀艇，不能無水而浮。”帆音凡。幬，帳也，音直由反。颸，疾風也，音楚疑反。武帝《秋風詞》曰：“蕭鼓鳴兮發櫂歌。”劉向《列女傳》曰：“津吏之女，中流奏河激之歌。”《韓詩外傳》曰：“瓠巴鼓琴，流魚出

聽（流，紹興本、大德本、殿本作‘淫’）。”《淮南子》曰：“上有叢蓍，下有伏龜。”《論語》曰：“臧文仲居蔡。”注云：“龜出蔡地，故以爲名也。”湘靈，舜妃，溺於湘水，爲湘夫人也。見《楚詞》。漢女，漢水之神（大德本、殿本“神”後有“女”字）。《詩》云：“漢有游女。”【今注】靡：順。 淫魚：鱘魚。 蓍蔡：蓍龜。

［2］【李賢注】鴛鴦，匹鳥也。鷗，白鷗也。鷖，鳧屬也。《爾雅》曰“鶬，麋鴰”，今謂之鴰鹿也（大德本、殿本無“也”字）。鴰音括（大德本、殿本無“鴰”字）。鸕，鸕鷀也。楊孚《異物志》云：“能没於深水，取魚而食之，不生卵而孕雛於池澤閒，既胎而又吐生，多者生八九，少生五六，相連而出，若絲緒焉（大德本無‘絲’字）。水鳥而巢高樹之上。”鶂，白也。鷺，白鷺也。鸊音步壓反。鷉音梯。楊雄《方言》曰：“野鳧也（野，紹興本作‘白’），甚小，好没水中，膏可以瑩刀劍。”寢，宿也。《詩》曰：“乃安斯寢。”涯，水濱也。【今注】鷖：音 yī。鸊鷉：音 pì tī。 戢翮（hé）：斂翼止飛。

［3］【李賢注】鱮音緒，似魴而弱鱗。鱘音徐林反，口在頷下，大者長七八尺。鯿音卑連反，魴之類也。鰋音匽，今鰋額白魚也。鱨音嘗，《詩魚蟲疏》曰“今黄頰魚”也（魚蟲，大德本、殿本作“蟲魚”）。魦音沙，或作“鯊”。郭義恭《廣志》曰：“吹沙魚，大如指，沙中行。”《詩·大雅》曰：“王在靈沼，於牣魚躍。”鄭玄注云：“靈沼之水，魚盈滿其中也，皆以跳躍。”又曰：“白鳥翯翯。”翯，肥澤也。翯音學（殿本無“翯”字）。言並得其所也。《尚書中候》曰“武王度孟津，白魚躍入于王舟中”也。【今注】魴：淡水魚，與鯿魚相似。 孟津：古代黄河渡口名。在今河南孟津縣東北。

［4］【李賢注】伶，樂官也。《詩·國風序》曰：“衛之賢者，仕於伶官。”《禮記》曰：“文武之道，布在方策。”又曰：“百名以

上，書之於策，不滿百名，書之於方。”鄭注云：“方，板也。”

於是宗廟既享，[1]庖厨既充，車徒既簡，器械既攻。[2]然後擺牲班禽，淤賜犒功，群師疊伍，伯校千重，山罍常滿，房俎無空。[3]酒正案隊，膳夫巡行，清醪車湊，燔炙騎將，鼓駭舉爵，鍾鳴既觴。[4]

［1］【今注】享：獻祭。

［2］【李賢注】《禮記》曰：“天子歲三田，一爲乾豆，二爲賓客，三爲充君之庖。”【今注】簡：檢閱。

［3］【李賢注】《廣雅》曰：“捭，開也。”《字書》：“擺亦捭字也（亦捭，紹興本作‘亦裨’，大德本、殿本作‘布’），音捕買反（捕，大德本、殿本作‘步’）。”班固《西都賦》曰：“置互擺牲。”班，布也。淤，與飫同。《左傳》曰：“加膳則飫賜。”犒，勞也。山罍，畫爲山文。《禮記》曰：“山罍，夏后氏之樽也。”又曰：“周以房俎。”鄭玄注云：“房謂足下跗也，有似於堂房矣。”【今注】淤：同“飫”。飽足。　伯：通“佰”。　校：古代軍隊建制。五百人爲一校，或以爲一部爲一校。　房：大俎。

［4］【李賢注】《周禮》，“酒正，中士，辯五齊之名，三酒之物。膳夫，上士，掌王之食飲膳羞”。《説文》曰：“醪，汁滓酒也。”《大雅》曰：“或燔或炙。”將，行也。既，盡也。流俗本“爵”字作“爝”，“既”字作“暨”，皆誤也（殿本無“也”字）。【今注】案隊：按次序排列成隊。　車湊：車輻集中於軸心。　駭：擂。

若乃《陽阿》衰斐之晉制，闡鼃華羽之南

音，[1]所以洞蕩匈臆，發明耳目，疏越蘊慉，駭恫底伏，[2]鍠鍠鎗鎗，奏于農郊大路之衢，與百姓樂之。[3]是以明德曜乎中夏，[4]威靈暢乎四荒，[5]東鄰浮巨海而入享，西旅越葱領而來王，南徼因九譯而致貢，朔狄屬象胥而來同。[6]蓋安不忘危，治不忘亂，道在乎兹，斯固帝王之所以曜神武而折遐衝者也。[7]

[1]【李賢注】《淮南子》曰："歌《采菱》，發《陽阿》。"《禮記》曰："嘽諧慢易之音作而人康樂。"《鶡冠子》曰："南方萬物華羽焉，故以調羽也。"【今注】陽阿：樂曲名。

[2]【李賢注】越，散也。蘊慉，猶積聚也。慉，與"畜"通。恫音洞。底伏，猶滯伏也。《吕氏春秋》曰："昔陰康氏之始，陰多滯伏湛積，故作爲舞以宣導之。"此言作樂，亦以疏散滯伏之象。【今注】駭恫：驚怕。　底伏：隱伏。

[3]【李賢注】鍠鍠鎗鎗，鍾鼓之聲也。鍠音揁（揁，大德本、殿本作"横"）。鎗音測庚反（測，大德本作"側"）。孟子謂齊宣王曰："今王與百姓同其樂則王矣。"農郊，田野也。

[4]【今注】案，曜，大德本、殿本作"耀"。

[5]【今注】威靈：聲威、聲勢。

[6]【李賢注】入享，謂來助祭也（大德本、殿本無"謂"字）。孔安國注《尚書》曰："西旅，西戎遠國也。"葱嶺，西域山也。《西河舊事》曰："嶺上多葱，因以名焉。"徼，塞之道也。九譯爲九重譯語而通中國也。《尚書大傳》曰："周成王時，越裳氏重九譯而貢白雉。"朔狄，北狄也。《周禮》："象胥掌蠻、夷、戎、翟之國，使傳王之言而諭説焉，以和親之。"鄭注云："通夷狄之言者曰象胥，其有才智者也。此類之本名，東方曰寄，南方

曰象，西方曰狄鞮，北方曰譯。此官正爲象者，周始有南越重譯來貢獻，是以名通言語之官爲象胥。”胥音諝。【今注】葱領：葱嶺山。今帕米爾高原。領，殿本作“嶺”。

［7］【李賢注】《晏子春秋》曰：“晉平公欲攻齊，使范昭觀焉（焉，大德本作‘而’）。景公觴之。范昭曰：‘願請君之弃酌。’景公曰：‘諾。’范昭已飲，晏子命徹尊更之。范昭歸，以報晉平公曰：‘齊未可伐也，吾欲慙其君而晏子知之。’仲尼聞之曰：‘起於尊俎之閒，而折衝千里之外。’”【今注】折遐衝：謂制遠敵。

方今大漢收功於道德之林，致獲於仁義之淵，[1]忽蒐狩之禮，闕槃虞之佃。[2]闇昧不覩日月之光，聾昏不聞雷霆之震，于今十二年，爲日久矣。亦方將刊禁臺之秘藏，[3]發天府之官常，由質要之故業，率典刑之舊章。[4]采清原，嘉岐陽，登俊桀，命賢良，舉淹滯，拔幽荒。[5]察淫侈之華譽，顧介特之實功，聘畎畝之群雅，宗重淵之潛龍。[6]乃儲精山藪，歷思河澤，目矖鼎俎，耳聽康衢，營傅説於胥靡，求伊尹於庖厨，索膠鬲於魚鹽，聽甯戚於大車。[7]俾之昌言而宏議，軼越三家，馳騁五帝，悉覽休祥，總括群瑞。[8]

［1］【今注】案，獲，殿本作“平”。

［2］【李賢注】槃，樂也。虞，與“娱”同。【今注】佃：打獵。

［3］【今注】刊：刊定。

［4］【李賢注】《周禮》八法（紹興本無“周”字），四曰官

常，以聽官理。天府掌祖廟之守藏，與其禁令（紹興本無“與”字），察群吏之理。《左傳》云：“晉趙盾爲國，政由質要。”杜預注曰：“由，用也。質要，契劵也。”刊音苦寒反。【今注】官常：官吏的職分、職責。

［5］【李賢注】清原，地在河東聞喜縣北。《左傳》曰：“晉蒐于清原，作五軍。”又楚椒舉曰：“周武有孟津之誓，成有歧陽之蒐（歧，殿本作‘岐’）。”《禮記·月令》：“孟夏，命太尉贊傑俊，遂賢良。”《左傳》楚平王“詰姦慝，舉淹滯”。杜預注云：“淹滯，有才德而未敍者也。”【今注】清原：又名清。春秋晉邑。在今山西稷山縣東南，一說即今聞喜縣東北。　歧陽：岐山南面。歧，殿本作“岐”，是。

［6］【李賢注】華譽，虛譽也。介特，謂孤介特立也。畎畝，謂隱於隴畝之中也。司馬相如《上林賦》曰：“掩群雅。”《音義》云：“謂大雅、小雅之人也。”潛龍，喻賢人隱也。

［7］【李賢注】矖，視也，音所解反。鼎俎，謂伊尹負鼎以干湯也。《墨子》曰：“湯舉伊尹於庖厨之中。”康衢，謂甯戚也。《説苑》曰：“甯戚飯牛於康衢，擊車輻而歌《碩鼠》。”傅説代胥靡刑人築於傅巖之野，高宗夢得之。《孟子》曰“膠鬲舉於魚鹽”也。【今注】傅説：殷商時期賢臣。事迹見《史記》卷三《殷本紀》。　胥靡：古代的一種刑罰，將罪人繫在一起，使服勞役。　伊尹：名阿衡，一説名摯。相傳爲奴隸，有莘氏女嫁商湯，他作爲陪嫁媵臣事湯。後被任以國政，助湯攻滅夏桀，建立商朝。湯卒，立子外丙、中壬，後又佐湯孫太甲即位。太甲淫暴，他放逐太甲，後太甲悔改，接回復位。沃丁時病卒。一説太甲潛歸，殺伊尹。　膠鬲：商周時人。本爲紂臣，遭紂之亂，從事商販。周文王於魚商鹽販之中得其人，舉以爲臣。　甯戚：春秋時衛國人。貧困無資，爲商旅挽車至齊，宿於城門外，夜餵牛，待齊桓公出迎客，擊牛角悲歌，桓公聞而異之，接見。遂説桓公以治理天下之道，桓公大

悦，任爲大夫。

［8］【李賢注】俾，使也。昌，當也。宏，大也。《前書》楊雄曰："宏言崇議。"軼，過也。三家，三皇也。

遂棲鳳皇於高梧，宿麒麟於西園，納僬僥之珍羽，受王母之白環。[1]永逍揺乎宇内，[2]與二儀乎無疆，[3]貳造化於后土，參神施於昊乾，超特達而無儔，焕巍巍而無原。[4]豐千億之子孫，歷萬載而永延。[5]禮樂既闋，北轅反旆，至自新城，背伊闕，反洛京。[6]

［1］【李賢注】《韓詩外傳》曰："黄帝時鳳皇止帝東園，集帝梧桐，食帝竹實。"《尚書中候》曰："黄帝時麒麟在園。"《帝王紀》曰（紀，大德本、殿本作"記"）："堯時僬僥氏來貢没羽。西王母慕舜之德，來獻白環"也。【今注】僬僥：古代西南夷中的一族。

［2］【今注】逍揺：同"逍遥"。大德本、殿本作"逍遥"。

［3］【今注】二儀：天地。

［4］【李賢注】《論語》孔子曰："堯之爲君，焕乎其有文章，巍巍乎其有成功。"

［5］【李賢注】《詩·大雅》曰"天錫百禄，子孫千億"也。

［6］【李賢注】闋，止也，音苦穴反。新城，縣，屬河南郡，今伊闕縣。【今注】旆：同"旆"。　新城：縣名。治所在今河南伊川縣西南。　伊闕：關名。在今河南伊川縣北。

頌奏，忤鄧氏，滯於東觀，十年不得調。[1]因兄子喪自劾歸。[2]太后聞之怒，謂融羞薄詔除，欲仕州郡，遂令禁錮之。[3]太后崩，安帝親政，[4]召還郎署，復在講部。[5]出爲河閒王厩長史。[6]時車駕東巡岱宗，[7]融上《東巡頌》，帝奇其文，召拜郎中。[8]及北鄉侯即位，[9]融移病去，爲郡功曹。[10]

[1]【今注】案，惠棟《後漢書補注》指出，“《鄧騭傳》云，騭子鳳，嘗與尚書郎張龕書，屬郎中馬融宜在臺閣。又中郎將任尚嘗遺鳳馬，後鳳懼事泄，先自首於騭，騭遂髡妻及鳳以謝云云。則融以請託事泄，故十年不調，不必因奏《頌》爲忤鄧氏也。史官因融《自序》而作傳，非實録矣”。

[2]【李賢注】《融集》云，時兄伉子在融舍物故，融因是自劾而歸。【今注】自劾：檢舉自己過失。

[3]【李賢注】《融集》云，時左將奏融道兄子喪（道，殿本作“遭”），自劾而歸，離署當免官。制曰：“融典校秘書，不推忠盡節，而羞薄詔除，希望欲仕州郡，免官勿罪。”禁錮六年矣。【今注】羞薄：鄙薄。　詔除：詔命拜官授職。　禁錮：謂禁止做官及參與政治。

[4]【今注】安帝親政：時在建光元年（121）。

[5]【今注】講部：指講郎。東漢章帝置，講授經籍。

[6]【今注】河閒王：河閒孝王劉開。東漢桓帝時追尊爲孝穆皇。　厩長史：當作“厩長”。掌養馬。

[7]【李賢注】延光三年。

[8]【今注】郎中：官名。漢承秦置。西漢有車、户、騎三將，内充侍衛，外從作戰。東漢罷郎中三將，遂分隸五官、左、右中郎將三署，備宿衛，充車騎。屬光禄勳，秩比三百石。

[9]【今注】北鄉侯：東漢前少帝劉懿，又名犢，濟北惠王劉壽之子。在位六個月。

[10]【今注】郡功曹：掌郡選署功勞。秩百石。

陽嘉二年，[1]詔舉敦樸，[2]城門校尉岑起舉融，[3]徵詣公車，[4]對策，[5]拜議郎。[6]大將軍梁商表爲從事中郎，[7]轉武都太守。[8]

［1］【今注】陽嘉：東漢順帝劉保年號（132—135）。

［2］【今注】敦樸：漢代選官科目之一，敦厚樸實之人。

［3］【今注】城門校尉：官名。漢置。職掌京城諸城門警衛，統領城門屯兵。秩比二千石。本書《百官志四》載："城門校尉一人，比二千石。本注曰：掌雒陽城門十二所。"　岑起：曹金華《後漢書稽疑》指出，"岑起"即"岑杞"，岑彭之曾孫，見本書卷一七《岑彭傳》。

［4］【今注】公車：本爲漢代官署名，設公車令，掌管宫殿中車馬警衛等事。本書《百官志二》："公車司馬令一人，六百石。本注曰：掌宫南闕門，凡吏民上章，四方貢獻，及徵詣公車者。"

［5］【今注】對策：就政事、經義等設問，由應試者對答。自西漢起作爲取士考試的一種形式。

［6］【李賢注】《續漢書》曰，融對策於北宫端門。【今注】議郎：官名。秦置漢承。掌顧問應對，參與議政。不入直宿衛。漢九卿之一光禄勳（郎中令）屬官，秩比六百石。

［7］【今注】梁商：字伯夏，安定烏氏（今寧夏固原市東南）人。東漢外戚、大臣，女爲順帝皇后。傳見本書卷三四。　從事中郎：官名。東漢置。大將軍、車騎將軍屬官。秩六百石。本書《百官志一》載將軍"從事中郎二人，六百石。本注曰：職參謀議"。

［8］【今注】武都：郡名。治武都縣（今甘肅西和縣南仇池山東麓）。

時西羌反叛，征西將軍馬賢與護羌校尉胡疇征之，[1]而稽久不進。融知其將敗，上疏乞自効，曰：

“今雜種諸羌轉相鈔盜，[2]宜及其未并，亟遣深入，破其支黨，而馬賢等處處留滯。羌胡百里望塵，千里聽聲，今逃匿避回，漏出其後，則必侵寇三輔，[3]爲民大害。臣願請賢所不可用關東兵五千，[4]裁假部隊之號，[5]盡力率厲，埋根行首，以先吏士，[6]三旬之中，必克破之。臣少習學蓺，[7]不更武職，[8]猥陳此言，必受誣罔之辜。昔毛遂厮養，爲衆所蚩，終以一言，克定從要。[9]臣懼賢等專守一城，言攻於西而羌出於東，且其將士必有高克潰叛之變。”[10]朝廷不能用。又陳：“星孛參、畢，參西方之宿，畢爲邊兵，至於分野，并州是也。[11]西戎北狄，殆將起乎！宜備二方。”尋而隴西羌反，[12]烏桓寇上郡，[13]皆卒如融言。

[1]【今注】征西將軍：官名。東漢所置四征大將軍之一。位在將軍上。　馬賢：東漢安帝永初七年（113）任騎都尉，鎮壓羌人起事，封都鄉侯。屢遷護羌校尉、征西將軍。後與且凍羌戰，敗死於射姑山。　護羌校尉：官名。西漢武帝置，東漢初罷。東漢光武帝建武九年（33）復以牛邯爲護羌校尉。後或省或置。章帝以後遂爲常制。持節統領羌族事務，亦常將羌兵協同作戰，戍衛邊塞。多以邊郡太守、都尉轉任。秩比二千石。

[2]【今注】鈔盜：搶劫，盜竊。

[3]【今注】三輔：西漢京畿地區分設京兆尹、左馮翊、右扶風進行管轄，合稱“三輔”。其治所皆在長安城中。東漢雖以雒陽爲都，仍沿用三輔行政區劃。

[4]【今注】關東：函谷關或潼關以東地區。

[5]【今注】裁：通“才”。

[6]【李賢注】埋根，言不退。【今注】行首：隊首。

［7］【今注】蓺：六藝。

［8］【今注】更：經歷。

［9］【李賢注】毛遂，趙平原君趙勝客也。居門下三年。時平原將與楚合從，以毛遂備二十人數，其十九人相與笑之。比至楚，毛遂果按劍與楚定從，楚立發兵救趙。事見《史記》。厮養，賤人也。【今注】蚩：嗤笑。　從：合縱。　要：約定。

［10］【李賢注】《左傳》曰，鄭使高克率師次於河上，久而不召（久，大德本誤作“人”），師潰而歸，高克奔陳。【今注】高克：春秋時鄭國人。文公時大夫。案，王先謙《後漢書集解》：“袁《紀》載此疏與傳多異，又《御覽》七百六十一七百八所引並出本傳及袁《紀》之外。”

［11］【李賢注】參在申，爲晉分，并州之地。【今注】孛：彗星。　參：星宿名。二十八宿之一。爲西宫白虎七宿之第七宿。　畢：二十八宿之一。爲西宫白虎七宿第五宿。　分野：與星次相對應的地域。古以十二星次的位置劃分地面上州、國的位置與之相對應。就天文説，稱作“分星”；就地面説，稱作“分野”。錢大昕《三史拾遺》卷三：“劉歆説《春秋》日食，各占其分野之國，蓋本《左氏》去魯地如衛地之旨而推衍之。如周正月，日在星紀，爲吴越分；其前月，日在析木，爲燕分。故正月朔食，以燕越當之，二月爲齊、越，三月爲齊、衛，四月爲魯、衛，五月爲魯、趙，六月爲晉、趙，七月爲秦、晉，八月爲周、秦，九月爲周、楚，十月爲楚、鄭，十一月爲宋、鄭，十二月爲宋、燕也。若食在晦者，則以本月及後月日所在分野之二國占之。如嚴公十八年三月食，劉以爲食在晦；宣公十七年六月食，劉亦以爲在三月晦；故皆云魯、衛分。三月之晦與四月之朔等也。”　并州：西漢武帝時所置十三刺史部之一，監察太原、上黨、雲中、定襄、雁門、代郡，相當於今山西大部和河北、内蒙古的一部分。東漢并州所屬諸郡變化較大，屢有徙復省廢。

［12］【今注】隴西：郡名。治狄道縣（今甘肅臨洮縣南）。

［13］【今注】烏桓：古族名。東胡的一支。秦末爲匈奴所敗，退居烏桓山。西漢武帝後歸漢，分布於上谷、漁陽、右北平、遼西、遼東五郡塞外。　上郡：郡名。治膚施縣（今陝西榆林市東南）。

三遷，桓帝時爲南郡太守。[1]先是融有事忤大將軍梁冀旨，[2]冀諷有司奏融在郡貪濁，[3]免官，髡徙朔方。[4]自刺不殊，[5]得赦還，復拜議郎，重在東觀著述，以病去官。

［1］【今注】南郡：治江陵縣（今湖北荆州市荆州城西北）。

［2］【今注】梁冀：字伯卓，安定烏氏（今寧夏固原市東南）人。傳見本書卷三四。

［3］【今注】貪濁：貪污。案，惠棟《後漢書補注》引《三輔決録注》曰："融爲南郡太守，二府以融在郡貪濁，受主記椽岐肅錢四十萬，融子强又受吏白向錢六十萬、布三百匹，以肅爲孝廉，向爲主簿。"

［4］【今注】髡：刑罰名。把頭髮剃光。　朔方：郡名。治臨戎縣（今内蒙古磴口縣北）。

［5］【今注】不殊：未死。

融才高博洽，爲世通儒，教養諸生，常有千數。涿郡盧植，[1]北海鄭玄，[2]皆其徒也。善鼓琴，好吹笛，達生任性，[3]不拘儒者之節。居宇器服，多存侈飾。常坐高堂，施絳紗帳，前授生徒，後列女樂，弟子以次相傳，鮮有入其室者。嘗欲訓《左氏春秋》，及見賈逵、鄭衆注,[4]乃曰:“賈君精而不博,鄭君博而不精。既精既博,吾何加焉!”但著《三傳異同説》。[5]注《孝經》《論語》《詩》《易》《三禮》《尚書》《列女傳》《老子》《淮南子》《離騷》,所著賦、頌、碑、誄、書、記、表、奏、七言、琴歌、對策、遺令,[6]凡二十一篇。

[1]【今注】涿郡:治涿縣(今河北涿州市)。　盧植:字子幹,涿郡涿人。傳見本書卷六四。

[2]【今注】北海:郡國名。西漢治營陵縣(今山東昌樂縣東南),東漢移治劇縣(今山東昌樂縣西)。　鄭玄:字康成,北海高密(今山東高密市西南)人。傳見本書卷三五。

[3]【今注】達生:參透人生。

[4]【今注】賈逵:字景伯,扶風平陵(今陜西咸陽市)人。傳見本書卷三六。　鄭衆:字仲師,河南開封(今河南開封市)人。傳見本書卷三六。

[5]【今注】三傳:《左傳》《公羊傳》《穀梁傳》。

[6]【今注】誄(lěi):文體名。叙述亡者生前德行功業,以表哀祭。《文心雕龍·誄碑》:“周世盛德,有銘誄之文。大夫之材,臨喪能誄。誄者,累也;累其德行,旌之不朽也。夏商已前,其詳靡聞。周雖有誄,未被于士。又賤不誄貴,幼不誄長,在萬乘則稱天以誄之,讀誄定謚,其節文大矣。”

初,融懲於鄧氏,不敢復違忤埶家,[1]遂爲梁冀草奏李固,[2]又作《大將軍西第頌》,以此頗爲正直所羞。年八十八,延熹九年卒于家。[3]遺令薄葬。族孫日磾,獻帝時位至太傅。[4]

［1］【今注】埶：同“勢”。

［2］【今注】李固：字子堅，漢中南鄭（今陝西漢中市）人。傳見本書卷六三。

［3］【今注】延熹：東漢桓帝劉志年號（158—167）。

［4］【李賢注】《三輔決録注》：“日磾字翁叔。”【今注】日磾：馬日磾。案，惠棟《後漢書補注》引《三輔決録注》曰：“日磾少傳融業，以才學進，與楊彪、盧植、蔡邕典校中書，歷位九卿，遂登台輔。”案，曹金華《後漢書稽疑》指出，“‘族孫’疑誤。《孔融傳》注引《三輔決録》：‘日磾字翁叔，馬融之族子。’《袁紹傳》《魏志·袁術傳》注引《三輔決録注》亦作‘族子’”（第782頁）。　太傅：官名。古三公之一。西漢高后時曾置太傅，後省。哀帝間復置。東漢不置太師、太保，上公唯太傅一人。秩萬石。本書《百官志一》：“太傅，上公一人。本注曰：掌以善導，無常職。世祖以卓茂爲太傅，薨，因省。其後每帝初即位，輒置太傅録尚書事，薨，輒省。”

論曰：馬融辭命鄧氏，逡巡隴漢之間，將有意於居貞乎？[1]既而羞曲士之節，惜不貲之軀，[2]終以奢樂恣性，黨附成譏，固知識能匡欲者鮮矣。[3]夫事苦，則矜全之情薄；生厚，故安存之慮深。[4]登高不懼者，胥靡之人也；[5]坐不垂堂者，千金之子也。[6]原其大略，歸於所安而已矣。物我異觀，亦更相笑也。

［1］【李賢注】隴漢之間謂客於漢陽時。《易·屯卦》初九曰：“磐桓利居貞。”【今注】逡巡：徘徊不前。　隴漢：或指隴山與漢水之間，本書卷二四《馬援傳》有馬援“轉游隴漢間”句（參見王子今《隴蜀青泥古道與絲路茶馬貿易研究》序一，四川大

學出版社 2018 年版）。

［2］【李賢注】《莊子》曰："曲士不可語於道者，束於教也。"【今注】不貲：無價。

［3］【李賢注】識，性也。匡，正也。

［4］【李賢注】《老子》曰："人之輕死者，以其求生。生之厚也，是以輕死。"

［5］【李賢注】《前書音義》曰："胥，相也。靡，隨也。謂相隨受刑之人也。"《莊子》曰："胥靡登高不懼，遺死生也。"此爲矜全之情薄也。

［6］【李賢注】《前書》鼂錯曰："千金之子，坐不垂堂。"此爲安存之慮深也。【今注】垂堂：靠近屋檐下。比喻危險的地方。